“十三五”江苏省高等学校重点教材（编号：2016-1-169）

管理信息系统教程

（第二版）

主　编　曹　杰
副主编　刘　振　马慧敏　胡绍君

科学出版社
北　京

内容简介

本书为“十三五”江苏省高等学校重点教材。本书从社会和技术的角度，全面系统地阐释了管理信息系统的基础理论、开发方法、开发过程、应用领域等知识。主要内容包括：管理信息系统的基本概念、相关信息技术、管理信息系统开发和管理方法、管理信息系统应用、综合案例等。

本书既可作为普通高等学校信息管理与信息系统、大数据管理与应用或者其他管理类、经济类各专业管理信息系统课程的教材，也可供从事管理信息系统应用与开发的相关技术人员和管理人员参考。

图书在版编目（CIP）数据

管理信息系统教程 / 曹杰主编. -- 2 版. -- 北京 : 科学出版社, 2025. 2. -- (“十三五”江苏省高等学校重点教材). -- ISBN 978-7-03-079909-8

Ⅰ. C931.6

中国国家版本馆 CIP 数据核字第 20246WX078 号

责任编辑：许　蕾/责任校对：郝璐璐
责任印制：张　伟/封面设计：许　瑞

科学出版社 出版
北京东黄城根北街 16 号
邮政编码：100717
http://www.sciencep.com
天津市新科印刷有限公司印刷
科学出版社发行　各地新华书店经销
*
2012 年 1 月第　一　版　开本：787×1092　1/16
2025 年 2 月第　二　版　印张：15 1/2
2025 年 2 月第九次印刷　字数：367 000

定价：79.00 元

（如有印装质量问题，我社负责调换）

编写人员名单

主　　编：曹　杰

副 主 编：刘　振　马慧敏　胡绍君

参编人员：师忠凯　李　琼　郁　宇

前言

随着信息技术及其应用的高速发展，信息系统已经融入我们工作、生活、学习的方方面面。管理信息系统是以信息系统为核心、应用于组织的信息系统，几乎所有组织都需要信息系统的支持，来帮助组织运营以实现其战略目标。目前，云技术、物联网、大数据、人工智能等新技术层出不穷，如何应对基于新兴技术所带来的组织变革和商业模式创新应用？深入掌握理解信息系统、管理信息系统的概念，特别是它们在业务流程、组织运营、管理控制和决策以及获取竞争优势等方面的创新应用，这无论对于经济管理学院（含商学院）各专业的学生还是对于职业人士，都具有重要的现实意义。

管理信息系统是管理类、经济类各专业的必修课，它融合了管理科学、信息科学、计算机科学、系统科学及行为科学等多学科的知识，主要研究如何利用计算机技术来改善现代管理、企业组织结构及运作方式等。这门课程的目的是培养学生对管理信息系统领域的全面认识，特别是从管理角度的认识，包括应用信息系统解决各种组织的管理问题和管理各类信息系统的建设以及运营。要求学生明确信息管理在组织中的重要地位及与组织的关系，学会从信息系统的角度思考和解决管理问题；熟悉当前主要信息系统在组织中的主要应用，特别是影响组织竞争优势的战略性、集成型应用系统和电子商务。

本书从新管理环境和新技术背景下现代组织对管理人员素质要求出发，阐明了管理者应具备的管理信息系统知识，涵盖管理信息系统的理论、方法和技术。在材料组织上，力求做到系统、准确、完整、先进、实用、通俗，把培养读者分析问题、解决问题和实际动手的能力作为出发点，通过案例分析，将理论与实践有机结合，形成信息系统开发的完整框架。本书所涉及的知识点具有新观点、新技术、新动态的特点，力求保持内容与时俱进，反映技术演化趋势，贴近实践应用前沿，在强调理论性的同时，也突出系统性和实践性。

全书由六大篇，共 18 章组成，主要内容如下：第一篇是基本概念篇，主要介绍管理信息系统的基本概念、基本构成、与管理职能的关系等。第二篇是信息技术篇，从计算机基础和新兴技术应用介绍信息系统技术，计算机基础主要包括系统、数据库、计算机网络的概念、技术以及应用，新兴技术应用涉及区块链、人工智能、大数据等的基本概念以及其在组织中的应用。第三篇是系统开发篇，涵盖了信息系统开发的全过程，包括管理信息战略规划、系统分析、系统设计、系统实施、系统运行管理与维护。第四篇是系统管理篇，围绕信息系统建设中涉及的管理相关的问题，系统介绍了信息伦理、信息系统组织管理、项目管理和安全管理等内容。第五篇是系统应用篇，从管理信息系统使用者角度出发，主要介绍信息系统在各行各业的典型应用。第六篇是综合案例篇，引入一些完整的开发和应用案例。

参编作者们在长期的教学科研工作中，不断总结和完善教学素材，不断探讨和优化教学方法，在系统分析了各类教材的基础上，根据从事该课程教学以及项目实践经验，编写了本教材。在此，感谢各位参编作者以及所在单位领导、老师对本教材的支持，感谢各位读者使用本教材。

由于水平有限，书中不妥之处，敬请广大读者指正。

作　者

2024 年 12 月

目　录

第一篇　基本概念篇

第二篇　信息技术篇

第三篇　系统开发篇

第四篇　系统管理篇

第五篇 系统应用篇

第六篇　综合案例篇

第一篇　基本概念篇

第 1 章　信息和信息系统

1.1　信 息 理 论

1.1.1　信息概念

“信息”一词有着悠久的历史，并且在不同的文化和语境中扮演着重要的角色。我国早在两千多年前的西汉，即有“信”字出现，它常常被理解为“消息”或“信息”。从古至今，“信息”经历了从简单到复杂、从具体到抽象的演变过程。在古代，信息的传递往往依赖于口口相传、书信往来等方式，这些方式虽然原始，但已经包含了信息的基本要素：发送者、接收者、内容以及传递方式。随着社会的发展和科技的进步，信息的传递方式和范围发生了巨大的变化。在现代社会，信息可以通过各种媒体和渠道进行传递，使得信息的传播更加迅速、广泛和深入，同时也使得信息的内容更加丰富、多样和复杂。

1928 年，哈特莱（R. V. Hartley）的《信息传输》认为：信息是指有新内容、新知识的消息。1948 年，香农（C. E. Shannon）在《通信的数学理论》中给出了信息的数学定义，即信息是用以消除随机不确定性的东西，并提出信息量的概念和信息熵的计算方法，从而奠定了信息论的基础。维纳（Norbert Wiener）教授在其专著《控制论——或关于在动物和机器中控制和通信的科学》中阐述：信息是“我们在适应外部世界、控制外部世界的过程中，同外部世界交换内容的名称”。1956 年，英国控制论学者阿什比（W. R. Ashby）提出信息是集合的变异度，其认为信息的本性在于事物本身具有变异度。1975 年，意大利学者隆哥（G. Longo）在《信息论：新的趋势与未决问题》中指出：信息是反映事物构成、关系和差别的东西，它包含在事物的差异之中，而不在事物本身。1986 年，我国著名的信息学专家钟义信教授认为“信息是事物存在方式或运动状态，以这种方式或状态直接或间接的表述”。此外，美国信息管理专家霍顿（F. W. Horton）给信息下的定义是：信息是为了满足用户决策的需要而经过加工处理的数据，简单地说，信息是经过加工的数据，或者说，信息是数据处理的结果。可见，信息的概念仁者见仁、智者见智。

本书将信息定义为“关于客观事实的可通信的知识”，包括三个根本特性：

（1）信息首先是知识，具有知识的特征和作用。信息在很大程度上与知识紧密相连，它经常被视为知识的基础或来源。知识是信息经过加工、整理、理解和验证后形成的更高层次的认识。

（2）可传播性是信息最重要的根本特性。大多数情况下，只有传播的知识才能是信息；而知识也往往是通过各种方式的传播才得以实现其信息价值的。

（3）信息是客观的事实。信息必须具备真实性。人们日常中经常会提到“消息”这个概念，消息并不等于信息，但消息中可以蕴含信息，或者说消息中客观真实的部分才是信息。

1.1.2 信息分类

信息广泛存在于自然界、生物界和人类社会。信息具有多种多样、多方面、多层次的特性，其类型可从不同的角度按不同的标准来划分。了解信息的分类不仅有助于加深对信息内涵及其特征的认识，也有助于丰富信息检索的知识。

从产生信息的客体的性质角度，可将信息分为：

（1）自然信息。自然信息包括瞬时发生的声、光、热、电，形形色色的天气变化，缓慢的地壳运动、天体演化等。

（2）生物信息。生物信息是指生物为生存繁衍等而表现出来的各种行为。

（3）机器信息。机器信息是指自动控制系统所产生的信息。

（4）社会信息。社会信息是指人与人之间交流的信息，既包括通过手势、眼神所传达的非语义信息，也包括用语言、文字、图表等语义信息所传达的一切对人类社会运动变化状态的描述。按照人类活动领域，社会信息又可分为科技信息、经济信息、政治信息、军事信息、文化信息等。

从哲学角度，信息可分为客观信息和主观信息；按作用，信息可分为有用信息、无用信息和干扰信息；按携带信息的信号性质，信息可分为连续信息、离散信息和半连续信息等；按事物的运动方式，信息可分为概率信息、偶发信息、确定信息和模糊信息；按空间状态，信息可分为宏观信息、中观信息和微观信息；按信源类型，信息可分为内源性信息和外源性信息；按照主体的认识层次，信息可分为语法信息、语义信息和语用信息……

1.1.3 信息特性

除了前面提到的三个根本特性，信息还具有以下特性。

（1）依附性。物质是具体的、实在的资源；而信息是一种抽象的、无形的资源。信息必须依附于物质载体，而且只有具备一定能量的载体才能传递信息。信息不能脱离物质和能量而独立存在。例如，新闻信息离开具有一定时空的事实以及语言文字、报纸版面就无法体现。

（2）再生性。物质资源只要使用就会减少；而信息在使用中却不断扩充、不断再生，永远不会耗尽。当今世界，一方面面临“能源危机”，而另一方面却是“信息膨胀”。

（3）可储存性。信息可以储存，以备他时或他人使用。储存信息的手段多种多样，如人脑记忆、电脑记忆、书写、印刷、录像、拍照、录音等。

（4）可缩性。人们对大量的信息进行归纳、综合，就是信息浓缩。如总结、报告、议案、新闻报道、经验、知识等，都是在收集大量信息后提炼而成的。

（5）可共享性。信息不同于物质资源，信息可以无损耗地转让、共享。信息越具有科学性和社会规范性，就越有共享价值。

（6）可预测性。即通过现时信息推导未来信息形态。信息对实际有超前反映，反映出事物的发展趋势。这是信息对“下判断”以至“做决策”的价值所在。

（7）有效性和无效性。信息符合接收者需要为有效，反之则无效；此时需要则有效，彼时不需要则无效；对此人有效，对他人可能无效。例如，新闻信息主要以时效、新鲜、显著、接近、趣味等满足受众的普遍需要，从而获得有效性。

（8）可处理性。信息如果经过人的分析和处理，往往会产生新的信息，使信息得到增值。

（9）价值性。信息作为一种特殊的资源，具有相应的使用价值，能够满足人们某些方面的需要。但信息的价值大小是相对的，它取决于接收信息者的需求及对信息的理解、认识和利用的能力。

1.1.4　信息度量

信息量的大小取决于信息内容消除人们认识的不确定程度。消除的不确定程度大，则发出的信息量大；消除的不确定程度小，则发出的信息量小。如果事先就确切地知道消息的内容，那么消息中所包含的信息量就等于零。一个特殊的情况：如果信息使得人们认识的不确定程度更大了，则该信息量为负值。

有两种对信息进行度量的方法：

（1）利用概率来度量信息。既然信息的量与其发挥的作用，即实际消除掉的不确定程度直接相关，那么，我们就能以信息作用前后事件的确定概率之间的相对变化比率来确定信息的量，也就是以信息可利用概率进行度量。

（2）全情报价值。假设能获得全部情报，达到对客观环境完全了解，使一切决策均在最优的情况下，计算可能得到的最大收益，这个收益与不收集情报所得的最好收益之差即为全情报价值。根据全情报价值的概念，可以绕过关于信息量的计算而直接体现信息的使用价值，同时也可以揭示为获取信息可以接受的最大成本。值不值得收集信息，或值不值得使用新的信息系统，都可以用全情报价值来衡量。

1.2　信　息　化

1.2.1　信息化概念

“信息化”的概念在 20 世纪 60 年代初被提出。一般认为，信息化是指从有形的物质产品起主导作用的工业社会向无形的信息产品起主导作用的信息社会转型的动态过程。信息化的程度以信息产业在国民经济中的比重、信息技术在传统产业中的应用程度和信息基础设施建设水平为主要标志。

从内容上看，信息化可分为信息的生产、应用和保障三大方面。信息生产，即信息产业化，要求发展一系列信息技术及产业，涉及信息和数据的采集、处理、存储，包括通信设备、计算机、软件和其他消费电子产品制造等领域。信息应用，即产业和社会领域的信息化，主要表现在利用信息技术改造和提升农业、制造业、服务业等传统产业，大大提高各种物质和能量资源的利用效率，促进产业结构的调整、转换和升级，促进人类生活方式、社会体系和社会文化发生深刻变革。信息保障，是指保障信息传输的基础设施和安全机制，使人类能可持续地提升获取信息的能力，包括基础设施建设、信息安全保障机制、信息科技创新体系、信息传播途径和信息能力教育等。

信息技术发展和应用所推动的信息化，给人类经济和社会生活带来了深刻的影响。进入21世纪，信息化对社会发展的影响愈加深刻。世界经济发展进程加快，信息化、全球化、多极化发展的大趋势十分明显。信息化被称为推动现代经济增长的发动机和现代社会发展的均衡器。信息化与经济全球化，推动着全球产业分工深化和经济结构的调整，改变着世界市场和世界经济竞争格局。从全球范围来看，主要表现在三个方面：

（1）信息化促进产业结构的调整、转换和升级。电子信息产品制造业、软件业、信息服务业、通信业、金融保险业等一批新兴产业迅速崛起，传统产业如煤炭、钢铁、石油、化工、农业在国民经济中的比重日渐下降。信息产业在国民经济中的主导地位越来越突出。国内外已有专家把信息产业从传统的产业分类体系中分离出来，称其为继第一产业、第二产业、第三产业之后的“第四产业”。

（2）信息化成为推动经济增长的重要手段。信息经济的显著特征是技术含量高、渗透性强、增值快，可以很大程度上优化对各种生产要素的管理和配置，从而使各种资源的配置达到最优状态，降低生产成本，提高劳动生产率，扩大社会的总产量，推动经济的增长。在信息化过程中，通过加大对信息资源的投入，可以在一定程度上替代各种物质资源和能源的投入，减少物质资源和能源的消耗，改变了传统的经济增长模式。

（3）信息化引起生活方式和社会结构的变化。随着信息技术的不断进步，智能化的综合网络遍布社会各个角落，信息技术正在改变人类的学习方式、工作方式和娱乐方式。数字化的生产工具与消费终端广泛应用，人类已经生活在一个被各种信息终端包围的社会中。信息逐渐成为现代人类生活中不可或缺的重要元素之一。一些传统的就业岗位被淘汰，劳动力人口主要向信息部门集中，新的就业形态和就业结构正在形成。在信息化程度较高的发达国家，信息业从业人员已占整个社会从业人员的一半以上。一大批新的就业形态和就业方式被催生，如弹性工时制、家庭办公、网上求职、灵活就业等。商业交易方式、政府管理模式、社会管理结构也在发生变化。

信息化浪潮的持续深入使人类社会日渐超越“工业社会”，而呈现“信息社会”的基本特征，主要表现在：信息技术促进生产的自动化，生产效率显著提升，“科学技术就是第一生产力”得到充分体现；信息产业形成并成为支柱产业；信息和知识成为重要社会财富；信息管理在提高企业效率中起到了决定性作用；信息服务经济形成并占据重要的经济份额。

信息化在迅猛发展的同时，也给人类带来负面、消极的影响。这主要体现在，信息化对全球和社会发展的影响极不平衡，信息化给人类社会带来的利益并没有在不同的国家、地区和社会阶层得到共享。数字化差距或数字鸿沟扩大了发达国家和发展中国家的差距，也扩大了一个国家经济发达地区与经济不发达地区间的差距。信息技术的广泛应用使劳动者对具体劳动的依赖程度逐渐减弱，对劳动者素质特别是专业素质的要求逐渐提高，从而不可避免地带来了一定程度上的结构性失业。数字化生活方式的形成，使人类对信息手段和信息设施及终端的依赖性越来越强。在基础设施不完善、应急机制不健全的情况下，一旦发生紧急状况，将对生产生活造成极大影响。另外，信息安全与网络犯罪、信息爆炸与信息质量、个人隐私权与文化多样性的保护等，也是信息化带给人类社会的新挑战。

1.2.2 信息化历程

1993 年，我国正式启动国民经济信息化起步工程——“三金”工程。在“三金”工程中，“金桥”工程（国家公用经济信息网工程）是国家信息化基础设施建设，占有重要的地位。“金关”工程（国家对外经济贸易信息网工程）和“金卡”工程（国家电子货币工程）属于国家信息化的应用系统建设，因而在总体方案中，把“金关”工程作为“金桥”工程建设的一期工程，“金关”工程和“金桥”工程共用一个网络中心和增值业务交换服务中心。

“三金”工程作为我国信息化的主体工程实施后，掀起了各行各业信息化的浪潮。国家各有关部委迅速行动，大力开展应用系统建设，产生了一批“金”字头的信息化工程，加快了我国全面信息化的进程。

“金税”工程——全国增值税专用发票计算机稽核系统工程。

“金农”工程——全国农业综合管理和信息服务系统工程。

“金企”工程——全国企业生产与流通信息服务系统工程。

“金智”工程——国家科研教育计算机网络与人才工程。

“金宏”工程——国家宏观经济决策支持系统工程。

“金信”工程——国家统计信息网络工程。

“金卫”工程——国家医疗信息网络工程。

“金贸”工程——国家电子商务应用试点工程。

国家信息化重大工程逐步实施，取得了可喜的进展。到 1999 年，“金桥”工程建成卫星站 70 个，主干网覆盖 30 个大中城市。“金卡”工程的 12 个试点城市全部实施了同城跨行的自动取款联网，全国电子联行系统每天处理 5 万多笔业务，金额达 800 亿～1000 亿元。“金税”工程稽核系统投入运行，据不完全统计，在 3 年多的时间里查出利用假发票违法违纪案件 3 万多起，追缴税款 1.5 亿元。“金关”工程制定并实施了进出口企业代码、进出口商品代码两项标准，建设了配额许可证管理系统、进出口统计管理系统、出口退税管理系统、出口收汇和进口付汇核销系统 4 个应用系统。这几项工程对国家加强金融、财税、外贸的宏观调控发挥了重要作用。

第 60 届联合国大会于 2006 年 3 月通过第 60/252 号决议，确定自 2006 年开始，每年 5 月 17 日为“世界电信和信息社会日”，这标志着信息化对人类社会的影响进入了一个新的阶段。加快信息化发展，使信息化向纵深推进，推动信息社会建设已经成为世界各国的共同选择。

发达国家和地区信息化发展目标更加清晰，各国纷纷出台了相应的计划和战略。美国政府相继发布《21 世纪信息技术计划》、《网络与信息技术研究开发计划》和《网络空间安全国家战略》。欧盟制定实施的《欧盟研究与技术开发框架计划》目前已进入第九个执行期（2021～2027 年），信息技术被明确列为 7 个研究优先领域之一。日本政府制定了《Focus21 计划》，通过国家预算对电子信息技术领域中的下一代半导体芯片、高可靠软件系统、下一代平面显示技术、下一代全球定位系统等进行重点投入。韩国政府推出《IT839 战略》，确定了 9 项具有增长动力的信息技术作为近期及中长期的投资重点。2006 年和 2016 年，中共中央办公厅、国务院办公厅分别印发了《2006—2020 年国家信息化发展战略》和《国家信息化发展战略纲要》，对信息化发展做出了全面部署，其中后者是对前者的调整和发展，是规范和指导其后未来 10 年国家信息化发展的纲领性文件，是国家战略体系的重要组成部分，是信息化领域规划、政策制定的重要依据。2021 年 12 月，中央网络安全和信息化委员会印发《“十四五”国家信息化规划》，对我国“十四五”时期信息化发展做出部署安排。

经过几十年的努力，中国信息化建设取得了可喜的进展，信息产业从无到有，已经成为国民经济的基础产业、支柱产业和先导产业。

1.3 信息管理

1.3.1 信息管理的概念

信息管理（information management，IM）是人类为了有效地开发和利用信息资源，以现代信息技术为手段，对信息资源进行计划、组织、领导和控制的社会活动。简单地说，信息管理就是人们对信息资源和信息活动的管理。信息管理是指在整个管理过程中，人们收集、加工、输入和输出的信息的总称。信息管理的过程包括信息收集、信息传输、信息加工和信息存储。计算机、全球通信和互联网等信息技术的飞速发展及广泛应用，使科技、经济、文化和社会正在经历一场深刻的变化。20 世纪 90 年代以来，人类已经进入到以“信息化”、“网络化”和“全球化”为主要特征的经济发展新时期，信息已成为支撑社会经济发展的、继物质和能量之后的重要资源，它正在改变着社会资源的配置方式，改变着人们的价值观念及工作与生活方式。了解信息、信息科学、信息技术和信息社会，把握信息资源和信息管理，对于当代管理者来说，就像把握企业财务管理、人力资源管理和物流管理等一样重要。

1.3.2 信息管理的对象

1. 信息资源

信息资源是由信息生产者、信息、信息技术三个要素形成的有机整体。信息管理的根本目的是控制信息流向，实现信息的效用与价值。但是，信息并不都是资源，要使其成为资源并实现其效用和价值，就必须借助“人”的智力和信息技术等手段。因此，“人”是控制信息资源、协调信息活动的主体，是主体要素。而信息的收集、存储、传递、处理和利用等信息活动过程都离不开信息技术的支持。没有信息技术的强有力作用，要实现有效的信息管理是不可能的。由于信息活动本质上是为了生产、传递和利用信息资源，信息资源是信息活动的对象与结果之一。信息资源是构成任何一个信息系统的基本要素，是信息管理的研究对象之一。

2. 信息活动

信息活动是指人类社会围绕信息资源的形成、传递和利用而开展的管理活动与服务活动。信息资源的形成阶段以信息的产生、记录、收集、传递、存储、处理等活动为特征，目的是形成可以利用的信息资源。信息资源的开发利用阶段以信息资源的传递、检索、分析、选择、吸收、评价、利用等活动为特征，目的是实现信息资源的价值，达到信息管理的目的。

1.4 系统理论

现实世界是由各种系统构成的，诸如自然界中的生物系统、生态系统；人体内部的消化系统、呼吸系统、神经系统；计算机的操作系统、数据库管理系统；人类社会的教育系统、行政系统、金融系统；企业内部的生产系统、销售系统、库存系统、财务会计系统、人力资源管理系统等。管理信息系统以系统论的基本原理和思想为指导，具有系统的一般性，又具有自身的特点。对于管理信息系统，除了信息这个核心概念外，另一核心概念就是系统。

1.4.1 系统概念

1. 系统的相关定义

尽管系统无处不在，但是人们至今仍未对系统形成统一的定义，人们根据学科、使用方法等方面给予了系统不同的定义。

一般系统论的奠基人路德维希·冯·贝塔朗菲（L. Von Bertalanffy）认为，系统是相互作用的诸要素的复合体。

我国著名科学家钱学森对系统的定义：系统是由相互作用和相互依赖的若干组成部分结合而成的具有特定功能的有机整体，而且这个系统本身又是它所从属的一个更大系统的组成部分。

国际标准化组织（International Organization for Standardization，ISO）对系统的定义：系统是内部互相依赖的各个部分，按照某种规则，为实现某一特定的目标而联系在一起的合理的、有序的组合。

2. 系统必须满足的条件

尽管上述定义在说法上有区别，但从中可以看出，系统必须满足三个条件：

（1）系统必须由两个或两个以上的部分组成。这些组成部分可能是个体、元件、零件，也可能是一个子系统。

（2）系统的各个组成部分之间相互依赖、相互作用，是存在着一定联系的。系统是各个组成部分的集合，它们之间具有相对稳定的联系方式和组织秩序。

（3）系统具有特定功能、特定目的。管理信息系统的基本功能是进行信息的收集、传递、存储、加工、维护和利用，帮助管理人员辅助决策，实现组织目标。

总之，系统是处于一定环境中，由相互作用和相互联系的若干组成部分结合而成，具有特定功能、特定目的的集合体。一般来说，系统包括输入、输出、处理、反馈和控制这五个组成部分。

3. 系统的特征

（1）集合性。系统是由两个或两个以上可以相互区别的要素（或子系统）组成的，单个要素不能构成系统，完全相同的要素，数量再多也不能构成系统。

（2）相关性。系统内每一要素（子系统）相互依存、相互制约、相互作用而形成了一个相互关联的整体，这种要素（子系统）间的特定“关系”体现出了系统的整体性，要素相同而关联关系不同，系统表现的整体特性不一样。也正是这种“关系”，使系统中每个要素的存在依赖于其他要素的存在，往往某个要素发生了变化，其他要素也随之变化，并引起系统变化。

（3）目的性。人工系统和复合系统都具有明确的目的，即系统表现出的某种特定功能。这种目的必须是系统的整体目的，不是构成系统要素或子系统的局部目的。通常情况下，一个系统可能有多重目的性。

（4）层次性。一个复杂的系统由许多子系统组成，子系统可能又分成许多子系统，而这个系统本身又是一个更大系统的组成部分。系统是有层次的。如生命体有细胞、组织、器官、系统和生物体几个层次，企业有个人、班组、车间、厂部等几个层次。系统的结构、功能都是指的相应层次上的结构与功能，而不能代表高层次和低层次上的结构与功能。一般来说，层次越多的系统越复杂。

（5）环境适应性。即系统所具有的随外部环境变化进行自我调节以适应新环境的能力。系统与环境要进行各种形式的交换，受到环境的制约与限制，环境的变化会直接影响系统的功能及目的，系统必须在环境变化时，对自身功能做出相应调整，从而不影响系统目的的实现。没有环境适应性的系统是没有生命力的。

（6）动态性。首先，系统的活动是动态的，系统的一定功能和目的，是通过与环境进行物质、能量、信息的交流实现的。因此，物质、能量、信息的有组织运动，构成了系统活动的动态循环。其次，系统过程也是动态的，系统的生命周期所体现出的系统本身也处在孕育、产生、发展、衰退、消灭的变化过程中。

1.4.2　系统分类

为了更方便地讨论和研究系统问题，人们用不同的方法对系统进行了分类。

（1）依据系统的形成来源，系统可分为自然系统与人造系统。

自然系统即由“自然物”（物质或客观规律）所形成的系统，如地球的岩石圈、生物圈和大气圈等。人造系统是人类为达到某种目的而建造的，如钟表、自行车、机床、计算机集成制造系统、工厂、学校、城市等。

（2）依据系统存在的形式，系统可分为实体系统与抽象（概念）系统。

实体系统是以诸如矿物、生物、机械和人等实体为元素所构成的系统。例如，工厂、军队、学校等。抽象（概念）系统是以诸如概念、原理、原则、方法、制度、程序等理性元素所构成的系统。例如，一场演讲、知识体系、社会道德、宗教体系等。现实中的系统往往是实体系统和概念系统的复合系统。

（3）依据系统与环境的关系，系统可分为开放系统与封闭系统。

开放系统即系统与外部环境有交换的系统。如一个商业系统就与社会有物质、能量、信息的交换。从理论上说，封闭系统是与外部环境无任何形式交换的系统。但由于事物总是运动变化的，实际上没有不与外部环境发生任何联系的系统，即严格的封闭系统是不存在的。不过，在一定的时间内不依赖于外部而且具有稳定运行能力的系统，即可近似地看作一个封闭系统。

1.4.3　系统工程

系统工程是系统思想和系统方法的具体应用过程，是在系统论的指导下，以数学、运筹学及计算机技术为手段来研究一般系统的规划、设计、组织、管理、评价等问题的科学。

1. 系统工程的产生与发展

系统工程的思想方法是人们在漫长的社会实践中逐步形成的。随着现代科学技术的发展，特别是系统论、信息论、控制论以及运筹学和计算机技术的诞生和发展，系统工程作为一种崭新的科学方法逐渐得到了广泛的运用。一般认为，1940 年，美国贝尔电话公司为统筹安排微波通信网而提出了“系统工程”这一术语。在第二次世界大战中，运筹学和系统工程在军事活动领域发挥了应有的作用，在美国空军的支持下，于 1945 年成立的兰德公司还提出了系统分析的方法。1957 年，古德（H. Goode）和迈克尔（R. E. Machol）出版了《系统工程》这一专著，标志着系统工程这门新兴学科的诞生。此后，系统工程被广泛地运用到宇航、环境、人口、经济管理等方面。1961～1972 年，美国实现宇宙飞船载人登月的“阿波罗计划”，按照系统工程思想对整个计划进行组织、协调和管理，使这个史无前例的庞大工程基本按预算圆满完成。阿波罗计划的圆满成功使世界各国开始接受系统工程。2018 年，世界最长的跨海大桥——港珠澳大桥开通运营。港珠澳大桥的建设也是一个典型的系统工程案例，其成功建设充分体现了系统工程思维的应用。面对跨径大、结构复杂、建设环境恶劣等困难，我国建设者通过技术创新、精细调度和协调，以及国际合作和经验借鉴等多种手段，成功克服了多方面的挑战，为中国在大型工程建设领域树立了新的标杆，展现了中国在系统工程领域的实力和创新精神。

2. 系统工程方法

系统工程的实质，就是用系统的观点来分析和解决问题。这种方法的特征如下。

（1）观察、测定、研究系统中各组成要素或子系统间以及系统内部与外部环境间的复杂关系，从而认识系统所特有的机制。

（2）分析、发现各组成要素或子系统的性质、构造与系统整体性质、功能间的固有关系，从而巧妙地利用要素或子系统间的联系来大大提高整体的水平。

（3）根据共同的目标和评价尺度确定各要素或子系统的重要程度，分配相互制约的资源，特别是重点资源的有效分配，做到充分共享。

用系统工程方法解决问题主要分为以下几个步骤。

第一步，定义问题：列出一个或一组希望达到的目标。

第二步，列出资源和约束：供选择的技术或手段以及每个系统所需的“成本”或资源。

第三步，给出方案：一个或一组数学模型。

第四步，评估被选方案。

第五步，选择最佳方案并实施。

第六步，总结解决方案的有效性。

1.5 信 息 系 统

1.5.1 信息系统概念

信息系统（information system，IS）定义很多，但大同小异。简言之，信息系统是一个进行信息处理的系统。信息系统可以不涉及计算机等现代技术，甚至可以是纯人工的。现代基于计算机技术的信息系统，是指以提供信息服务为主要目的的数据密集型、人机交互的计算机应用系统。它是一系列相互关联的可以输入、处理、输出数据和信息，并提供反馈、控制机制，以实现某个目标的元素或组成部分的集合。

信息系统是一个专门的系统，它通常是一个为组织或企业的各级领导管理决策提供服务的系统。

从技术层面上讲，基于计算机技术的信息系统有四个特点：

（1）涉及的数据量大。数据一般需存放在辅助存储器中，内存中只暂存当前要处理的一小部分数据。

（2）绝大部分数据是持久的，即不随程序运行的结束而消失，而需长期保留在计算机系统中。

（3）这些持久数据为多个应用程序所共享，甚至在一个单位或更大范围内共享。

（4）除具有数据采集、传输、存储和管理等基本功能外，还可向用户提供信息检索、统计报表、事务处理、规划、设计、指挥、控制、决策、报警、提示、咨询等信息服务。

1.5.2 信息系统分类

按照处理对象的不同，信息系统可分为作业信息系统和管理信息系统。

（1）作业信息系统。作业信息系统的任务是处理组织业务、控制生产过程、支持办公和更新有关的数据库，包括业务处理系统、过程控制系统和办公自动化系统。

（2）管理信息系统。管理信息系统是对一个组织进行全面管理的人和计算机相结合的系统。它不仅是一个技术系统，还是一个社会系统。

第 2 章　管理信息系统概论

2.1　管理信息系统概念

管理信息系统（management information system，MIS）同其他任何学科一样，都有一个不断发展和不断完善的过程。20 世纪 60 年代，美国经营管理协会及其事业部第一次提出了建立管理信息系统的设想，即建立一个有效的管理信息系统，使各级管理部门都能了解本单位的一切相关经营活动，为各级决策人员提供所需要的信息。但由于当时硬件、软件水平的限制和开发方法的落后，效果并不明显。进入 20 世纪 80 年代后，随着各种技术特别是信息技术的迅速发展，管理信息系统才得以进一步发展，管理信息系统的概念逐步充实和完善。

从国内外学者给管理信息系统所下的定义来看，人们对管理信息系统的认识在逐步加深，管理信息系统的定义也在逐渐发展和成熟。

瓦尔特·肯尼万（Walter T. Kennevan）在 1970 年对管理信息系统给出定义是：以书面或口头形式，在合适的时间向经理、职员提供过去、现在和未来关于企业内部及其环境的信息，以帮助他们进行决策。在那个时代，由于计算机应用还不普及，管理信息系统提供信息还停留在书面和口头形式，目的是支持决策。

1985 年，管理信息系统的创始人戈登·戴维斯（Gordon B. Davis）给出较为完整的定义是：管理信息系统是一个以计算机硬件和软件以及手工作业为基础，利用分析、计划、控制和决策模型，以及数据库的人机系统。它具有提供信息，支持企业或组织的运行、管理和决策的功能。这个定义强调了管理信息系统的 3 个核心问题：计算机工具、信息处理的模型和系统的功能。

《中国企业管理百科全书》中将管理信息系统定义为：管理信息系统是一个由人、计算机等组成的进行信息的收集、传递、加工、维护和使用的系统。它能实测企业的各种运行情况，利用过去的数据预测未来，从全局出发辅助企业进行决策，利用信息控制企业的行为，帮助企业实现其规划的目标。这个定义强调了管理信息系统能够记录和保存企业内部和外部各种活动的相关信息，利用按时间序列记录的历史数据和信息掌握企业的变化过程，根据变化规律预测企业的发展趋势，为企业决策提供依据。

由此看来，对管理信息系统定义的不断完善是人们更好地理解其本质的过程。由于技术的不断进步、应用的不断深入，管理信息系统的结构和功能也在不断改进。从早期的电子数据交换系统到现在以互联网为基础的供应链管理系统，就是管理信息系统发展的最好例证。

总之，管理信息系统是把人和计算机结合起来对组织进行全面管理的系统。它综合运用了计算机技术、通信技术、管理技术和决策技术，与现代管理思想、方法和手段结合起来，为组织的管理活动提供支持。

2.2 管理信息系统发展

2.2.1 电子数据处理系统阶段

电子数据处理系统（electronic data processing system，EDPS）也叫业务处理系统（transaction processing system，TPS）。在 20 世纪 50 年代初期，电子数据处理系统将计算机应用在经营管理工作中的数据处理，特别是会计和统计工作的数据，主要用于运作层的控制管理。

从发展阶段上来看，它分为下面两阶段。

1. 单项数据处理阶段

单项数据处理阶段（20 世纪 50 年代中期～60 年代中期）是用计算机实现一些简单的单项事务处理工作，使计算机局部代替手工劳动，提高管理工作的效率。

计算机刚问世的时候，常常处理简单的科学计算。1954 年，美国通用电器公司首先使用计算机核算工人工资，开启了计算机在企业应用的新时代。公司使用计算机主要目的是提高数据处理效率，降低数据处理和存储的成本，从而使手工事务处理得以用计算机代替，提高准确性和及时性。

2. 综合数据处理阶段

综合数据处理阶段（20 世纪 60 年代中期～70 年代初期）是用计算机实现一些相互关联的单项事务处理的工作。

这一阶段管理信息系统从体积庞大、计算能力低的单机应用向以大型机为中心、连接多台终端机的系统转变。随着计算机技术的发展，出现了带有多台终端的联机系统和大容量存取的外存储器（磁盘），已经能够对多个相互关联的业务数据进行综合处理，提高工作效率。此时，计算机还可以按照管理要求提供各类状态报告，能实现一定的信息反馈。比如，生产状态报告可以监视每个元件的生产进度，加快了计划调度的速度，减少了库存；服务状态报告能够反映库存数量；研究状态报告可以提供一些技术问题的介绍等。

2.2.2 管理信息系统阶段

20 世纪 70 年代初，随着数据库技术、网络技术和科学管理方法的发展，计算机的应用更加广泛，管理信息系统逐渐成熟起来。这个阶段，管理信息系统能够高度集中地对组织中的数据进行组织、保存、处理，能够快速处理和统一使用信息，应用数据库管理系统和计算机网络系统实现分布式数据处理。

计算机网络和通信技术的发展，促使管理信息系统不仅可应用于组织内部的各个层次的管理，还可应用于不同地区的计算机互联，从而克服地域限制，形成跨地区的各种业务信息系统。此时，科学管理方法融入了管理信息系统的定量化过程中，运用预测、优化、计划、管理和控制等手段辅助决策。

2.2.3　决策支持系统阶段

20 世纪 70 年代，管理信息系统的理论和实践快速发展，可以为管理者分析、计划、管理、控制提供大量的信息和报告，然而由于缺乏灵活性和对管理者的决策支持，实际上很多管理信息系统都失败了。

个人计算机、终端设备、关系数据库模型和网络技术加速发展，促进了文件服务器/工作站结构和客户机/服务器结构的诞生。企业的管理者对管理信息系统有了更进一步的要求，他们需要的不是大量的报告，而是从报告中提取出的对于决策有价值的信息，从而可以在与计算机的交互中帮助他们探索可能的方案，更好地做出决策。

20 世纪 80 年代后，由于工业化向信息化的转变，企业对信息的需求发生了变化，出现了办公自动化系统、决策支持系统（decision support system，DSS）和战略支持系统，管理信息系统的应用达到了更高的水平。

决策支持系统是通过人和计算机交互，协助决策者发现、分析问题，探索各种可能的方案，为管理者提供决策所需的信息，以提高决策的科学性、有效性，提高决策者的决策水平和能力。它是管理信息系统重要的组成部分，是管理信息系统的功能延伸，是管理信息系统发展的新阶段，是以管理信息系统的信息为基础，结合数学模型、方法和其他手段，实现辅助决策和预测功能，从这个意义上来说，决策支持系统是管理信息系统发展的一个阶段。

2.2.4　战略信息系统阶段

20 世纪 90 年代后，随着企业资源计划（enterprise resource planning，ERP）系统的兴起，管理信息系统逐渐与企业的战略紧密结合，成为企业的战略工具。战略信息系统不仅涉及内部信息的处理，以实现商业流程的自动化，提供全面的信息支持，如供应链管理、销售管理和财务管理等，而且还与外部环境相结合，以支持企业的战略决策。战略信息系统的兴起和发展，标志着企业管理信息系统已经从传统的数据处理和流程自动化阶段，进入了支持企业战略决策的新阶段。它不仅提高了企业的运营效率，降低了成本，还增强了企业的竞争力和适应能力。

2.2.5　互联网信息系统阶段

21 世纪以来，随着互联网、云计算、大数据和移动互联等技术的普及，管理信息系统得到了进一步的发展。企业可以通过互联网与供应商、客户和合作伙伴之间实现实时的信息共享和交流，大数据分析和移动应用的发展为管理信息系统带来了更多的机会和挑战，使数据分析更加深入和准确。

互联网为企业提供了一个全球性的信息平台，使得企业能够实时地获取和分享各种信息，包括市场动态、客户需求、供应商状况等。这种实时性极大地提高了企业的响应速度和决策效率。通过互联网，企业可以实现跨地域、跨部门的远程协作，无论员工身处何地，都能够通过网络进行高效沟通和协作，从而打破了地域和时间的限制。云计算技术使得企业能够按需获取和使用计算资源，无需投入大量资金购买和维护硬件设备。这种资源共享模式不仅降低了企业的成本，还提高了资源的利用率。云计算平台能够根据企业的业务需求自动调整计算资源，实现弹性扩展。这使得企业能够灵活地应对业务高峰和低谷，确保系统的稳定性和可靠性。大数据技术的应用使得企业能够处理和分析海量的数据，从中挖掘出有价值的信息。这些信息可以帮助企业更好地了解市场和客户，制定更有效的营销策略和产品开发计划。随着智能手机的普及，移动应用已经成为企业与客户互动的重要渠道。通过移动应用，企业可以为客户提供个性化的服务和支持，提高客户满意度和忠诚度。

2.2.6 管理信息系统发展趋势

随着管理理念的不断创新和以计算机技术、通信技术为代表的信息技术的飞速发展，管理信息系统的概念也在不断发展，其内容与作用在深度与广度上都有了很大的开拓，出现了许多新的概念。早期，管理信息系统主要用于会计领域，继而在生产方面发展为MRPII（制造资源计划）、ERP（企业资源计划）和SCM（供应链管理）；在商务方面，则发展为ATM、网络订票和电子商务系统。这一过程说明，信息技术在管理中的应用日趋广泛，正在对管理、组织和社会产生深刻的影响，引发管理制度与管理模式的重大变革。与此相适应，管理信息系统的发展趋势表现为系统发展的网络化、云化和智能化。

1. 网络化与管理信息系统

网络化管理信息系统，一方面是管理信息系统本身发展的需要，在客观上，管理信息系统要求信息实现有机集成；另一方面，计算机和通信技术的发展，特别是互联网技术的发展，为管理应用与网络化的结合创造了必要条件。管理信息系统依托互联网从企业内部向外部发展，出现了电子商务和供应链管理系统等许多新的概念。

2. 云化与管理信息系统

云计算作为一种基于互联网的计算模式，是分布式计算、并行计算的发展，是计算机科学在商业领域的应用。云计算是把存储于服务器、个人计算机、移动电话及其他设备上的大量信息资源集中在一起、协同工作，使计算分布在大量的分布式计算机上，用户所需的应用程序并不需要运行在用户的终端设备上，而是运行在互联网的大规模服务器集群中。2006年，Google正式提出了“云计算（cloud computing）”概念。随后，IBM、Amazon和 Microsoft 等公司纷纷提出了“云计算”战略。如今，云计算技术日臻完善，已经广泛应用于各个领域，包括在线教育、远程办公、社交媒体、人工智能等。在国内，阿里云、腾讯云、华为云等已经发展成为重要的云计算服务提供商。

云化的管理信息系统是一个集硬件设备和管理数据于一体的资源池，能够有效地降低客户购置、使用管理信息系统的成本，大幅度减少信息系统维护的工作量，并能提供功能更为强大的高质量管理信息系统软件平台。

3. 智能化与管理信息系统

20 世纪后期，计算机在管理中的应用重点逐渐由事务性处理转向企业管理的高层决策方面，出现了决策支持系统。之后，随着决策支持系统与人工智能相结合，又出现了智能决策支持系统。智能决策支持系统是将人工智能引入决策支持系统而形成的一种信息系统，最初由专家系统和决策支持系统结合而成，在结构上比原来的决策支持系统增加了知识库和推理机。它在管理方面已应用于产品选择、定价、信贷风险顾问、作业计划、仓库管理和成品发运路线的确定等。

智能决策支持系统正在为满足系统运行智能化的要求而实现智力放大。管理信息系统的这种发展过程充分体现了人们对系统运行智能化的要求。

2.3 管理信息系统结构

管理信息系统的结构是指各部件的构成框架。由于管理信息系统的内部组织方式不同，对其结构的理解也有所不同。其中，最重要的是基本结构、层次结构、功能结构和硬件结构。

2.3.1 总体概念结构

在实际的管理信息系统中，由于每个企业都具有不同的组织形式和信息处理规律，因此结构也不尽相同，但是最终都可以归并为图 2-1 所示的基本结构模型。可以看到，管理信息系统的基本组成部件有四个，即信息源、信息处理器、信息用户和信息管理者。

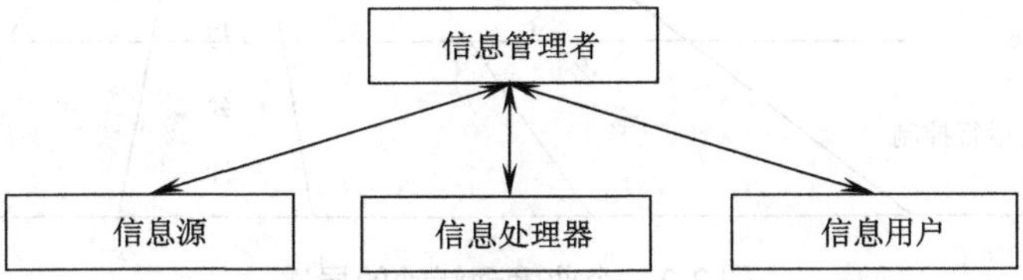

图 2-1　管理信息系统的基本结构

信息源是指原始数据产生地。根据原始数据的产生地不同，可以把信息源分为内信息源和外信息源。内信息源主要指组织内部管理活动所产生的数据，例如生产、财务、销售和人事等方面的信息；而外信息源则是指来自企业外部环境的数据，如国家政策、经济形势、市场状况等。

信息处理器是能完成信息的管理存储、加工处理、传递、显示及提供应用等功能的计算机软件与硬件设备，它把原始数据加工成有用信息后传输给信息用户。

信息用户是信息的使用者，通过分析和应用信息进行决策。

信息管理者负责信息系统的设计和实现，并负责信息系统的维护和协调，保证管理信息系统的正常运行和使用。

2.3.2　金字塔结构

一般的组织管理是分层次的，不同的管理层次需要不同的信息服务，管理信息系统就可以按照这些管理层次进行相应的划分，每个层次负责一种信息处理的功能，每一层次所需的数据来源和所提供的信息有所不同。

根据管理学知识可知，有两种极端的层次结构不利于组织的管理工作。一种是层次结构过于“扁平”，即管理幅度过宽，这种状况势必会给高层的管理工作带来极大的不便，高层管理者无法对下层实施有效的控制，导致下层机构各自为政。另一种是层次结构过于陡峭，即管理幅度过窄、层次过多。在这种状况下，信息在各个层次之间的传递往往比较缓慢，大大降低了管理的效率，结果使机构僵化、反应迟钝。因此，在对企业管理信息系统进行层次划分时，需要分析系统的实际业务状况，从而确定管理幅度与层次。一般来说，如果系统强调的是严格控制，则每一层次的管理幅度不宜太大；如果系统需要充分发挥下层自主性，则可适当放宽管理幅度。

在实际应用中，一般根据处理的内容和决策的层次把企业管理活动分为三个不同的层次：战略计划层、管理控制层和运行控制层。一般来说，下层系统的处理量比较大，上层系统的处理量相对小一些，所以形成了一个金字塔式的结构，如图 2-2 所示。

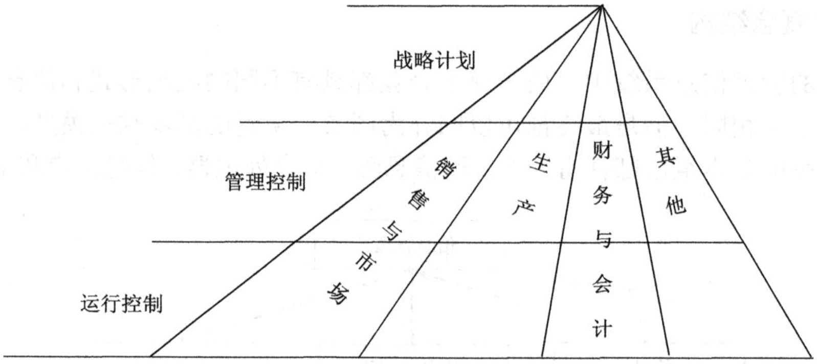

图 2-2　企业管理活动的层次

第一层是战略计划层，它涉及的是最高层次的管理活动，处理的是长期的和全局性的问题，主要关注企业的总体目标和长远发展规划，如企业长期开发战略的制定、企业组织机构和人事政策的确定。它的主要活动是做出决策，在这一层次的决策应当是非结构化和半结构化的决策。它所需要的数据一般是从各种不同渠道获得并处理过的综合数据，同时还需要大量来自外部信息源的数据。

第二层是管理控制层，属于企业的中层管理。它的主要任务是实现管理控制和制定战术计划。它的功能具有两重性，既有数据处理功能，又有决策功能。由于它的活动特点是解决基层工作产生的问题，协调各部门的工作，所以这些活动均具有决策的性质。但该层次的决策是结构化的决策，是战术性的常规化决策。此决策诸如总成本最小化决策、产品定价决策等，通常可以用数学模型来表示，也可以用程序来解决。在做出决策的同时，该层次又将下层活动的情况总结、归纳、判断后报告给企业最高层次。

第三层是运行控制层，属于企业的基层管理。它由支持日常运行和控制的信息源组成，按照中层管理活动所制定的计划与进度表，具体组织人力、物力去完成计划中的任务。它的作用是确保现有设备和资源的充分有效利用，以求在允许的范围内充分有效地完成各项业务活动。它所用到的数据或信息主要来自事务内部数据构成的数据库系统。因此，运行控制级的管理信息系统的处理过程都是比较稳定的，可以按照预先设计好的程序和规则进行相应的信息处理。

这三个层次之间经常会进行信息交换，是互相关联的。例如，战略计划层向管理控制层下达目标和政策，管理控制层则向战略计划层报告监督所得的计划执行情况及其所需要调整的问题；同样，管理控制层要向下层下达资源分配及工作进度，而从下层得到详细的执行情况。

2.3.3　功能结构

管理信息系统不是一个孤立的事物，它为解决具体的管理问题而存在，因此它必须和具体的管理内容相联系。从使用者的角度来看，管理信息系统总有一定的目标，具有多种功能，如有效管理库存、控制成本、控制生产等。各种功能之间又有各种信息联系，构成了一个有机结合的整体，即由一个个功能子系统形成一个功能结构。图 2-3 描述的就是管理信息系统的功能结构，图中每一行表示一个管理层次（战略计划层、管理控制层、运行控制层），每一列代表一种功能或职能，功能的划分没有标准的分法，因组织不同而异。每一个功能和管理的层次交叉就形成信息系统的一个应用领域，如基于市场营销管理的决策支持系统、基于人力资源管理控制的人力资源管理信息系统等。

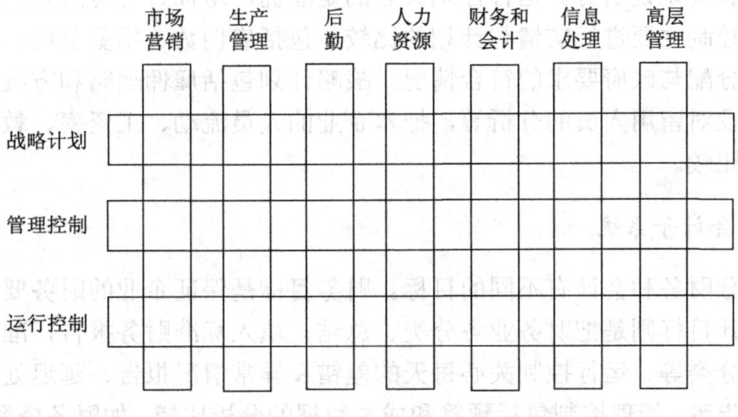

图 2-3　管理信息系统的功能结构

1. 市场营销子系统

该系统包括销售和推销。在运行控制方面，包括雇佣和训练销售人员、销售和推销的日常调度，还包括按区域、产品、顾客对销售数量的定期分析等。在管理控制方面，包含总体成果和市场计划的比较，分析偏差原因，采取措施保证计划的完成。它所用的信息有顾客、竞争者、竞争产品和销售力量要求等。在战略计划方面，包含新市场的开发和新市场的战略，它使用的信息包含顾客分析、竞争者分析、顾客评价、收入预测、人口预测和技术预测等。

2. 生产管理子系统

该系统包括产品设计、生产设备计划、生产设备的调度和运行、生产人员的雇佣和训练、质量控制和检查等。典型的业务处理是生产订货(即将成品订货展开为部件需求)、装配订货、成品票、废品票、工时票等。运行控制要求将实际进度与计划相比较，发现瓶颈。管理控制要求进行总进度、单位成本和单位工时消耗的计划比较。战略计划要考虑加工方法和自动化的方法等。

3. 后勤子系统

该系统包括采购、收货、库存控制和分发。典型的业务包括采购订货、制造订货、收货报告、库存票、运输票和装货票、脱库项目、超库项目、库营业额报告、卖主性能总结、运输单位性能分析等。管理控制包括各个后勤工作实际与计划的比较，如库存水平、采购成本、出库项目和库存营业额等。战略分析包括新的分配战略分析，以及对卖主的新政策、新技术信息、分配方案等的分析。

4. 人力资源子系统

该系统包括雇佣、培训、考核记录、工资和解雇等。其典型的业务有雇佣需求说明、工作岗位责任说明、培训说明、人员基本情况数据（学历、技术专长、经历等）、工资变化、工作小时和离职说明等。运行控制关心的是雇佣、培训、劳务终止、工资变化、培训效果。管理控制主要进行实情与计划的比较，包括雇佣数、招募费用、培训费用、支付工资、工资分配与政府要求的符合情况。战略计划包括雇佣战略和方案评价、工资、训练、收益以及对留用人员的分析等，把本企业的人员流动、工资率、教育情况和同行业的情况进行比较。

5. 财务和会计子系统

按原理划分财务和会计有不同的目标。财务目标是保证企业的财务要求，使其花费尽可能低；会计目标则是把财务业务分类、总结，填入标准财务报告，准备预算、成本数据的分析与分类等。运行控制关心每天的差错和异常情况报告、延迟处理的报告和未处理业务的报告等。管理控制包括预算和成本数据的分析比较，如财务资源的实际成本、处理会计数据的成本和差错率等。战略决策关心的是财务保证的长期计划、减少税收影响的长期计划、成本会计和预算系统的计划。

6. 信息处理子系统

该系统的作用是保证企业的信息需求。典型的任务是处理请求、收集数据、改变数据和程序的请求、报告硬件和软件的故障、规划建议等。运行控制的内容包括日常任务调度、分析差错率、设备故障报告等。对于新项目的开发还应当包括控制程序员的进展和调试时间。管理控制关心计划和实际的比较，如设备成本、全体程序员的水平、新项目的进度等。战略计划关心功能的组织是分散还是集中，信息系统总体计划、硬件软件的总体结构。

7. 高层管理子系统

每个组织均有一个最高领导层，如公司总经理和各职能领域的副总经理组成的委员会，这个子系统主要为他们服务。其业务包括查询信息和支持决策、编写文件和信件便笺、向公司其他部门发送指令。运行控制的内容包括会议进度、控制文件、联系文件。管理控制层要求对各功能子系统执行计划情况进行总结等。战略计划关心公司的发展方向和必要的资源计划。高层战略计划要求广泛、综合的外部信息和内部信息，可能涉及数据检索和分析以及决策支持系统等。它所需要的外部信息可能包括竞争者的信息、区域经济指数、顾客喜好、提供的服务质量等。

第二篇　信息技术篇

第3章　计算机基础

3.1　计算机系统

计算机系统由硬件和软件两大部分组成。

3.1.1　计算机硬件

计算机硬件是计算机系统中由电子、机械和光电元件等组成的各种物理装置的总称。主要分为五个部分：控制器、运算器、存储器、输入设备、输出设备。

・控制器：整个计算机的中枢神经，其功能是对程序规定的控制信息进行解释，根据其要求进行控制，调度程序、数据、地址，协调计算机各部分工作及内存与外设的访问等。

・运算器：运算器的功能是对数据进行各种算术运算和逻辑运算，即对数据进行加工处理。

・存储器：存储器的功能是存储程序、数据和各种信号、命令等信息，并在需要时提供这些信息。

・输入设备：是计算机的重要组成部分，其作用是将程序、原始数据、文字、字符、控制命令或现场采集的数据等信息输入到计算机。常见的输入设备有键盘、鼠标器、光电输入机等。

・输出设备：输出设备把计算机的中间结果或最终结果、计算机内的各种数据符号及文字或各种控制信号等信息输出。常用的输出设备有显示终端、打印机等。

输入设备与输出设备合称为外部设备，简称外设。

3.1.2　计算机软件

计算机软件是指计算机系统中的程序及其文档。程序是计算任务的处理对象和处理规则的描述；文档是为了便于了解程序所需的阐述性资料，描述程序功能需求以及程序如何操作和使用。程序必须装入机器内部才能工作，文档一般是给人看的，不一定装入机器。软件是用户与硬件之间的接口界面。用户主要是通过软件与计算机进行交流。软件是计算机系统设计的重要依据。为了方便用户并提高计算机系统的总体效用，在设计计算机系统时，必须考虑软件与硬件的结合，以及用户的要求和软件的要求。软件在运行时，能够提供所要求功能和性能的指令或计算机程序集合。

1. 系统软件

系统软件是指控制和协调计算机及外部设备，支持应用软件开发和运行的系统，是无需用户干预的各种程序的集合，主要功能是调度、监控和维护计算机系统，负责管理计算机系统中各种独立的硬件，使得它们可以协调工作。系统软件使得计算机使用者和其他软件将计算机当作一个整体而不需要顾及底层每个硬件是如何工作的，例如 Windows、Linux、Unix 等操作系统都属于系统软件。

2. 应用软件

应用软件是用户可以使用的各种程序设计语言，以及用各种程序设计语言编制的应用程序的集合，分为应用软件包和用户程序。应用软件包是利用计算机解决某类问题而设计的程序的集合，供多用户使用。应用软件是为满足用户不同领域、不同问题的应用需求而提供的，它可以拓宽计算机系统的应用领域，放大硬件的功能。Office 软件、财务软件等属于应用软件。

3.2 数据库技术

3.2.1 数据库系统构成

数据库系统（database system，DBS）通常由数据库、硬件、软件和人员四个部分组成。

（1）数据库（database，DB）：指长期存储在计算机内的，有组织、可共享的数据的集合。数据库中的数据按一定的数学模型组织、描述和存储，具有较小的冗余、较高的数据独立性和易扩展性，并可为各种用户共享。

（2）硬件：构成计算机系统的各种物理设备，包括存储所需的外部设备。硬件的配置应满足整个数据库系统的需要。

（3）软件：包括操作系统、数据库管理系统及应用程序。数据库管理系统（database management system，DBMS）是数据库系统的核心软件，在操作系统的支持下工作，操纵和管理数据库，用以科学地组织和存储数据、高效获取和维护数据，它能够建立、使用和维护数据库，对数据库进行统一的管理和控制，以保证数据库的安全性和完整性。DBMS 的主要功能包括：数据定义功能、数据操纵功能、数据库的运行管理和数据库的建立与维护。用户通过 DBMS 访问数据库中的数据，数据库管理员也通过 DBMS 进行数据库的维护工作。它可以支持多个应用程序和用户，用不同的方法在同时或不同时刻去建立、修改和查询数据库。大部分 DBMS 提供数据定义语言（data definition language，DDL）和数据操作语言（data manipulation language，DML），供用户定义数据库的模式结构与权限约束，实现对数据的追加、删除等操作。

（4）人员：主要有四类。①系统分析员和数据库设计人员：系统分析员负责应用系统的需求分析和规范说明，他们和用户及数据库管理员一起确定系统的硬件配置，并参与数据库系统的概要设计。数据库设计人员负责数据库中数据的确定、数据库各级模式的设计。②应用程序员：负责编写使用数据库的应用程序。这些应用程序可对数据进行检索、建立、删除或修改。③数据库管理员（database administrator，DBA）：负责创建、监控和维护整个数据库，使数据能被任何有权使用人有效使用，负责数据库的总体信息控制。DBA 的具体职责包括：确定具体数据库中的信息内容和结构，决定数据库的存储结构和存取策略，定义数据库的安全性要求和完整性约束条件，监控数据库的使用和运行，负责数据库的性能改进、数据库的重组和重构，以提高系统的性能。④最终用户：利用系统的接口或查询语言访问数据库。

3.2.2 常见的数据库产品

1. Oracle 数据库

Oracle 数据库管理系统是由甲骨文（Oracle）公司开发的，在数据库领域一直处于领先地位。目前，Oracle 数据库覆盖了大、中、小型计算机等几十种计算机类型，成为世界上使用最广泛的关系数据管理系统（由二维表及其之间的关系组成的一个数据库）之一。

Oracle 数据库管理系统采用标准的 SQL，并经过美国国家标准与技术研究院（NIST）测试。其具备良好的兼容性，可与 SQL/DS、DB2、INGRES、IDMS/R 等兼容；而且它可以在 VMS、DOS、Unix、Windows 等操作系统下工作，具有较好的可移植性。不仅如此，Oracle 数据库管理系统还具有良好的可连接性等。

2. SQL Server 数据库

SQL Server 数据库是由微软公司开发的一种关系数据库管理系统，已广泛用于电子商务、银行、保险、电力等行业。

SQL Server 数据库提供了对 XML 和 Internet 标准的支持，具有强大的、灵活的、基于 Web 的应用程序管理功能。界面友好、易于操作，深受广大用户的喜爱。但它只能在 Windows 平台上运行，并对操作系统的稳定性要求较高。

3. DB2 数据库

DB2 数据库是由 IBM 公司研制的一种关系数据库管理系统，主要应用于 OS/2、Windows 等平台，具有较好的可伸缩性，可支持从大型计算机到单用户环境。

DB2 支持标准的 SQL，并且提供高层次的数据利用性、完整性、安全性和可恢复性，以及从小规模到大规模应用程序的执行能力，适合海量数据的存储，但相对于其他数据库管理系统而言，DB2 的操作比较复杂。

4. MongoDB 数据库

MongoDB 是由 10gen 团队开发的介于关系数据库和非关系数据库之间的产品，是非关系数据库当中功能最丰富、最像关系数据库的。它支持的数据结构非常松散，是类似 JSON 的 BJSON 格式，因此可以存储比较复杂的数据类型。MongoDB 数据库管理系统最大的特点是它支持的查询语言非常强大，其语法类似于面向对象的查询语言，可以实现类似关系数据库单表查询的绝大部分功能，而且还支持对数据建立索引。不仅如此，它还是一个开源数据库，并且具有高性能、易部署、易使用、存储数据非常方便等特点。对于大数据量、高并发、弱事务的互联网应用，MongoDB 完全可以满足互联网和移动互联网的数据存储需求。

5. MySQL 数据库

MySQL 数据库管理系统最初由瑞典的 MySQL AB 公司开发的，但是几经辗转，现在是 Oracle 公司的产品。它以“客户/服务器”模式实现，是一个多用户、多线程的小型数据库服务器。MySQL 是开源数据的，任何人都可以获得该数据库的源代码并修正 MySQL 的　缺陷。

MySQL 具有跨平台特性，它不仅可以在 Windows 平台上使用，还可以在 Unix、Linux 和 Mac OS 等平台上使用。相对其他数据库而言，MySQL 的使用更加方便、快捷，而且 MySQL 是免费的，运营成本低。因此，越来越多的公司开始使用 MySQL。

3.2.3　数据库设计

数据库设计的主要内容包括用户需求分析、概念结构设计、逻辑结构设计和物理结构设计。

1. 用户需求分析

调查和分析用户的业务活动和数据的使用情况，弄清所用数据的种类、范围、数量以及它们在业务活动中交流的情况，确定用户对数据库系统的使用要求和各种约束条件等，形成用户需求规约。需求分析是在用户调查的基础上，通过分析，逐步明确用户对系统的需求，包括数据需求和围绕这些数据的业务处理需求。在需求分析中，通过自顶向下、逐步分解的方法分析系统，分析的结果采用数据流程图进行图形化描述。

2. 概念结构设计

对用户要求描述的现实世界（可能是一个工厂、一个商场或者一个学校等），通过分类、聚集和概括，建立抽象的概念数据模型。这个概念模型应反映现实世界各部门的信息结构、信息流动情况、信息间的互相制约关系以及各部门对信息储存、查询和加工的要求等。所建立的模型应避开数据库在计算机上的具体实现细节，用一种抽象的形式表示出来。以实体-联系模型方法为例，第一步先明确现实世界各部门所含的各种实体及其属性、实体间的联系以及对信息的制约条件等，从而给出各部门内所用信息的局部描述（在数据库中称为用户的局部视图）；第二步将前面得到的多个用户的局部视图集成为一个全局视图，即用户要描述的现实世界的概念数据模型。

3. 逻辑结构设计

主要工作是将现实世界的概念数据模型设计成数据库的一种逻辑模式，即适应于某种特定数据库管理系统所支持的逻辑数据模式。与此同时，可能还需为各种数据处理应用领域产生相应的逻辑子模式。这一步设计的结果就是所谓“逻辑数据库”。

4. 物理结构设计

根据特定数据库管理系统所提供的多种存储结构和存取方法等各项物理设计措施，对具体的应用任务选定最合适的物理存储结构（包括文件类型、索引结构和数据的存放次序与位逻辑等)、存取方法和存取路径等。这一步设计的结果就是所谓“物理数据库”。

3.2.4 数据库三级模式结构

数据库领域公认的标准结构是三级模式结构，它包括外模式、概念模式、内模式。三级模式结构有效地组织、管理数据，提高了数据库的逻辑独立性和物理独立性。用户级对应外模式，概念级对应概念模式，物理级对应内模式，使不同级别的用户对数据库形成不同的视图。所谓视图，就是指观察、认识和理解数据的范围、角度和方法，是数据库在用户眼中的反映，不同层次（级别）用户观察到的数据库是不相同的。

1. 外模式

外模式又称子模式或用户模式，对应于用户级。它是某个或某几个用户所看到的数据库的数据视图，是与某一应用有关的数据的逻辑表示。外模式是从模式导出的一个子集，包含模式中允许特定用户使用的那部分数据。用户可以通过外模式描述语言来描述、定义对应于用户的数据记录（外模式），也可以利用数据操纵语言（data manipulation language，DML）对这些数据记录进行操作。外模式反映了数据库系统的用户观。

2. 概念模式

概念模式又称模式或逻辑模式，对应于概念级。它是由数据库设计者综合所有用户的数据，按照统一的观点构造的全局逻辑结构，是对数据库中全部数据的逻辑结构和特征的总体描述，是所有用户的公共数据视图（全局视图)。它是由数据库管理系统提供的数据描述语言（data description language，DDL）来描述、定义的。概念模式反映了数据库系统的整体观。

3. 内模式

内模式又称存储模式，对应于物理级。它是数据库中全体数据的内部表示或底层描述，是数据库最低一级的逻辑描述，它描述了数据在存储介质上的存储方式和物理结构，对应着实际存储在外存储介质上的数据库。内模式由内模式描述语言来描述、定义。内模式反映了数据库系统的存储观。

在一个数据库系统中，只有唯一的数据库，因而作为描述、定义数据库存储结构的内模式和描述、定义数据库逻辑结构的概念模式，也是唯一的，但建立在数据库系统之上的应用则是非常广泛、多样的，所以对应的外模式不是唯一的，也不可能是唯一的。

3.2.5 数据库事务与备份

数据库事务（transaction）是访问并可能操作各种数据项的一个数据库操作序列，这些操作要么全部执行，要么全部不执行，是一个不可分割的工作单位。事务由事务开始与事务结束之间执行的全部数据库操作组成。数据库事务具有以下四个特性（ACID）。

A. 原子性（atomicity）：事务中的全部操作在数据库中是不可分割的，要么全部完成，要么全部不执行。

C. 一致性（consistency）：几个并行执行的事务，其执行结果必须与按某一顺序串行执行的结果相一致。

I. 隔离性（isolation）：事务的执行不受其他事务的干扰，事务执行的中间结果对其他事务必须是透明的。

D. 持久性（durability）：对于任一已提交事务，系统必须保证该事务对数据库的改变不被丢失，即使数据库出现故障。

事务的 ACID 特性是由数据库管理系统（DBMS）来实现的，DBMS 采用日志来保证事务的原子性、一致性和持久性。日志记录了事务对数据库所做的更新，如果某个事务在执行过程中发生错误，就可以根据日志撤销事务对数据库已做的更新，使得数据库回滚到执行事务前的初始状态。对于事务的隔离性，DBMS 是采用锁机制来实现的。当多个事务同时更新数据库中相同的数据时，只允许持有锁的事务更新该数据，其他事务必须等待，直到前一个事务释放了锁，其他事务才有机会更新该数据。

数据库备份是保障数据安全、避免数据丢失、增强企业危机管理的一种重要技术手段，目前主要的备份类型如下。

（1）完全备份：这是最常用的方式，它可以备份整个数据库，包含用户表、系统表、索引、视图和存储过程等所有数据库对象。但它需要花费更多的时间和空间，所以，一般推荐一周做一次完全备份。

（2）事务日志备份：事务日志是一个单独的文件，它记录数据库的改变，备份的时候只需要复制自上次备份以来对数据库所做的改变，所以只需要很少的时间。为了使数据库具有鲁棒性，推荐每小时甚至更频繁地备份事务日志。

（3）差异备份：也叫增量备份。它是只备份数据库一部分的一种方法，它不使用事务日志，相反，它使用整个数据库的一种新映像。差异备份的容量比完全备份小，因为它只包含自上次完全备份以来所改变的数据库。它的优点是存储和恢复速度快，推荐每天做一次差异备份。

3.3　计算机网络

3.3.1　基本概念

计算机网络是指将地理位置不同的具有独立功能的多台计算机及其外部设备，通过通信线路和通信设备连接起来，在网络操作系统、网络管理软件及网络通信协议的管理和协调下，实现资源共享和信息传递的计算机系统。

3.3.2　计算机网络的类型

计算机网络类型的划分标准各种各样，按地理范围划分可以把各种网络类型划分为局域网、广域网和互联网等几种类型。

1. *局域网*

局域网（local area network，LAN）是最常见、应用最广的一种网络。局域网随着整个计算机网络技术的发展和提高得到充分的应用和普及，几乎每个单位都有自己的局域网，甚至有的家庭中都有自己的小型局域网。很明显，所谓局域网，那就是在局部地区范围内的网络，它所覆盖的地区范围较小。局域网在计算机数量配置上没有太多的限制，少的可以只有两台，多的可达几百台。一般来说在企业局域网中，工作站的数量在几十到两百台次左右。在网络所涉及的地理距离上一般来说可以是几米至 10 km 以内。局域网一般位于一个建筑物或一个单位内，不存在寻径问题，不包括网络层的应用。

（1）以太网（ethernet）。以太网是按照 IEEE 802.3 协议建立的局域网络，采用载波监听多路访问技术，即当一个节点有报文发送且已准备就绪时，先检测信道，若信道空闲，就在下一个时间片占用信道并发送报文，若信道忙，该节点就不能发送。由于报文在信道上传输有一定延迟，而节点发送报文是随机的，因而存在着发报冲突。IEEE 802.3 协议规定了 CSMA/CD（载波监听多路访问/冲突检测）协议标准，这样，所有站点在发送信息的同时也能检测冲突，一旦有冲突，就推迟发送。在大型网络中，随着传输冲突的增加，以太网效率会急剧下降，因而，一般只能作为小型网络或工作组网络的选型，不宜作为主干网。

（2）令牌环（token ring）。令牌环即 IEEE 802.4 协议，采用按需分配信道的原则，即按一定的顺序在网络节点间传送称为“令牌”的特定控制信息，得到令牌的节点若有信息要发送，则将令牌置为忙，表示信道被占用，随即发送报文。报文发送完毕后将令牌置为空，传给下一节点。这种方法在较高通信量的情况下仍能保证一定的传输效率。

（3）快速以太网（fast ethernet）。快速以太网保留了以太网的 CSMA/CD 技术，是以太网的发展，它提供 100 Mbit/s 的数据传输速率，近年来又有千兆位以太网面世。快速以太网在一定程度上缓解了网络瓶颈现象，在小型网络应用中有较高效率，但传输距离有限，不适合作为大型网络的主干网。

（4）光纤分布式数据接口（FDDI）。FDDI 采用光纤作为传输介质，以令牌环方式仲裁站点对介质的访问，传输速率可达 100 Mbit/s；采用双环备份方式，传输距离远，可靠性高，互操作能力强，适合作为局域网络主干网选型。

（5）异步传输模式（ATM）。ATM 是一种以信元为单位在设备间传输信息的方式，信元内可携带任何信息进行传送。ATM 是一种为了多种业务设计的通用的面向连接的传输模式，适用于局域网和广域网。它支持不同速度的设备，具有较高的灵活性；缺点是价格昂贵，至今没有统一的国际标准，在局域网应用中，正受到快速以太网的挑战。

2. 广域网

广域网是局域网的扩展。广域网一般由相距较远的局域网经由公共电信网络互联而成，传输距离可遍及全球。

3. 互联网

互联网起源于美国国防部高级研究计划局（ARPA）的 ARPAnet，包含各种不同领域的应用系统，能够提供商务、政治、经济、娱乐、新闻、科技等各类信息，实现全球范围的信息资源共享。

3.3.3　OSI 参考模型

开放系统互联（open system interconnect，OSI），一般都称为 OSI 参考模型，是国际标准化组织（ISO）定义的网络互联模型。该体系结构标准定义了网络互联的七层框架（物理层、数据链路层、网络层、传输层、会话层、表示层和应用层），如图 3-1 所示。在这一框架下进一步详细规定了每一层的功能，以实现开放系统环境中的互联性、互操作性和应用的可移植性。OSI 参考模型采用了分层结构技术，把一个网络系统分成若干层，每一层实现不同的功能，每一层的功能都以协议形式进行描述，协议定义了某层与远方一个对等层通信所使用的一套规则和约定。每一层向相邻上层提供一套确定的服务，并且使用与之相邻的下层所提供的服务。

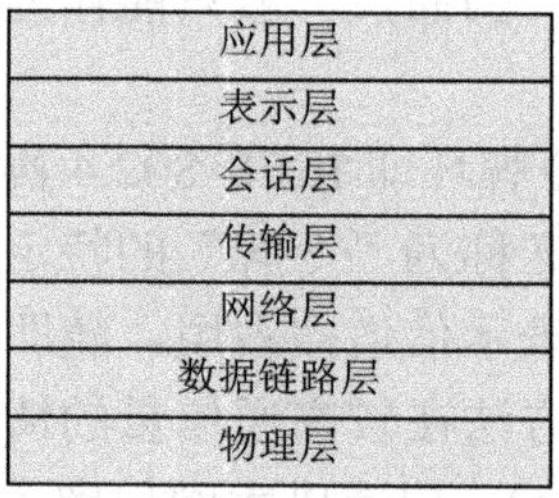

图 3-1　OSI 参考模型

1. 物理层

在 OSI 参考模型中，物理层（physical layer）是 OSI 模型的第一层，也是最底层。物理层利用传输介质为数据链路层提供物理连接，实现相邻计算机节点之间比特流的透明传输，尽可能屏蔽掉具体传输介质和物理设备的差异，使其上面的数据链路层不必考虑网络的具体传输介质是什么。“透明传输”表示经实际电路传输后的比特流没有发生变化，对传输的比特流来说，这个电路好像是看不见的。

2. 数据链路层

数据链路层（data link layer）是 OSI 参考模型的第二层，负责建立和管理节点间的链路。该层的主要功能是：通过各种控制协议，将有差错的物理信道变为无差错的、能可靠传输数据帧的数据链路。在计算机网络中，由于各种干扰的存在，物理链路是不可靠的。因此，这一层主要是在物理层提供的比特流的基础上，通过差错控制、流量控制方法，使有差错的物理信道变为无差错的数据链路，即提供可靠的通过物理介质传输数据的方法。该层通常又被分为介质访问控制（MAC）和逻辑链路控制（LLC）两个子层。MAC 子层的主要任务是解决共享型网络中多用户对信道竞争的问题，完成网络介质的访问控制；LLC 子层的主要任务是建立和维护网络连接，执行差错校验、流量控制和链路控制。数据链路层的具体工作是接收来自物理层的比特流形式的数据，并封装成帧，传送到上一层；同样，也将来自上层的数据帧，拆装为比特流形式的数据转发到物理层；并且，还负责处理接收端发回的确认帧的信息，以便提供可靠的数据传输。

3. 网络层

网络层（network layer）是 OSI 参考模型的第三层，它是 OSI 参考模型中最复杂的一层，也是通信子网的最高一层。它在下两层的基础上向资源子网提供服务。其主要任务是：通过路由选择算法，为报文或分组通过通信子网选择最适当的路径。该层控制数据链路层与传输层之间的信息转发，建立、维持和终止网络的连接。具体地说，数据链路层的数据在这一层被转换为数据包，然后通过路径选择、分段组合、顺序、进/出路由等控制，将信息从一个网络设备传送到另一个网络设备。一般地，数据链路层解决同一网络内节点之间的通信，而网络层主要解决不同子网间的通信。例如，在广域网之间通信时，必然会遇到路由（即两节点间可能有多条路径）选择问题。

4. 传输层

OSI 参考模型下三层的主要任务是数据通信，上三层的任务是数据处理，而传输层（transport layer）是 OSI 参考模型的第四层。因此，该层是通信子网和资源子网的接口和桥梁，起到承上启下的作用。该层的主要任务是：向用户提供可靠的、端到端的差错和流量控制，保证报文的正确传输。传输层的作用是向高层屏蔽下层数据通信的细节，即向用户透明地传送报文。该层常见的协议：TCP/IP 中的 TCP 协议、Novell 网络中的 SPX 协议等。传输层提供会话层和网络层之间的传输服务，这种服务从会话层获得数据，并在必要时对数据进行分割。然后，传输层将数据传递到网络层，并确保数据能正确无误地传输到目标节点。因此，传输层负责提供两节点之间数据的可靠传输，当两节点的联系确定之后，传输层则负责监督工作。

5. 会话层

会话层（session layer）是 OSI 参考模型的第五层，是用户应用程序和网络之间的接口。该层的主要任务是：向两个实体的表示层提供建立和使用连接的方法，将不同实体之间的表示层的连接称为会话。因此，会话层的任务就是组织和协调两个会话进程之间的通信，并对数据交换进行管理。用户可以按照半双工、单工和全双工的方式建立会话。当建立会话时，用户必须提供他们想要连接的远程地址。这些地址与 MAC 地址或网络层的逻辑地址不同，它们是为用户专门设计的，更便于用户记忆。

6. *表示层*

表示层（presentation layer）是 OSI 参考模型的第六层，它对来自应用层的命令和数据进行解释，对各种语法赋予相应的含义，并按照一定的格式传送给会话层。其主要功能是处理用户信息的表示问题，如编码、数据格式转换和加密解密等，具体如下：①数据格式处理。协商和建立数据交换的格式，解决各应用程序之间在数据格式表示上的差异。②数据的编码。处理字符集和数字的转换。例如，由于用户程序中的数据类型（整型或实型、有符号或无符号等）、用户标识等都有不同的表示方式，因此，在设备之间需要具有在不同字符集或格式之间转换的功能。③压缩和解压缩。为了减少数据的传输量，这一层还负责数据的压缩与恢复。④数据的加密和解密。可以提高网络的安全性。

7. *应用层*

应用层（application layer）是 OSI 参考模型的最高层，它是计算机用户以及各种应用程序和网络之间的接口。其功能是：直接向用户提供服务，完成用户希望在网络上完成的各种工作。它在其他六层工作的基础上，负责建立网络中应用程序与网络操作系统之间的联系，建立与结束使用者之间的联系，并完成网络用户提出的各种网络服务需求及应用所需的监督、管理和服务等各种协议。此外，该层还负责协调各个应用程序间的工作。应用层为用户提供的服务和协议有：文件服务、目录服务、远程登录服务、电子邮件服务、打印服务、安全服务、网络管理服务、数据库服务等。上述各种网络服务由该层的不同应用协议和程序完成，不同的网络操作系统之间在功能、界面、实现技术、对硬件的支持、安全可靠性以及具有的各种应用程序接口等方面的差异很大。

总之，由于 OSI 是一个理想的模型，因此一般网络系统只涉及其中的几层，很少有系统能够具有所有的七层，并完全遵循它的规定。在七层模型中，每一层都提供一个特殊的网络功能。从网络功能的角度观察：下面四层（物理层、数据链路层、网络层和传输层）主要提供数据传输和交换功能，即以节点到节点之间的通信为主，其中传输层作为上下两部分的桥梁，是整个网络体系结构中最关键的部分；而上三层（会话层、表示层和应用层）则以提供用户与应用程序之间的信息和数据处理功能为主。简言之，下四层主要完成通信子网的功能，上三层主要完成资源子网的功能。

3.3.4　TCP/IP 协议

TCP/IP 协议（transmission control protocol/internet protocol，传输控制协议/互联网协议）是指能够在多个不同网络间实现信息传输的协议族，是互联网最基本的协议。TCP/IP 协议不仅仅是指 TCP 和 IP 两个协议，还是指一个由 FTP、SMTP、TCP、UDP、IP 等协议构成的协议族，只是因为在 TCP/IP 协议中，TCP 协议和 IP 协议最具代表性，所以被称为 TCP/IP 协议。TCP/IP 协议在一定程度上参考了 OSI 的体系结构。OSI 参考模型共有七层，而且比较复杂，所以在 TCP/IP 协议中，它们被简化为了四个层次：网络接口层、网间层、传输层、应用层，如图 3-2 所示，其中有三层对应于 ISO 参考模型中的相应层。ICP/IP 协议族不包含物理层和数据链路层，因此不能独立完成整个计算机网络系统的功能，必须与其他协议协同工作。

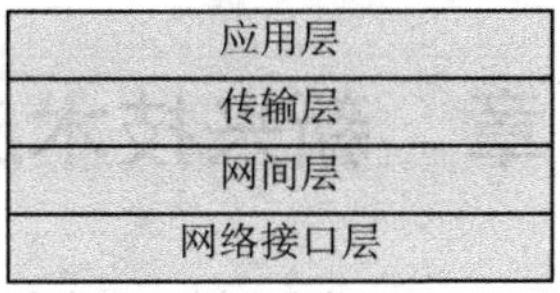

图 3-2　TCP/IP 协议

1. 网络接口层

包括用于协作 IP 数据在已有网络介质上传输的协议。实际上，TCP/IP 标准并不定义与 ISO 参考模型数据链路层和物理层相对应的功能。相反，它定义地址解析协议（address resolution protocol，ARP）等协议，提供 TCP/IP 协议的数据结构和实际物理硬件之间的接口。

2. 网间层

对应于 OSI 参考模型的网络层。本层包含 IP 协议、RIP 协议（routing information protocol，路由信息协议），负责数据的包装、寻址和路由。同时还包含互联网控制报文协议（internet control message protocol，ICMP）用来提供网络诊断信息。

3. 传输层

对应于 OSI 参考模型的传输层，它提供两种端到端的通信服务。其中 TCP 协议提供可靠的数据流运输服务，用户数据报协议（user datagram protocol，UDP）提供不可靠的用户数据报服务。

4. 应用层

对应于 OSI 参考模型的应用层和表达层。互联网的应用层协议包括 Finger、Whois、FTP、Gopher、HTTP、Telnet、SMTP、IRC、NNTP 等。

第 4 章　新兴技术应用

4.1　区　块　链

4.1.1　基本概念

自 2009 年比特币诞生以来，区块链技术已经取得了巨大的发展和进步。区块链技术是一种由分布式数据库、密码学和共识算法构成的技术，它不仅仅用于加密货币交易，还可以用于各种领域的数据管理和安全保障。区块链技术的核心是区块，每个区块都包含了一些交易数据，并且通过密码学算法和共识机制连接到前一个区块。这种连接方式使得区块链具有去中心化和不可篡改的特性，从而使得区块链在数据交换和存储方面具有巨大的潜力。区块链，就是一个又一个区块组成的链条。每一个区块中保存了一定的信息，它们按照各自产生的时间顺序连接成链条。这个链条被保存在所有的服务器中，只要整个系统中有一台服务器可以工作，整条区块链就是安全的。这些服务器在区块链系统中被称为节点，它们为整个区块链系统提供存储空间和算力支持。如果要修改区块链中的信息，必须征得半数以上节点的同意并修改所有节点中的信息，而这些节点通常掌握在不同的主体手中，因此篡改区块链中的信息是一件极其困难的事。相比于传统的网络，区块链具有两大核心特点：一是数据难以篡改，二是去中心化。基于这两个特点，区块链所记录的信息更加真实可靠，可以帮助解决人们之间的信任问题。

4.1.2　主要类型

（1）公有区块链：世界上任何个体或者团体都可以发送交易，且交易能够获得该区块链的有效确认，任何人都可以参与其共识的过程。公有区块链是最早的区块链，也是应用最广泛的区块链。比特币等虚拟数字货币均基于公有区块链。对于某一特定币种，有且仅有一条对应的区块链。

（2）行业区块链：由某个群体内部指定多个预选的节点为记账者，每个区块的生成由所有的预选节点共同决定（预选节点参与共识过程），其他接入节点可以参与交易，但不过问记账过程（本质上还是托管记账，只是变成分布式记账，预选节点的多少，如何决定每个块的记账者成为该区块链的主要风险点），其他任何人可以通过该区块链开放的 API 进行限定查询。

（3）私有区块链：仅仅使用区块链的总账技术进行记账，可以由一个公司或个人控制，该公司或个人独享该区块链的写入权限，私有链的网络规模比较小。很多传统金融公司都在尝试建立私有区块链，但是私有区块链的应用产品还在摸索当中，尚未达到商业化成熟阶段。

4.1.3　特性

（1）去中心化：区块链技术不依赖额外的第三方管理机构或硬件设施，没有中心管制，除了自成一体的区块链本身，通过分布式核算和存储，各个节点实现了信息的自我验证、传递和管理。去中心化是区块链最突出、最本质的特征。

（2）开放性：区块链技术基础是开源的，除了交易各方的私有信息被加密外，区块链的数据对所有人开放，任何人都可以通过公开的接口查询区块链数据和开发相关应用，因此整个系统信息高度透明。

（3）独立性：基于协商一致的规范和协议（类似比特币采用的哈希算法等各种数学算法），整个区块链系统不依赖其他第三方，所有节点能够在系统内自动安全地验证、交换数据，不需要任何人为的干预。

（4）安全性：只要不能掌控全部数据节点的51%，就无法肆意操控修改网络数据，这使区块链本身变得相对安全，避免了主观人为的数据变更。

（5）匿名性：除非有法律规范要求，单从技术上来讲，各区块节点的身份信息不需要公开或验证，信息传递可以匿名进行。

4.1.4　核心技术

（1）分布式账本：交易记账由分布在不同地方的多个节点共同完成，而且每一个节点记录的都是完整账目，因此它们都可以监督交易的合法性，同时也可以共同为其作证。跟传统的分布式存储有所不同，区块链的分布式存储的独特性主要体现在两个方面：一是区块链每个节点都按照块链式结构存储完整的数据，传统分布式存储一般是将数据按照一定的规则分成多份进行存储。二是区块链每个节点存储都是独立的、地位等同的，依靠共识机制保证存储的一致性，而传统分布式存储一般是通过中心节点往其他备份节点同步数据。没有任何一个节点可以单独记录账本数据，从而避免了单一记账人被控制或者被贿赂而记假账的可能性。因为记账节点足够多，理论而言，除非所有的节点被破坏，否则账目就不会丢失，从而保证了账目数据的安全性。

（2）非对称加密：存储在区块链上的交易信息是公开的，但是账户身份信息是高度加密的，只有在数据拥有者授权的情况下才能访问到，从而保证了数据的安全和个人的隐私。

（3）共识机制：共识机制就是所有记账节点之间怎么达成共识，去认定一个记录的有效性。这既是认定的手段，也是防止篡改的手段。区块链提出了四种不同的共识机制，适用于不同的应用场景，在效率和安全性之间取得平衡。区块链的共识机制具备“少数服从多数”以及“人人平等”的特点。其中，“少数服从多数”并不完全指节点个数，也可以是计算能力、股权数或者其他的计算机可以比较的特征量。“人人平等”是当节点满足条件时，所有节点都有权优先提出共识结果、直接被其他节点认同后并有可能成为最终共识结果。以比特币为例，其采用的是工作量证明，只有在控制了全网超过51%记账节点的情况下，才有可能伪造出一条不存在的记录。当加入区块链的节点足够多的时候，这基本上不可能，从而杜绝了造假的可能。

（4）智能合约：基于这些可信的不可篡改的数据，可以自动化地执行一些预先定义好的规则和条款。以保险为例，如果说每个人的信息（包括医疗信息和风险发生的信息）都是真实可信的，那就很容易在一些标准化的保险产品中进行自动化理赔。在保险公司的日常业务中，虽然交易不像银行和证券行业那样频繁，但是对可信数据的依赖有增无减。

4.1.5　应用领域

最早应用区块链技术的领域之一是金融领域。比特币是第一个应用区块链技术的加密货币，它的成功使得人们开始思考如何用区块链技术改进金融系统。于是，以太坊等智能合约平台开始出现，它们允许用户创建和执行智能合约，实现自动化的金融交易。除了金融领域，区块链技术还被应用于供应链管理、物联网、医疗、版权保护等领域。通过使用区块链技术，可以实现物流信息的实时跟踪和透明化，保护知识产权，提高医疗记录的安全性等。

4.2　人工智能

4.2.1　基本概念

人工智能（artificial intelligence，AI）是研究、开发用于模拟、延伸和扩展人的智能的理论、方法、技术及应用系统的一门新的技术科学，是新一轮科技革命和产业变革的重要驱动力量。人工智能是智能学科重要的组成部分，它企图了解智能的实质，并生产出一种新的、能以人类智能相似的方式做出反应的智能机器，该领域的研究包括机器人、语言识别、图像识别、自然语言处理和专家系统等。人工智能从诞生以来，理论和技术日益成熟，应用领域也不断扩大，可以设想，未来人工智能带来的科技产品，将会是人类智慧的“容器”。人工智能是对人的意识、思维过程的模拟。人工智能不是人的智能，但能像人那样思考，也可能超过人的智能。

4.2.2　核心技术

（1）机器学习（machine learning）：是人工智能的一个分支领域，它的目标是让计算机能够从数据中学习，并利用所学的知识进行自主决策。机器学习可以分为监督学习、无监督学习和强化学习三类。其中，监督学习是指让计算机从已有的标记数据中学习，无监督学习是指让计算机从未标记的数据中发现规律，而强化学习是让计算机通过试错学习来达到特定的目标。

（2）深度学习（deep learning）：是机器学习的一种特殊形式，它利用神经网络模拟人脑的神经元进行学习。深度学习可以自动提取数据中的特征，并根据特征进行分类、回归等任务。目前，深度学习已经成为人工智能技术中最为重要的技术之一，它在图像、语音、自然语言处理等领域中取得了很好的效果。

（3）自然语言处理（natural language processing，NLP）：指让计算机能够理解和处

理自然语言。自然语言是人类交流的一种基本形式，但让计算机直接理解是非常困难的。自然语言处理技术可以帮助计算机理解人类语言，进行文本分类、语义分析、机器翻译、语音识别等任务。

（4）计算机视觉（computer vision）：指让计算机能够理解和分析图像或视频。计算机视觉技术可以识别图像中的物体、人脸、场景等信息，实现图像检索、人脸识别、目标跟踪、自动驾驶等任务。计算机视觉技术也是现代人工智能技术中的重要组成部分之一。

（5）人工智能芯片：是专门为人工智能应用设计的芯片。相较于传统的 CPU 或 GPU，人工智能芯片具有更高的计算效率和更低的能耗，能够支持更加复杂和高效的人工智能算法。随着人工智能技术的不断发展，人工智能芯片也在不断创新和进化。

4.2.3　应用领域

（1）医疗健康：例如，利用机器学习技术对医学图像进行分析和诊断，能够帮助医生提高诊断的准确性和效率。利用自然语言处理技术，可以实现医疗记录的自动化整理和分析，辅助医生进行诊疗决策。此外，人工智能还可以应用于疾病预测、药物研发等方面，为医疗健康行业带来更多的机遇和挑战。

（2）金融服务：例如，利用机器学习技术进行风险评估和信用评估，可以帮助金融机构提高贷款审批的效率和准确性。利用自然语言处理技术，可以实现对财经新闻和市场数据的分析和预测，辅助投资决策。此外，人工智能还可以应用于反欺诈、保险理赔等方面，为金融服务行业带来更多的机遇和挑战。

（3）制造业：例如，利用计算机视觉技术进行自动化检测和质量控制，可以提高产品的生产效率和质量水平。利用机器学习技术，可以实现智能制造和智能物流，减少人工干预和资源浪费。此外，人工智能还可以应用于故障诊断和维护，实现智能化的设备管理和优化。

（4）零售业：例如，利用机器学习技术进行用户画像和个性化推荐，可以提高用户的购物体验和消费满意度。利用计算机视觉技术进行商品识别和智能盘点，可以实现智能化的库存管理和供应链优化。此外，人工智能还可以应用于反欺诈和客户服务等方面，为零售业带来更多的机遇和挑战。

（5）教育培训：例如，利用机器学习技术进行学生评估和学习跟踪，可以帮助教师更好地了解学生的学习情况和学习进度。利用自然语言处理技术进行智能化的教学辅助和学习内容推荐，可以提高学生的学习效率和学习质量。此外，人工智能还可以应用于在线教育和教育管理等方面，为教育培训行业带来更多的机遇和挑战。

4.3　大数据技术

4.3.1　大数据定义

大数据（big data）是一个体量庞大、数据类别复杂多样，用传统的数据分析与统计学方法难以获得、处理、分析和表征的数据集合。

4.3.2　大数据特征

（1）价值性：可通过挖掘大量不相关的数据，发现对未来趋势与模式预测分析有价值的数据。这些数据潜藏着很多规律、知识、模式，对政府的决策、人们的生活意义很大。大数据的价值性体现在零散数据之间的关联上，即通过机器学习算法更迅速地完成数据的价值“提纯”。因此，大数据在未来的发展中将会扮演越来越重要的角色，为各行各业带来更多便利和价值。

（2）多样性：大数据具有多样性，包括结构化数据、非结构化数据和半结构化数据。结构化数据是指以结构化形式存储的数据，如财务系统数据、信息管理系统数据、医疗系统数据等。非结构化数据是指没有因果关系的数据，如音频、图片、视频等。半结构化数据是指数据之间因果关系较弱，如网页数据、邮件记录等。大数据的多样性使得数据来源更加广泛，从而能够获得更多的信息和分析结果。

（3）高速性：在实际应用中，大数据的检索速度可以达到秒级，远比传统媒介的信息交换和传播高速快捷。大数据与传统数据的重要区别，前者除了数据规模更大以外，对处理数据的响应速度有更严格的要求。大数据采用实时分析而非批量分析，数据输入、处理与丢弃立刻见效，几乎无延迟。数据的增长速度和处理速度是大数据高速性的重要体现。

（4）容量大：大数据的应用范围广泛，包括但不限于商业、科学、医疗、金融等领域。大数据的容量现在可以达到 PB 级别，甚至 EB、ZB 和 YB 级别。容量越大，数据处理效率越高。

4.3.3　主要技术和系统

（1）分布式存储技术：用于将数据分布式地存储在多个计算机节点上，以便实现数据的高可用性和可扩展性，如 HDFS（hadoop distributed file system）、Cassandra、HBase 等。Cassandra 是一个高可扩展的分布式 NoSQL 数据库，最初由 Facebook 开发，现在由 Apache 软件基金会维护。Cassandra 的设计目标是支持大规模的、高可用的分布式数据存储和处理，具有出色的可扩展性、可靠性和灵活性。HBase 是一个基于 Hadoop 的分布式、可伸缩的 NoSQL 数据库，由 Apache 软件基金会维护。HBase 旨在为海量数据提供实时读写访问，并能够支持高度并发的访问请求，被广泛应用于大数据场景中。

（2）分布式计算技术：用于对大规模数据进行分布式计算，以便实现高性能和高效率的数据处理和分析，如 Hadoop、Spark、Storm、Flink 等。Hadoop 是一个开源的分布式计算框架，最初由 Apache 软件基金会开发，旨在解决大规模数据的存储和处理问题。Hadoop 包含了多个子项目，其中最核心的是 HDFS 和 MapReduce。Spark 是一个快速、通用的分布式计算引擎，由 Apache 软件基金会维护。它提供了一个高级 API，可以用于构建基于内存的分布式计算应用程序，支持批处理、流处理和机器学习等各种计算任务。与 Hadoop 相比，Spark 在处理大规模数据时具有更快的速度和更高的性能，是当前大数据处理领域最受欢迎的开源技术之一。Storm 是一个开源的分布式实时计算系统，由 Twitter 公司开发并贡献给 Apache 软件基金会，用于处理实时流式数据。Storm 可以处理大量的实时数据流，并且可以通过水平扩展来实现高可用性和高吞吐量。Flink 是一个分布式流处理框架，可以处理实时数据流和批处理任务。Flink 旨在提供高性能、低延迟和高可靠性的数据处理能力，适用于大规模数据处理和分析场景。

（3）数据采集技术：用于从不同来源采集大规模数据，并将数据传输到分布式存储和计算系统中，如 Flume、Kafka、Logstash 等。Flume 是一个可靠、分布式、可配置的、高可用性的数据收集系统。它的主要目的是从多个数据源收集数据，然后将数据传输到中央存储或处理系统，例如 Hadoop 或 NoSQL 数据库。Kafka 是一个开源的分布式流处理平台，主要用于处理大规模的流数据。Kafka 最初由 LinkedIn 公司开发，现在已成为 Apache 软件基金会的顶级项目之一。Kafka 的主要特点是吞吐量高、延迟低、可靠性高、可扩展性好等，广泛应用于实时数据处理、日志收集、消息队列等场景。

（4）数据挖掘和机器学习技术：用于在大数据集上进行数据挖掘和机器学习，以便提取有用的信息和知识，如 Mahout、TensorFlow、Spark MLlib 等。Mahout 是 Apache 开发的一个全新的开源项目，其主要目标是创建一些可伸缩的机器学习算法，供开发人员在 Apache 许可下免费使用。

（5）数据库技术：用于存储和管理大规模数据，如 NoSQL 数据库、MySQL Cluster、PostgreSQL 等。

（6）可视化和报告技术：用于将数据分析和结果可视化，以便更好地理解和传达数据分析结果，如 Tableau、QlikView、Zeppelin 等。Zeppelin 是一个开源的数据科学和分析平台，旨在帮助数据科学家和分析师轻松地进行数据分析和可视化。它提供了一个可交互的笔记本界面，用户可以使用多种编程语言来进行数据处理、可视化和报告生成等操作。

（7）安全和隐私保护技术：用于保护大规模数据的安全和隐私，如 Kerberos、Apache Ranger、Apache Sentry 等。Kerberos 是一种网络认证协议，旨在提供强大的身份验证和授权功能，以保护计算机网络中的通信安全，它最初由麻省理工学院开发，现在已经成为一个开放标准并得到广泛应用。Apache Sentry 是一款基于角色的访问控制（RBAC）解决方案，旨在提供细粒度的数据安全和权限管理。Apache Sentry 主要用于 Hadoop 生态系统中，支持 Hadoop HDFS、Apache Hive、Apache Solr 等组件，可以控制数据的访问和操作权限，确保数据的安全性和完整性。

4.3.4　应用领域

目前，大数据技术已经广泛应用于各领域中。

（1）电商领域：利用大数据技术，对用户信息进行分析，从而为用户推送感兴趣的产品，刺激消费。

（2）政府领域："智慧城市" 已经在多地尝试运营，通过大数据，政府部门得以感知社会的发展变化和需求，从而更加科学化、精准化、合理化地为市民提供相应的公共服务以及资源配置。

（3）医疗领域：通过临床数据对比、实时统计分析、远程病人数据分析、就诊行为分析等，辅助医生进行临床决策，规范诊疗路径，提高医生的工作效率。

（4）传媒领域：相关企业收集各式各样的信息进行分类筛选、清洗、深度加工，实现对用户个性化需求的准确定位和把握，并追踪用户的浏览习惯，不断进行信息优化。

（5）安防领域：可以实现视频图像模糊查询、快速检索、精准定位，并能够进一步挖掘海量视频监控数据背后的价值信息，反馈内涵知识辅助决策判断。

（6）金融领域：在用户画像的基础上，银行可以根据用户的年龄、资产规模、理财偏好等，对用户群进行精准定位，分析出潜在的金融服务需求。

（7）电信领域：电信行业拥有庞大的数据，大数据技术可以应用于网络管理、客户关系管理、企业运营管理等，并且使数据对外商业化，实现单独盈利。

（8）教育领域：通过大数据进行学习分析，能够为每位学生创设一个量身定做的个性化课程，为学生的多年学习提供富有挑战性而非逐渐厌倦的学习计划。

（9）交通领域：大数据技术可以预测未来交通情况，为改善交通状况提供优化方案，有助于交通部门提高对道路交通的把控能力，防止和缓解交通拥堵，提供更加人性化的服务。

第三篇　系统开发篇

第5章 信息系统开发概述

5.1 信息系统开发任务

管理信息系统开发的任务，就是开发一个能满足用户需要、高效并有力支持管理决策目标的、具有先进技术的管理信息系统。

具体地说，可从以下四个方面来分析管理信息系统开发的任务：

（1）满足用户需要。由于缺乏管理信息系统或已有系统存在问题，限制了组织的发展，且无法满足用户的需要，因此，新系统的设计必须保证其最终能够被用户接受，实现用户的预期目标。

（2）功能完整。功能是否完整，是指系统能否覆盖组织的主要业务管理范围，同时，还表现在各部分接口是否完备、数据采集和存储格式是否统一、各部分是否协调一致。

（3）技术先进。正确认识各种先进技术的优劣，根据组织的实际情况和未来发展将其合理地运用到管理信息系统开发中去。尽量采用成熟的技术，不要为了先进而采用最新但未经实践验证的技术。

（4）实现辅助决策。许多组织的决策任务非常复杂、耗时。例如，全国性连锁商场考虑在何处建新的卖场时，其决策行为将受到市场竞争、员工素质、与其他卖场是否邻近以及是否靠近主要交通干线等多种因素的综合影响。因此，许多组织都需要能够协助进行最佳决策的决策支持系统。

5.2 信息系统开发原则

根据信息系统开发的任务和特点，在信息系统开发过程中应遵循以下原则：

（1）四个统一原则。信息系统的开发要做到四个统一，即“统一领导、统一规则、统一目标规范、统一软硬件环境”。“四个统一”给系统开发人员和系统管理人员提出了共同遵守的准则，加强了系统开发过程的管理和控制，对提高系统开发质量和水平、缩短开发时间、减少开发费用、方便系统管理和维护等，都起到了重要指导作用。

（2）“一把手”原则。发达国家的经验及我国的实践证明，如果组织的“一把手”没有参加信息系统开发，而只是作为一个旁观者，那么信息系统的开发注定要失败。因为信息系统的开发与应用是一个技术性、政策性很强的系统工程，诸如系统开发目标、环境改造、管理体制变革、机构重组、设备配置、人员培训等一系列重大问题均需“一把手”的支持与参与。“一把手”最清楚自己组织的问题，最能合理地确定系统目标，拥有实现目标的用人权、财务权、指挥权，能够决定投资、调整组织部门、确定计算机平台等，这是任何人也不能替代的。因此，只有“一把手”亲自参与和支持信息系统的开发，才能获得成功。

系统开发的过程也是加强基础管理和提高管理水平的过程。其中，加强基础管理、改变传统习惯、工作关系的重新组合、人事变动以及各开发阶段设计方案的批准、重大进程的安排、资金的筹集调用等都需"一把手"亲自参与和拍板，这是信息系统开发成功的关键。因此，"一把手"要充分认识自己在信息系统开发中的地位和作用，积极参与，加强领导，以最少的投入开发出高效的、多功能的管理信息系统。

（3）面向用户原则。信息系统是为用户开发的，最终要交给用户使用的，由用户通过运行并在使用后做出客观评价。因此，系统开发人员要使信息系统开发获得成功，必须坚持面向用户，树立一切为了用户的思想。从总体规划到开发过程的每一个环节，都必须站在用户的立场上，一切为了用户，一切服务于用户。

（4）信息工程原则。要用信息工程的方法来开发信息系统。因为信息系统开发不仅涉及管理思想的转变、管理体制的变革、管理基础工作的健全，还涉及组织的整体状况、环境及经营管理和业务技术等许多个方面，是一项内容繁多、覆盖面广、人机结合的系统工程。因此，必须从组织的全局和实际出发，制定组织管理信息系统的总体规划和设计，妥善处理当前和长远、实用性和科学性、现行管理和管理现代化三者之间的关系，统筹协调理想目标和实际可能、总体规划目标和子系统分目标、现行系统和目标系统之间的关系，从而保证信息系统的开发顺利进行。

（5）阶段性原则。系统开发过程要划分若干个工作阶段，明确规定各个阶段的任务和成果，制定各个阶段的目标和评价标准，由开发领导小组或技术负责人来对阶段性成果进行评审，发现问题及时提出修改方案，保证系统开发质量。值得注意的是，不能混淆工作阶段。如系统开发人员热衷于编制程序，在没充分弄清系统需求之前就急于考虑机器的选型、网络的方案、系统软件的选择等，匆匆忙忙地购置、安装、调试后就开始了程序的编制工作，其结果必然造成各种资源的浪费、时间的推迟，甚至导致整个系统开发的失败。

（6）适用性和先进性原则。信息系统开发，既不能盲目追求技术的先进性而采取不成熟的技术，造成系统不能正常运行或运行不可靠、不稳定；也不能起点太低，采用过分落后的技术，造成系统功能弱、性能差。因此，在信息系统开发中应注重适用性与先进性相结合，一方面要把适用性放在第一位，满足现行管理的实际需求，尽快解决管理工作中的实际问题；另一方面要采用先进的管理思想和先进的技术，开发出功能全、起点高的系统。

5.3　信息系统开发运维人员

信息系统的开发不仅需要制定明确的开发任务、遵循开发原则，而且还要有高素质的开发人员。只有这样，才能保证信息系统开发的成功。

构建信息系统时，采取购买商品软件与自行开发相结合的策略是一种常见高效的方法，在实际操作中，企业可能面临两种情况：一是对购买的商品化软件进行二次开发；二是购买的商品化软件仅用于企业业务的一部分，其他的部分由本企业的力量进行开发。

无论哪种情况，软件开发人员都是必不可少的。

如果使用上级主管企业推广的管理软件，配备自己的维护人员尤为重要。这是因为推广企业的维护力量可能不足，在软件运行过程中出现问题或管理工作发生变动而需对软件进行修改时，难以提供即时迅速的维护服务。另外还有一个原因是，软件开发人员往往隶属于上级主管企业，而实际使用人员是下属企业的工作人员，上下级之间的沟通可能会存在一定的障碍。

总体而言，信息系统开发运维一般需要以下几类人员：系统分析员、系统设计员、系统程序员、硬件维护人员、软件维护人员、数据录入员、系统操作员、系统管理员等。就一个基层企业来说，并不要求具备所有上述人员。到底需要哪些人员，由企业开展信息系统的不同方式和程序所决定。

5.4 信息系统开发方法

5.4.1 结构化系统开发方法

1. 生命周期概念

任何人工系统都会经历一个由发生、发展到消亡的过程，称为系统的生命周期。在结构化的系统开发方法中，管理信息系统也符合系统生命周期的规律。随着企业和组织工作需要和外部环境的变化，对信息的需求也会相应增加，需要设计和建立更新的信息系统。当系统投入使用后，可以在很大程度上满足企业管理者对信息的需求。但是随着时间的延续，企业规模或信息应用范围的扩大或设备老化等原因，信息系统又逐渐不能满足需求了。这时对信息系统会提出更高的要求，周而复始，循环不息。

管理信息系统的生命周期包括系统分析、系统设计、系统实施三个阶段。

2. 结构化系统开发方法

结构化系统开发方法（structured system analysis and design，SSA&D）又称为结构化生命周期法，是系统分析员、软件工程师、程序员以及最终用户按照用户至上的原则，自顶向下分析与设计和自底向上逐步实施的建立计算机信息系统的一个过程，是组织、管理和控制信息系统开发过程的一种基本框架，是使用结构化编程、结构化分析和结构化设计技术的系统开发方法。其基本思想：用系统工程的思想和工程化的方法，按用户至上的原则，结构化、模块化地对系统进行分析与设计。

3. 基本原则

（1）用户至上。整个开发过程中，要面向用户，充分了解用户的需求与愿望，这也是该方法成功与否的关键。

（2）严格区分工作阶段，每个阶段有明确的任务和应得的成果。把整个开发过程划分为若干工作阶段，每一个阶段有明确的任务和目标、预期达到的工作成效，以便计划和控制进度，协调各方面的工作。前一阶段的工作成果是后一阶段的工作依据。

（3）按照系统的观点，自顶向下地完成系统的研制工作。即强调在设计系统之前，深入实际，详细地调查研究，努力弄清实际业务处理过程的每一个细节，然后分析研究，制定出科学合理的目标系统设计方案。自顶向下整体地进行分析与设计和自底向上逐步实施的系统开发过程：在系统规划、分析与设计时，从整体全局考虑，自顶向下地工作；在系统实施阶段则根据设计的要求，先编制一个个具体的功能模块，然后自底向上逐步实现整个系统。

（4）充分考虑变化的情况。这些变化包括环境变化、内部处理模式变化、用户需求变化等。

（5）工作成果文献化、标准化。要求开发过程的每一步都要按工程标准规范化，所有文档和工作成果都要按相关标准进行存档。

4. 开发步骤

用结构化系统开发方法开发一个系统，将整个开发过程划分为五个首尾相连接的阶段，一般称之为系统开发的生命周期，整个周期包括系统规划、系统分析、系统设计、系统实施、系统运行与维护。

（1）系统规划。根据用户的系统开发请求进行初步调查，明确问题，确定系统目标和总体结构，确定分阶段实施进度，然后进行可行性研究。

（2）系统分析。分析业务流程、分析数据与数据流程、分析功能与数据之间的关系，最后提出分析处理方式和新系统逻辑方案。

（3）系统设计。进行总体结构设计、代码设计、数据库（文件）设计、输入/输出设计、模块结构与功能设计，根据总体设计，配置与安装部分设备，进行试验，最终给出设计方案。

（4）系统实施。同时进行编程（由程序员执行）、人员培训（由系统分析设计人员、培训业务人员和操作员执行）以及数据准备（由业务人员完成），然后投入试运行。

（5）系统运行与维护。进行系统的日常运行管理、评价、监理、审计，修改、维护、局部调整，在出现不可调和的大问题时进一步提出开发新系统的请求，老系统生命周期结束，新系统诞生，构成系统的一个生命周期。

在五个阶段中，又包含若干步骤，步骤可以不分先后，但仍有因果关系，总体上不能打乱。

5. 特点

该方法强调开发过程的整体性和全局性，在整体优化的前提下考虑具体的分析设计问题；严格区分工作阶段，每一阶段及时总结和发现，及时反馈和纠正，避免造成浪费和混乱，这也是最成熟、应用最广泛的方法。但该方法开发过程烦琐，开发周期长，不能充分了解用户的需求和可能发生的变化，仅在开始几个阶段与用户沟通多。这种方法适合大型信息系统的开发。

5.4.2 原型法

信息系统原型，就是一个可以实际运行、反复修改、不断完善的信息系统。

1. 原型法产生的原因

运用结构化系统开发方法的前提条件是，要求用户在项目开始初期就非常明确地陈述其需求。若需求陈述出现错误，对信息系统开发的影响尤为严重。因此，这种方法对需求的准确性要求极高，几乎不允许失败。事实上，这种要求难以达到。为此，人们设想有一种方法能够迅速发现需求错误。当图形用户界面（graphic user interface，GUI）出现后，自 20 世纪 80 年代中期以来，原型法逐步被接受，并成为一种流行的信息系统开发方法。

2. 基本思想

原型法（prototyping method）是在系统开发初期，凭借系统开发人员对用户需求的了解和系统主要功能的要求，在强有力的软件环境支持下，迅速构造出系统的初始原型，然后与用户一起不断对原型进行修改、完善，直到满足用户需求。

3. 开发过程

（1）可行性研究。对系统开发的意义、费用、时间做出初步的计算，确定系统开发的必要性和可行性。

（2）确定系统的基本需求。系统开发人员向用户了解用户对信息系统的基本需求，即应该具有的一些基本功能、人机界面的基本形式等。

（3）建造系统初始原型。在对系统有了基本了解的基础上，系统开发人员应争取尽快建造一个具有这些基本功能的系统。

（4）用户和开发人员评审。用户和开发人员一起对刚完成的或经过若干次修改后的系统进行评审，提出完善意见。

（5）修改系统原型。开发人员根据用户的意见对原始系统进行修改、扩充和完善。

（6）开发人员在对原始系统进行修改后，与用户一起就完成的系统进行评审，如果不满足要求，则要进行下一轮循环，如此反复地进行修改、评审，直到用户满意。

（7）结束。如果经用户评审，系统符合要求，就可以作为最终的信息系统投入正常运行。

4. 优缺点

（1）优点：对系统需求的认识取得突破，确保用户的要求得到较好的满足；改进了用户和系统开发人员的交流方式；开发的系统更加贴近实际，提高了用户的满意程度；降低了系统开发风险，一定程度上减少了开发费用。

（2）缺点：开发工具要求高；解决复杂系统和大型系统很困难；对用户的管理水平要求高。

5. 适用范围

原型法的适用范围是比较有限的，只适合开发一些小型、简单、处理过程比较明确、没有大量运算和逻辑处理过程的系统。

5.4.3 面向对象系统开发方法

面向对象方法（object-oriented method）是一种认识客观世界，从结构组织模拟客观世界的方法，产生于20世纪60年代，20世纪80年代以来获得广泛应用。这种方法以类、继承等概念描述客观事件及其联系，为管理信息系统的开发提供了新思路。

1. 基本概念

（1）对象（object）：任何事物在一定前提下都可以看成是对象。对象的性质和状态叫属性。对象的本质是数据与操作的封装，封装性又称为信息隐藏，它保证每个对象在定义时尽可能不显露其内部的处理，屏蔽局部的不稳定因素，降低易变因素对系统的影响，使对象具有控制自身状态的独立性。例如人、椅子、汽车等。

（2）标识（identification）：对象的名称，具有唯一性。

（3）数据（data）：对象的属性，表明对象的状态（静态），决定了对象可能的行为。

（4）操作（operation）：对象行为、动态功能或实现功能的具体方法。每一种操作都会改变对象的一个值或多个值。操作分为两类：对象自身承受的操作，操作结果改变了自身的属性；施加于其他对象的操作，操作结果作为消息发送出去。

（5）接口（interface）：对象受理外部消息所指定操作的名称或外部通信协议。

（6）消息（message）：也叫事件。对象不会无缘无故执行操作，它们之间的相互作用需要通过消息传递来实现，靠“事件激发”产生动作。消息传递：同样输入→不同对象→不同结果（终态）；过程调用：同样输入→同样输出。对象接受消息所执行的操作，叫“事件驱动”程序，也叫过程。

（7）类（class）：对象或者相同数据的集合，包括标识、继承、数据结构、操作和接口，具有层次性。类可以派生出多个子类，父类层数据可以被多次重用，子类也可以扩展自身的属性。

（8）继承（inheritance）：指一个类承袭另一个类的能力和特征的机制。继承的优点是避免了系统内部类或对象封闭而造成的数据与操作冗余现象，并保持接口的一致性（consistency of interface）。在传递消息时，也无需了解接口的详细情况。

（9）簇（cluster）：是一组对象。相对于用单个对象来映射客观世界，用簇来为复杂实体建模，将使系统开发更容易实现。

2. 面向对象的基本特征

（1）封装性：改变了传统的数据与操作分离的模式，对象作为独立实体，将数据与操作封闭起来，使自身的状态、行为局部化。封装是一种信息隐蔽技术，它体现在类的说明，是对象的重要特性。封装使数据和加工该数据的方法（函数）封装为一个整体，以实现独立性很强的模块，使得用户只能见到对象的外特性（对象能接受哪些消息，具有哪些处理能力），而对象的内特性（保存内部状态的私有数据和实现加工能力的算法）对用户是隐蔽的。封装的目的在于把对象的设计者和对象的使用者分开，使用者不必知晓行为实现的细节，只需用设计者提供的消息来访问该对象。

（2）继承性：是面向对象方法特有的性质，继承支持重用，实现软件资源共享与增强扩充。继承性是子类自动共享父类之间数据和方法的机制。它由类的派生功能体现。一个类直接继承其他类的全部描述，同时可修改和扩充。继承具有传递性。继承分为单继承（一个子类只有一父类）和多重继承（一个类有多个父类）。类的对象是各自封闭的，如果没继承性机制，则类对象中的数据、方法就会出现大量重复。继承不仅支持系统的可重用性，而且还促进系统的可扩充性。

（3）多态性：发送同一消息给不同类或对象，可以产生不同的操作结果，这样使得软件设计更便利。对象根据所接收的消息而做出动作。同一消息被不同的对象接收时可能会产生完全不同的行动，这种现象称为多态性。利用多态性用户可发送一个通用的信息，而将所有的实现细节都留给接收消息的对象自行决定，如是，同一消息即可调用不同的方法。例如：Print 消息被发送给一个图或表时调用的打印方法，与将同样的 Print 消息发送给一个正文文件而调用的打印方法会完全不同。多态性的实现受到继承性的支持，利用类继承的层次关系，把具有通用功能的协议存放在类层次中尽可能高的地方，而将实现这一功能的不同方法置于较低层次，这样，在这些低层次上生成的对象就能给通用消息不同的响应。在面向对象程序设计语言中可通过在派生类中重定义基类函数（定义为重载函数或虚函数）来实现多态性。

（4）易维护性：封装使信息隐藏在局部，影响也仅限于局部，从而使程序修改、检查错误更方便。

在面向对象方法中，对象和传递消息分别体现事物及事物间相互联系的概念。类的继承是符合人们一般思维方式的描述范式。方法是作用在类和对象上的各种操作。这种对象、类、消息和方法的程序设计范式的基本点在于对象的封装性和类的继承性。通过封装能将对象的定义和对象的实现分开，通过继承能体现类与类之间的关系，以及由此带来的动态联编和实体的多态性，从而构成了面向对象的一种基本特征。

3. 基本步骤

（1）分析确定在问题空间和解空间出现的全部对象及其属性；

（2）确定应施加于每个对象的操作，即对象固有的处理能力；

（3）分析对象间的联系，确定对象彼此间传递的消息；

（4）设计对象的消息模式，消息模式和处理能力共同构成对象的外部特性；

（5）分析各个对象的外部特性，将具有相同外部特性的对象归为一类，从而确定所需要的类；

（6）确定类间的继承关系，将各对象的公共性质放在较上层的类中描述，通过继承来共享对公共性质的描述；

（7）设计每个类关于对象外部特性的描述；

（8）设计每个类的内部实现（数据结构和方法）；

（9）创建所需的对象（类的实例），实现对象间应有的联系（发消息）。

4. 优点

（1）强调从现实世界中客观存在的事物（对象）出发来认识问题域和构造系统，这就大大减少了系统开发者对问题域的理解难度，从而使系统能更准确地反映问题域。

（2）运用人类日常的思维方法和原则（体现于面向对象方法的抽象、分类、继承、封装、消息通信等基本原则）进行系统开发，有助于发挥人类的思维能力，并有效地控制系统复杂性。

（3）对象的概念贯穿于开发过程始终，使各个开发阶段的系统成分具良好的对应性，从而显著地提高了系统的开发效率与质量，并大大降低系统维护的难度。

（4）对象概念的一致性，使参与系统开发的各类人员在开发的各阶段具有共同语言，有效改善了人员之间的交流和协作。

（5）对象的相对稳定性和对易变因素的隔离，增强了系统的应变能力。

（6）对象类之间的继承关系和对象类的相对独立性，为软件复用提供了强有力的支持。

5.4.4　计算机软件辅助工程方法

计算机辅助软件工程（computer aided software engineering，CASE）是指用来支持管理信息系统开发的、由各种计算机辅助软件和工具组成的一个大型综合性软件开发环境，随着各种工具及软件技术的发展、完善和不断集成，逐步由单纯的辅助开发工具环境转化为一种相对独立的方法。从狭义范围来说，CASE 是一组工具和方法的集合，可以辅助软件生存周期各个阶段的软件开发。广义地说，CASE 是辅助软件开发的任何计算机技术，其中主要包含两个含义：一是在软件开发和维护过程中提供计算机辅助支持；二是在软件开发和维护过程中引入工程化方法。CASE 吸收了 CAD、操作系统、数据库、计算机网络等许多研究领域的原理和技术，把软件开发技术、方法和软件工具等集成一个统一而一致的框架。CASE 是多年来软件开发方法、软件开发管理和软件工具等方面研究和发展的产物。

计算机辅助软件工具提供了产生图表的自动图形工具、屏幕和报告生成器、数据字典、扩充报告工具、分析和检查工具、代码生成器和文档生成器。多数计算机辅助软件工程工具是基于一个或者多个流行的结构化方法，其中一些正在开始支持面向对象的开发。

CASE 方法具有下列特点：

（1）解决了从客观世界对象到软件系统的直接映射，支持系统开发的全过程。

（2）自动检测的方法大大提高了软件的质量。

（3）软件的各部分可以重复使用。

（4）简化了分析设计图表和程序编写工作。

（5）加速了系统开发过程且系统功能比较完善。

（6）简化了软件开发的管理和维护。

（7）自动生成统一的标准化文档。

5.4.5 开发方法小结

当系统建设者能做出准确、完整、严格的需求分析时，传统的结构化生命周期方法是一类有效、成熟的方法，然而需求本身具有模糊性，这种模糊性否定了需求的严格明确性。这种方法把一个充满回溯的开发过程加以线性化并硬性割裂，夸大了系统目的的明确性，而忽视了系统的动态开放性。由于结构化生命周期采用功能分解、瀑布模型的方法，在完成了功能需求定义后，系统分析员就算完成了任务，交给后续人员去工作，后续人员以完成功能为主要目标，往往使得各功能模块之间联系复杂，且最终实现模型与人工系统模型在结构上有很大差别，不利于理解和维护。之所以出现这一问题，是由于对管理信息系统的层次嵌套性认识不足，这样一来系统开发周期较长，开发效率很低，按目前国内开发效率统计，为企业开发一个完整的信息系统常常需要两年多时间。然而，经验表明，一个系统的开发时间如果超过半年，其应用效果就要打折扣了。

针对需求具有模糊性的问题引出了快速原型化方法，当获得一组基本的需求后，原型法快速予以“实现”（即原型 prototype）。随着用户和开发人员通过原型对系统理解的加深而不断地对这些需求进行细化补充，需求是在不断与应用人员沟通的发展过程中动态地定义的，这种方法能适应企业的工作方式。然而，用软件空间的进程对应实体，会造成一致性的困难；而且，原型法的原型是局部的，这样就难以符合管理信息系统的整体特性；同时，由于实际工作中沟通的困难性及用户需求快速生成工具的缺乏，使得系统建设计划较难得到执行，因此也很难满足管理信息系统的时效性要求；此外，对于基础管理不够完善的企业，系统建设容易走上机械地模拟原来手工系统的轨道，这样就不能体现管理信息系统改进企业管理的特性。

针对开发时效性问题引入了面向对象方法，它以对象为基础，利用特定的软件工具直接完成从对象客观的描述到软件结构之间的转换，这是面向对象方法最主要的特点和成就。典型的语言有 Ada、Smalltalk、C++等，现在研究的重点是采用何种方法来使用这些语言，即如何从现行系统中抽象出可重用的对象来。20 世纪 60 年代的 Simular 语言和 20 世纪 70 年代的 Smalltalk 语言都有学术价值，但还未达到实用的阶段，其根本原因是客观世界的对象五花八门，难以抽象。此外，纯面向对象的模型不能满足软件系统的要求，实际上有许多模块是一些函数型模块、进程模块、Shell 脚本、数据编码处理等，难以统一成对象，这样实用性就较差。同时，面向对象方法也需要一定的软件工具基础支持才可以应用。在大型的管理信息系统建设中，如果不经自顶向下地整体划分，而是一开始就自底向上地采用面向对象方法开发系统，同样也会造成管理信息系统整体结构差的结果。

针对时效性和软件支持问题，也可引入 CASE 方法，应用 CASE 方法的关键是 CASE 工具，CASE 工具使原型化方法和面向对象方法能付诸实现。然而，虽然有一些 CASE 产品已经出现，但还没有统一的格式，而且适用面有限，能够全面支持整个管理信息系统开发全过程的 CASE 的研制需要较大的投资和较长的时间。目前，CASE 产品仍以专用的工具和目标适中的系统为主，那种通用的集成化环境还没有完全成熟。

总之，虽然具有一定局限性，但只有结构化生命周期开发方法是实用并较全面支持整个系统开发过程的方法。其他的几种方法尽管有很多优点，但或不是很成熟，或只能作为结构化系统开发方法在局部开发环节的补充，暂时都还不能替代其在管理信息系统开发过程中的主导地位，尤其是在占目前系统开发工作量最大的系统调查和系统分析这两个重要环节。

第6章　管理信息系统战略规划

6.1　诺兰阶段模型

诺兰模型是西方国家进行管理信息系统规划的指导性理论之一。西方发达国家的信息系统发展经验表明：一个企业或地区信息系统的发展具有一定的规律性，一般要经历从初级到成熟的成长过程。诺兰（Nolan）总结了这一规律，于1973年首次提出了信息系统发展的阶段理论，被称为诺兰模型。1979年，诺兰把信息系统的成长过程划分为6个不同阶段。

（1）初始阶段：计算机的作用被初步认识，个别人具有了初步使用计算机的能力。各单位一般从财务部门开始购置计算机，初步开发管理应用程序，财务部门工作效率得到较大提高。

（2）传播阶段：在这个阶段，计算机的应用很快从少数部门扩散到其他部门，并开发了大量的应用程序，使单位的事务处理效率有了提高。在这个阶段中，数据处理能力发展迅速，但同时出现了许多有待解决的问题，如数据冗余性、不一致性、难以共享等。可见，此阶段只有一部分计算机应用收到了实际的效益。

（3）控制阶段：计算机数量超出控制，计算机投资比例增长快速，但大量独立性的单项系统应用却带来很多矛盾。这就要求企业加强组织协调，限制盲目扩大计算机应用规模，抑制支出无序增长，对整个企业的系统建设进行统筹规划，特别是利用数据库技术解决数据共享问题。诺兰先生认为，第三阶段是实现从以计算机管理为主到以数据管理为主转换的关键，一般发展较慢。

（4）集成阶段：在控制的基础上，对子系统中的硬件进行重新连接，建立集中式的数据库和各种信息系统。由于重新装备大量设备，这阶段预算费用又一次迅速增长。

（5）数据管理阶段：计算机信息处理系统为数据资源的统一管理打下了基础，企业开始重视数据的加工处理，提高系统对企业业务的支持水平，数据成为企业的重要资源。

（6）成熟阶段：信息系统可以满足单位中各管理层次（高层、中层、基层）的要求，真正实现信息资源的管理。

诺兰模型总结了发达国家信息系统发展的经验和规律，一般认为模型中的各阶段都是不能跳跃的。这一理论对预测企业信息系统的未来变动、企业信息系统规划具有指导作用。因此，在确定开发管理信息系统的策略或者在制定管理信息系统规划的时候，首先明确本单位当前处于哪一成长阶段，然后根据该阶段特征来指导管理信息系统建设。

6.2 管理信息系统规划

管理信息系统规划就是根据组织的总体发展战略和资源状况，对组织信息系统近、中、长期的使命和目标、实现策略和方法、实施方案等内容做出的统筹安排，构建企业基本的信息系统架构，对企业内、外信息资源进行统一规划、管理与应用，利用信息系统控制企业行为，辅助企业进行决策，帮助企业实现战略目标。一个组织的信息系统规划可以分为战略性规划和执行性规划两部分。战略性规划是宏观指导性的长远规划，执行性规划是对战略规划的具体化和细化。

6.3 管理信息系统战略规划作用和内容

管理信息系统的战略规划是关于管理信息系统的长远发展计划，一般包括三年或更长期的计划，也包含一年的短期计划。由于管理信息系统的建设是一项耗资巨大、历时很长、技术复杂且又内外交叉的工程，信息已成为企业的生命线，信息系统和企业的运营方式、文化习惯息息相关，因此，管理信息系统战略规划是企业战略性规划的一个重要部分。管理信息系统战略规划帮助管理层建立以组织战略为导向、以外界环境为依据、以业务与 IT 整合为重心的观念，从而正确定位 IT 部门在整个组织的作用，保证信息系统的战略目标能够和组织发展目标相协调。

在开发系统之前，为了节省信息系统的投资，合理分配和利用信息资源，必须认真地制定管理信息系统战略规划。通过制订规划，找出存在的问题，正确地识别为实现企业目标管理信息系统必须完成的任务，促进信息系统的应用，带来更多的经济效益。一个好的规划可以作为一个标准，考核信息系统人员的工作，明确他们的方向，调动他们的积极性。管理信息系统战略规划对企业开发管理信息系统是非常重要的，具体作用如下：

（1）信息是企业的重要资源，应当被有效地共享和利用，只有经过规划和开发的信息资源才能发挥其应有作用。由于企业或组织内外的信息资源很多，其内外之间都有大量的信息需要交换和共享，如何收集、存储、加工和利用这些信息，以满足各种不同层次的需要，这显然不是分散的、局部的考虑所能解决的问题，必须有来自高层的、统一的、全局的规划，将这些信息提取并设计出来，才能实现信息的共享。

（2）各子系统除了完成相对独立的功能外，相互之间还需要协调工作，总体规划的目的是使信息系统的各组成部分之间能够相互协调。子系统之间的协调必须有来自高层的总体规划，总体规划是站在总体的高度，识别并规划出支持各项管理的数据、数据产生的地点、使用的部门，协调相互之间的关系，以克服手工管理方式中的弊病。

（3）总体规划主要使人力、物力、时间的安排合理、有序，以保证将来子系统的开发工作顺利进行。由于信息系统的开发是一项长期而艰巨的任务，其内部各子系统的开发不能齐头并进地进行，往往是采用先开发一部分、再开发另外一部分这种循序渐进的开发过程。究竟哪些子系统先开发，在什么时间完成；哪些子系统后开发，在什么时间开始；在整个开发过程中，什么时间内完成哪个阶段的任务，这些任务的完成需要什么人做什么样的工作……这些有关开发进度的安排、人员的调配、设备的配置等一系列问题，都必须在总体规划阶段有效给予解决。

管理信息系统战略规划的内容主要包括：组织的战略目标、政策和约束、计划和指标的分析；管理信息系统的目标、约束以及计划指标的分析；系统的功能结构、信息系统的组织、人员、管理和运行；组织业务流程重组；信息系统的效益分析和实施计划等。

6.4　管理信息系统战略规划步骤

（1）确定战略规划的性质，即对战略规划的总体定位。

（2）制定规划前的战略分析。包括收集相关信息、定义约束条件、根据信息和约束进行战略分析。收集相关信息主要从以下两个方面。①外部信息：与企业有联系的客户和企业、竞争对手、工商行政服务机构、相关的政策法规等信息；②内部信息：主要企业内部各部门的详细资料，包括企业业务流程、信息技术、当前信息系统现状等信息。

（3）制定战略规划。明确战略目标和功能；设计信息系统总体结构；选择开发方案；提出实施进度。

（4）通过战略决策。由战略规划领导小组将战略规划整理形成文档，提交给组织最高层领导或决策层，经领导批准后生效。

6.5　管理信息系统战略规划组织和管理

1. 高层管理者参与的必要性

高层管理者参与规划工作是确保信息资源开发利用成功的关键。其原因主要有以下几个方面：

（1）高层管理者最了解各项战略决策中的信息需求。如果单靠一个规划组来规划这种来自高层的信息资源，他们很难理解高层管理者以及各层管理人员的看法和信息需求。所以，作为高层管理者必须亲自参与规划，了解规划的内容，把握规划方向。

（2）规划中出现了争议和问题时，只有高层管理者出面才能解决。

（3）规划中经常会发现一些弊病导致管理机构需要调整，其调整的最终决策权在高层管理者。

（4）信息系统的开发效率是至关重要的，为了避免信息资源开发上的浪费，必须有一个自顶向下的全局范围的信息结构，这种信息结构必须得到高层管理者的确认。

（5）战略规划需要对下一步各项子系统的开发提出优先顺序，并做出开发预算，这些内容也必须由高层管理者做出最后决策。

（6）战略规划往往要进行关于系统内数据项定义的标准化工作，在数据项定义过程中经常会出现问题，必须由高层管理者负责协调解决。

由此可见，战略规划必须在高层管理者的直接参与并管理下进行。规划的组织则依据不同的规划范围有着不同的形式。

2. 系统规划的组织管理

信息系统规划工作需要成立一个责权明确的领导小组。它在组织的最高层管理者的直接管理者下，由一名负责全面规划工作的信息资源规划者和一个核心小组组成，并通过一批用户分析员和广大的最终用户相联系。核心小组和用户分析员应该是脱产地从事总体规划工作，而广大的最终用户则是临时性或短期地参与规划工作。

全部规划工作应由强有力的核心小组来完成。核心小组成员由高层管理人员与数据处理人员（大约四五人）组成，具体包括：组织内的业务负责人、财务培训人、数据处理负责人、系统分析负责人等。核心小组成员应由外请顾问进行培训和指导。

信息系统的最终用户是指那些直接使用计算机信息系统的各层管理人员，这些人员中要抽出一部分人在总体规划期间代表所在的部门参加工作，成为用户分析员。用户分析员的人数应该适合组织的规模，并能覆盖全部业务范围。用户分析员要经过培训，学会总体规划方法，并具体负责本部门的规划工作。

6.6 管理信息系统战略规划常用方法

制定管理信息系统战略规划的方法有多种，主要有企业系统规划法（business system planning，BSP）、关键成功因素法（critical success factors，CSF）和战略目标集转化法（strategy set transformation，SST）等三种。还有几种方法用于特殊情况，或者作为整体规划的一部分使用，如企业信息分析与集成技术（BIAIT）、产出/方法分析（E/MA）、投资回收法（ROI）、征费法（chargeout）、零线预算法、阶石法等。

6.6.1 企业系统规划法

企业系统规划法（business system planning，BSP）是 IBM 在 20 世纪 70 年代提出的，旨在帮助企业制定信息系统的规划，以满足企业近期和长期的信息需求。它较早运用面向过程的管理思想，是现阶段影响最广的方法，主要用于大型信息系统的开发。对大型信息系统而言，BSP 采取的是自上而下的系统规划，而实现是自下而上分步进行。

1. 基本思路

企业系统规划法从企业目标入手，逐步将企业目标转化为管理信息系统的目标和结构，从而更好地支持企业目标的实现。该方法要求所建立的信息系统支持企业目标；能够表达所有管理层次的要求，向企业提供一致性信息；对组织机构的变革具有适应性，即把企业目标转化为信息系统战略的全过程。

2. 主要优点

（1）能保证信息系统独立于企业的组织机构，使信息系统具有对环境变更的适应性，即使将来企业的组织机构或管理体制发生变化，信息系统的结构体系也不会受到太大的冲击。

（2）确定未来信息系统的总体结构，明确系统的子系统组成和开发子系统的先后顺序。

（3）对数据进行统一规划、管理和控制，明确各子系统之间的数据交换关系，保证信息的一致性。

3. *活动步骤*

（1）研究开始阶段。成立规划组，进行系统初步调查，分析企业的现状，了解企业有关决策过程、组织职能和部门的主要活动、存在的主要问题、各类人员对信息系统的看法。要在企业各级管理部门中取得一致看法，使企业的发展方向明确，使信息系统支持这些目标。

（2）定义业务过程（又称企业过程或管理功能组）。定义业务过程是 BSP 的核心。所谓业务过程就是逻辑相关的一组决策或活动的集合，如订货服务、库存控制等业务处理活动或决策活动。业务过程构成了整个企业的管理活动，识别业务过程可对企业如何完成其目标有较深的了解，可以作为建立信息系统的基础。按照业务过程所建造的信息系统，其功能与企业的组织机构相对独立，因此，组织结构的变动不会引起管理信息系统结构的变动。定义业务过程主要涉及三类资源：战略计划与管理控制、产品和服务、支持性资源。根据企业目标，分别从这三个方面来完成识别资源任务，然后进一步分析、合并、调整或删除，最后得到企业过程系统化的流程。

（3）业务过程重组。在业务过程定义的基础上，分析哪些过程是正确的；哪些过程是低效的，需要在信息技术支持下进行优化处理；哪些过程不适合计算机信息处理，应当取消。检查过程的正确性和完备性后，对过程按功能分组，如经营计划、财务规划、成本会计等。

（4）确定数据类。定义数据类是 BSP 的另一个核心。所谓数据类就是指支持业务过程所必需的、逻辑上相关的一组数据。例如，记账凭证数据包括凭证号、借方科目、贷方科目、金额等。一个系统中存在着许多数据类，如顾客、产品、合同、库存等。数据类是根据业务过程来划分的，即分别从各项业务过程的角度，将与它有关的输入输出数据，按逻辑相关性整理出来，归纳成数据类。

（5）设计管理信息系统总体结构。为了将复杂的大型信息系统分解成便于理解和实现的部分，一般将信息系统分解为若干个相对独立而又相互联系的子（分）系统，即信息系统的主要组成部分。企业的信息系统总体结构图描述了每个子系统的范围，产生、控制和使用的数据，系统之间的关系，对给定过程的支持，以及子系统间的数据共享。功能和数据类都定义好之后，可以得到一张功能/数据类表格，该表格又可称为功能/数据类矩阵或 U/C 矩阵。设计管理信息系统总体结构主要工作就是利用 U/C 矩阵来划分子系统，刻画出新的信息系统的框架和相应的数据类。

（6）确定子系统实施顺序。由于资源的限制，信息的总体结构一般不能同时开发和实施，总有个先后次序。划分子系统之后，根据企业目标和技术约束确定子系统实现的优先顺序。一般来讲，对企业贡献大的、需求迫切的、容易开发的优先开发。其过程是：确定选择的标准、对子系统进行排序、描述优先子系统、选择实施方法。

（7）完成 BSP 研究报告，提出建议书和开发计划。每个开发计划都应该包括项目的范围、主题和目标、预期成果、进度、潜在效益、人员和职责、工具和技术、人员培训、通信、后勤和控制等内容。成果报告一般应包括研究的背景、系统目标和范围、研究方法、主要问题的识别、结论及建议、对后续项目的开发计划等。

4. 子系统的划分

BSP 是根据信息的产生和使用来划分子系统的，它尽量把信息产生的企业过程和使用的企业过程划分在一个子系统中，从而减少了子系统之间的信息交换。划分子系统的步骤如下：

（1）做 U/C 矩阵。利用定义好的功能和数据类做一张功能/数据类表格，即 U/C 矩阵。矩阵中的行表示数据类，列表示功能，并用字母 U（use）和 C（create）表示功能对数据类的使用和产生，交叉点上标 C 的表示这个数据类由相应的功能产生，标 U 的表示这个功能使用这个数据类。例如，销售功能需要使用有关产品、客户和订货方面的数据，则在这些数据下面的销售一行对应交叉点标上 U；而销售区域数据产生于销售功能，则在对应交叉点上标 C。

（2）调整 U/C 矩阵。开始时数据类和过程是随机排列的，U、C 在矩阵中排列也是分散的，必须加以调整。

首先，功能这一列按功能组排列，每一功能组中按资源生命周期的四个阶段排列。功能组指同类型的功能，如“经营计划”“财务计划”属计划类型，归入“计划”功能组。

其次，排列“数据类”这一行，使得矩阵中 C 最靠近主对角线。因为功能的分组并不绝对，在不破坏功能成组的逻辑性基础上，可以适当调配功能分组，使 U 也尽可能靠近主对角线。

（3）画出功能组对应的方框，并起个名字，这就是子系统。

6.6.2　关键成功因素法

关键成功因素法（critical success factors，CSF）是以关键因素为依据来确定系统信息需求的一种管理信息系统战略规划方法。

关键成功因素指对企业成功起关键作用的因素。关键成功因素法就是通过分析找出使得企业成功的关键因素，然后围绕这些关键因素来确定系统的需求，并进行规划。

关键成功因素有 4 个主要的来源：产业的结构，竞争策略、产业中的地位及地理位置，环境因素，暂时因素。

（1）产业的结构；不同产业因产业本身特质及结构不同，而有不同的关键成功因素。此因素取决于产业本身的经营特性，该产业内的每一公司都必须注意这些因素。

（2）竞争策略、产业中的地位及地理位置：企业的产业地位是由过去的历史与现在的竞争策略所决定，在产业中每一公司因其竞争地位的不同，而关键成功因素也会有所不同。

（3）环境因素：外在因素（总体环境）的变动，会影响每个公司的关键成功因素，比如政治、法律、经济、社会等因素。

（4）暂时因素：大部分是组织内一些特殊或者突发的原因，在某一特定时期对组织的成功产生重大影响。

CSF 是通过分析找出企业成功的关键因素，然后再围绕这些关键因素来确定系统的需求，并进行规划。其步骤如下：

（1）了解企业和信息系统的战略目标。

（2）识别影响战略目标的所有成功因素。

（3）确定关键成功因素。

（4）识别性能指标识别和标准。

成功企业的实践表明，企业要想在竞争中获胜，必须在成功关键因素上比竞争对手做得更好。如何评价哪些因素是关键成功因素，不同的企业有不同的方法。对于一个习惯于高层人员个人决策的企业，主要由高层人员个人在树状因果图上进行选择。对于习惯于群体决策的企业，可以用德尔菲法或其他方法，把不同人设想的关键因素综合起来。在高层中应用关键成功因素法，一般效果好，因为每一个高层领导人员日常总在考虑什么是关键因素。关键成功因素法一般不适合在中层领导中应用，因为中层领导所面临的决策大多数是结构化的，其自由度较小，对他们最好应用其他方法。

6.6.3　战略目标集转移法

战略目标集转移法（strategy set transformation，SST）是由 William King 提出的一种确定信息系统战略目标的方法。该方法认为组织的战略目标是一个“信息集合”，由组织中的使命、目标、战略和其他影响战略的相关因素组成。其中，影响战略的因素包括：发展趋势、组织面临的机遇和挑战、管理的复杂性、改革面临的阻力、环境对组织目标的约束等。SST 的基本思想是：识别组织的战略目标，并将组织的战略目标转化成信息系统的战略目标。基本步骤如下：

1. 识别组织战略目标

（1）组织使命是对组织存在价值的长远设想，是组织最本质、最宏观的内核。

（2）目标是组织在确定时限内应该达到的境地和标准。目标是根据组织使命制定的，通常表现为层次结构，包括总目标、分目标和子目标。

（3）战略是为了实现既定目标所确定的对策和举措。

（4）支撑因素包括发展趋势、机遇和挑战、管理复杂性、环境对组织的约束等。

2. 组织战略目标转化成信息系统战略目标

信息系统是为组织战略目标服务的，所以，制定信息系统战略目标必须以组织战略目标为依据。首先根据组织目标确定信息系统目标；其次对应组织战略集的元素识别相应信息系统战略约束；最后根据信息系统目标和约束提出信息系统战略。

第7章 系统分析

7.1 系统分析的任务

系统分析是在总体规划的指导下，对原系统进行深入详细的调查研究。其任务是在对原信息系统现状充分认识的基础上，对于系统改造的目标与要求，做出明确的、成文的说明，确定新系统的逻辑模型的过程，解决系统“做什么”的问题。

7.2 系统调查

与系统规划阶段的现状调查和可行性分析相比，系统调查的特点是目标更加明确，范围更加集中，在了解情况和数据收集方面进行的工作更为广泛深入，对许多问题都要进行透彻的了解和研究。

7.2.1 系统调查的目的和原则

系统调查以原系统为调查对象，其目的是完整掌握原系统的现状，发现问题和薄弱环节；收集资料，为下一步的系统化分析、提出新系统的逻辑设计做好准备。

系统调查的原则如下：

（1）用户参与原则。在详细调查的过程中，由使用部门的业务人员、主管人员和设计部门的系统分析人员、系统设计人员共同进行，两方面结合可以互补不足，更容易发现调查对象存在的问题，从而共同制定解决方案。

（2）真实性原则。所谓真实性是指系统调查资料真实、准确地反映原系统状况，不依照调查者的意愿反映系统的优点或不足。

（3）全面性原则。任何系统都是由许多子系统有机地结合在一起而实现的，系统调查应考虑包含子系统在内的全局。

（4）规范性原则。有一套循序渐进、逐层深入的调查步骤和层次分明、通俗易懂的规范化逻辑模型描述方法。

（5）启发性原则。需要调查人员的逐步引导，不断启发，尤其在考虑计算机处理的特殊性而进行的专门调查中，更应该善于按使用者能够理解的方式提出问题，打开使用者的思路。

7.2.2 系统调查的内容

（1）管理业务调查：系统的定性调查。定性调查主要是对原系统的功能进行总结，包括组织结构的调查、管理功能的调查、工作流程的调查、处理特点的调查与系统运行的调查等。

（2）数据流程调查：系统的定量调查。定量调查的目的是弄清数据流量大小、时间分布、发生频率，掌握系统的信息特征，据此确定系统规模，估计系统建设工作量，为下一阶段的系统设计提供科学依据。

7.2.3　详细调查的方法

（1）问卷调查法：用来调查系统普遍性的问题。由初步调查结果可得到组织的基本情况。

（2）召开调查会：这是一种集中调查的方法，适合了解宏观情况。

（3）开发人员直接参加业务实践：开发人员亲自参加业务实践，不仅可以获得第一手资料，而且便于开发人员和业务人员进行交流，使系统的开发工作接近用户，用户更了解新系统。

（4）查阅企业的有关资料。

（5）个别访问：某些特殊问题或细节的调查，可对有关的业务人员进行专题访问，仔细了解每一步骤、方法等细节。

其他还有专家调查等方法，可以根据系统调查的具体需要确定调查方法。总的原则是，以了解清楚现状为最终目标。

7.3　组织结构与功能结构分析

7.3.1　组织结构调查

组织结构是指一个组织（部门、企业、车间等）的组成以及这些组成部分之间的隶属关系或管理与被管理的关系。

组织结构调查主要内容如下：

（1）组织内部的部门划分。

（2）各部门之间的领导与被领导关系。

（3）信息资料的传递关系。

（4）物资流动关系与资金流动关系。

（5）各部门的工作内容与职责。

（6）各级组织存在的问题以及对新系统的要求等。

组织结构调查中，常利用组织结构图来展现调查结果。组织结构图需要针对具体组织进行描述。

以某生产型企业为例，该企业的组织结构如图 7-1 所示。

组织机构的划分总是随着功能的扩展或缩小、人员的变动等因素的变化而变化。以功能为基点分析问题，系统相对于组织的变化将会有一定的独立性，即可获得较强的生命力。所以在分析组织情况时，还应该画出其业务功能一览表。这样做可以在了解组织结构的同时，对于依附于组织结构的各项业务功能也有概貌性的了解，也可以对于各项交叉管理、交叉部分各层次的深度以及各种不合理的现象有总体的了解，在后面的系统分析和设计时应特别注意避免这些问题。

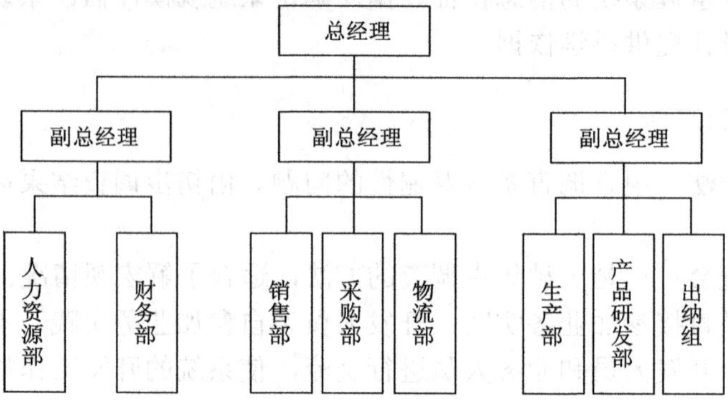

图 7-1　某生产型企业的组织结构图

7.3.2　功能结构调查

功能指的是完成某项工作的能力。为了实现系统目标，系统必须具有各种功能。各子系统功能的完成，又依赖于下面更具体的工作的完成。管理功能的调查是要确定系统的这种功能结构。

功能结构图是一个完全以业务功能为主体的树型图，其目的在于描述组织内部各部分的业务和功能。

以某企业销售子系统为例，该企业的销售子系统功能结构如图 7-2 所示。

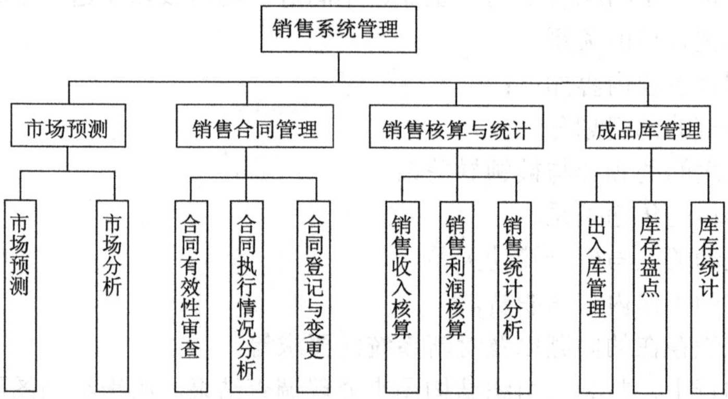

图 7-2　某企业销售子系统的功能结构图

7.4　业务流程调查

7.4.1　业务流程调查概述

业务流程调查应顺着现行系统信息流动的过程逐步进行，以便更深入地了解业务的具体处理过程，发现其中的问题，从而优化新系统业务处理流程。

业务流程调查主要围绕组织中各环节的处理业务、信息来源、处理方法、计算方法、信息流经去向、提供信息的时间和形态（报告、单据、屏幕显示等）进行。

7.4.2 业务流程图

业务流程图（transaction flow diagram，TFD）是用规定的符号来表示具体业务处理过程。业务流程图基本按照业务的实际处理步骤和过程绘制。

业务流程图图例没有统一标准，但在同一系统开发过程中所使用图例应是一致的。有关业务流程图的画法，目前尚不太统一，但大同小异，只在一些具体的规定和所用的图形符号方面有些不同，而在准确明了地反映业务流程方面是非常一致的。本书所用业务流程图基本符号如图 7-3 所示。

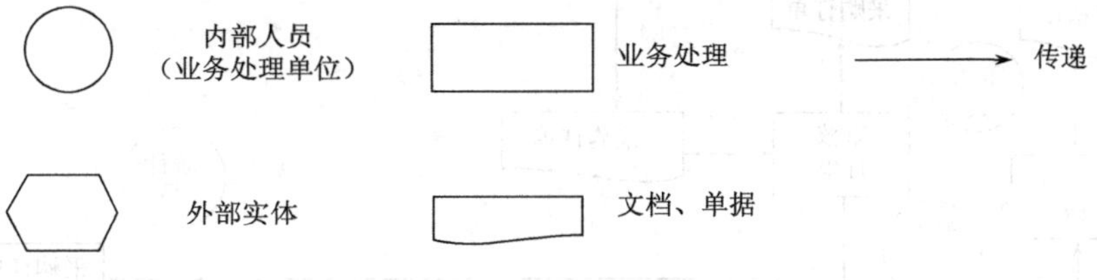

图 7-3 业务流程图图例

下面以某超市采购管理子系统为例，对其进行业务流程调查。

超市的采购管理子系统，主要是对库存部门制定的采购申请单展开一系列的采购活动。通过对采购流程中各单据的处理，将商业超市采购各个环节有机地联系起来，实现和库存部门的信息共享，提高工作效率，降低采购成本，提高企业盈利能力。

超市采购系统应该能够通过库存部门发来的采购申请单，编制采购订单，经审核不合格的采购订单要返回重新编制，合格的采购订单要存档。如果到货商品合格，系统应该能够编制采购付款申请单和采购入库申请单；如果验收不合格，应该能够编制采购退货单。系统可以根据采购退货单编制相应的采购退货收款申请单。最后应该可以对采购订单、采购商品和采购退货情况进行统计并汇总，以便进行业绩分析。

超市采购管理的业务具体如下：

（1）库存部门根据需求填写采购申请（计划）单，采购部门相关人员根据采购申请单提出的需求，查阅供应商信息和商品信息，编制采购订单。

（2）采购订单编制后报经审核人进行审核，审核未合格的订单需要重新编制，合格的采购订单则需要交付给选定的供应商和采购部门工作人员。

（3）采购部门根据合格的采购订单，编制采购付款申请单并将其提供给财务部门。

（4）当采购的商品到货后，供应商需出具送货单，采购部门人员要根据采购订单和送货单对到货商品进行验收。

（5）如果到货商品验收合格，则编制采购入库申请单，提交给库存部门。如果验收不合格，则编制采购退货单，交付给供应商。

（6）采购部门根据采购退货单编制相应的采购退货收款申请单，并将其提交给财务部门。

（7）采购部门对采购订单、采购商品和采购退货情况进行统计，并将采购订单汇总信息、采购商品汇总信息和采购退货汇总信息上报给经理。

由此可得出某超市采购管理业务流程图，如图 7-4 所示。

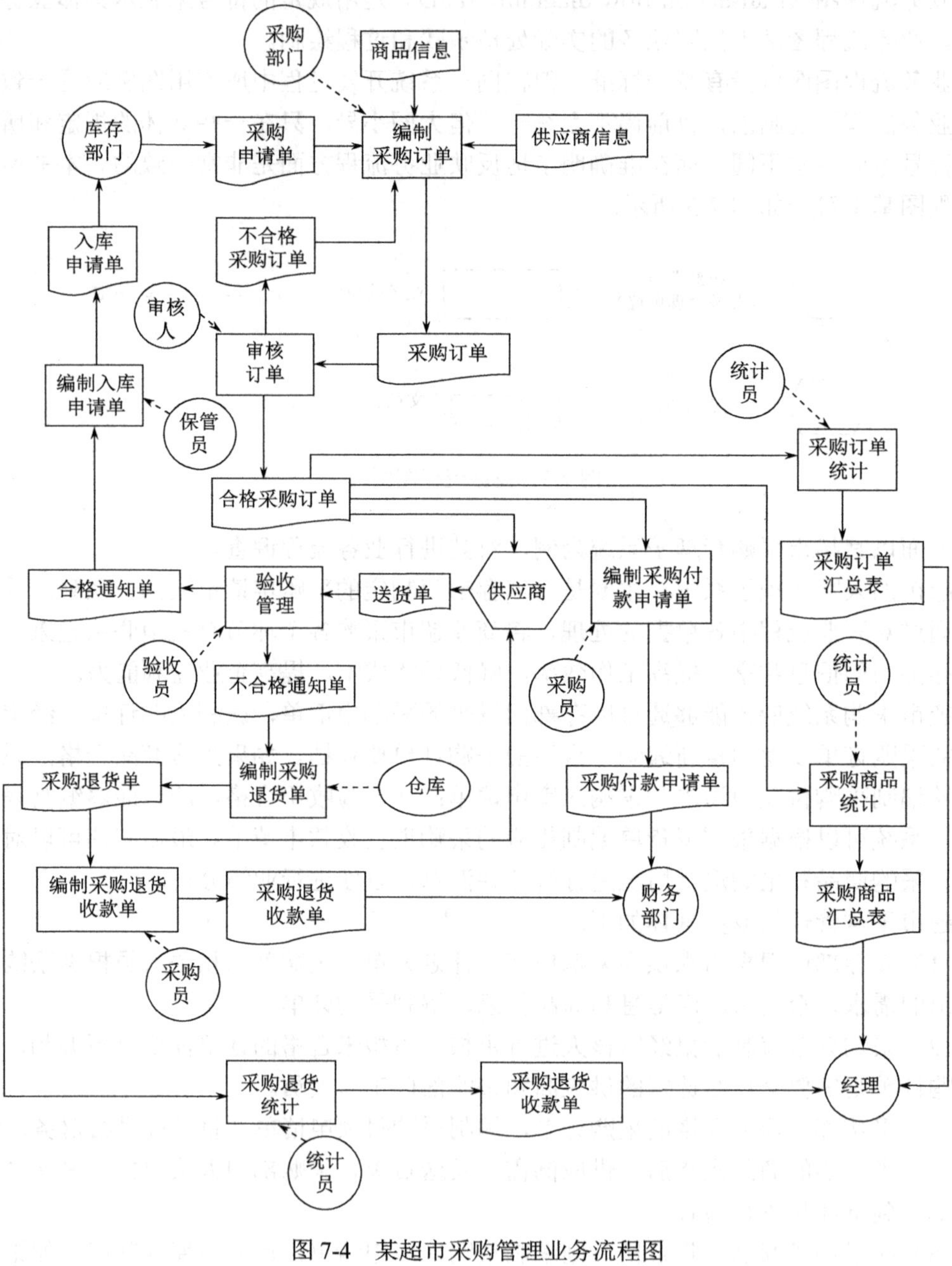

图 7-4　某超市采购管理业务流程图

业务流程图用尽可能简单的方法来描述业务处理过程。由于它的符号简单明了，所以非常易于阅读和理解业务流程。但它的不足是对于一些专业性较强的业务处理细节缺乏足够的表现手段，它比较适用于反映事务处理类型的业务过程。

7.5　数据流程调查与分析

在管理业务调查过程中绘制的管理业务流程图，虽然形象地表达了管理中信息的流动和存储过程，但是还没有完全脱离一些物质要素（如产品、单据等）。为便于下一步利用计算机来处理相关数据，要把数据在组织（或现行系统）内部的流动情况独立出来，进一步剔除其物质要素。单纯从信息的流动、传递、处理、存储等方面进行分析。

7.5.1　数据流程调查的主要内容

数据流程指数据在系统中产生、传输、加工处理、使用、存储的过程。数据流程调查的主要内容包括：

（1）收集原系统全部输入单据（如入库单、收据、凭证）、输出报表和数据存储介质（如账本、清单）的典型格式。

（2）弄清各环节上的处理方法和计算方法。

（3）在上述各种单据、报表、账本的典型样品上或用附页注明制作单位、报送单位、存放地点、发生频度（如每月制作几张）、发生的高峰时间及发生量等，并注明各项数据的类型（数字、字符）、长度、取值范围（指最大值和最小值）。

7.5.2　数据流程图

1. *数据流程图的定义*

数据流程图（data flow diagram，DFD）是一种能全面描述信息系统逻辑模型的主要工具，它可以用少数几种符号综合地反映出信息在系统中的流动、处理和存储情况。

常见的数据流程图有两种：一种是以方框、连线及其变形为基本图例符号来表示数据流动过程；一种是以圆圈及连接弧线作为基本符号来表示数据流动过程。实际上，这两种方法在表示一个数据流程时大同小异，但是针对不同的数据处理流程却各有特点。故在此我们介绍其中一种方法，以便读者在实际工作中根据实际情况选用。本书采用的数据流程图图例如图 7-5 所示。

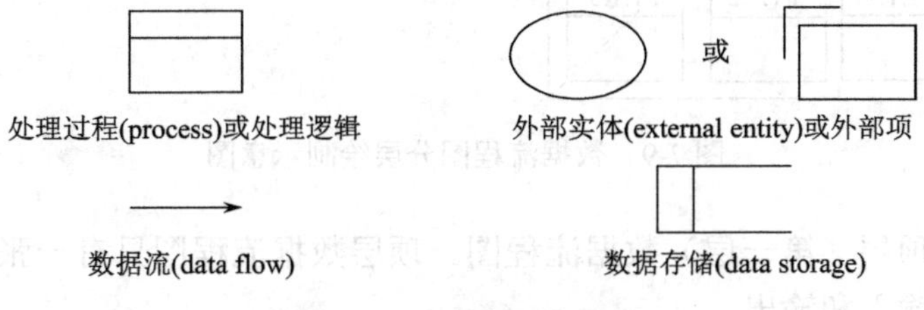

图 7-5　数据流程图图例

（1）处理过程（process）或处理逻辑：在 DFD 中，处理逻辑表示对数据的变换，如图 7-6 所示，从用户的角度看就是表示系统能够“做什么”。

（2）外部实体（external entity）或外部项：表示与处理逻辑相关的且为系统外部的人、部门、单位等，如图 7-7 所示。

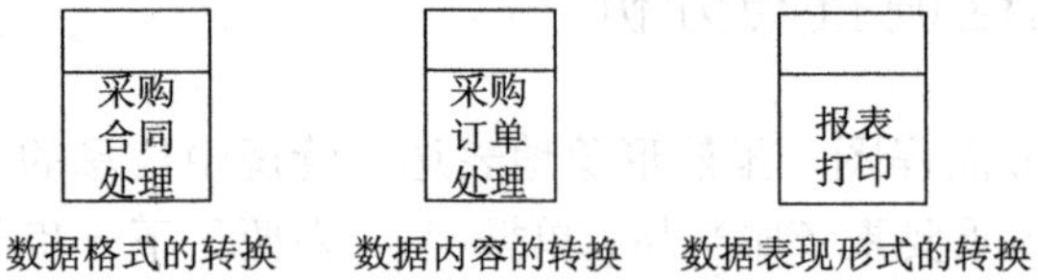

图 7-6　处理逻辑用法实例

图 7-7　外部实体用法实例

（3）数据流（data flow）：数据流表示数据在系统中的流动。通常可以用综合的数据流名称简化 DFD，如图 7-8 所示。

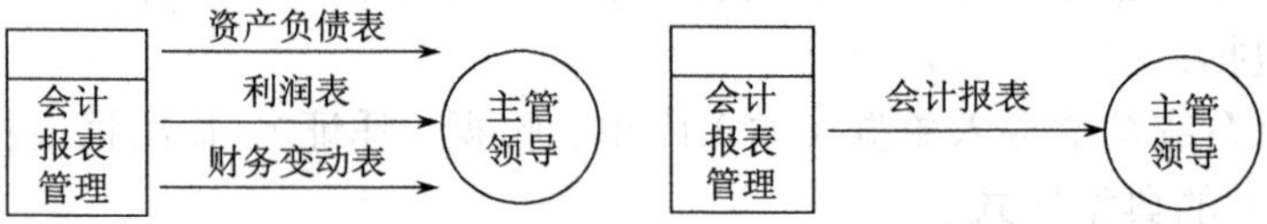

图 7-8　数据流用法实例

2. *数据流程图画法*

由于实际的数据处理过程常常比较繁杂，故应该按照系统的观点，自顶向下地分层展开绘制。同时需注意，系统内的输入输出应保持平衡。

数据流程图是分层次的，绘制时采取自顶向下逐层分解的办法，如图 7-9 所示。

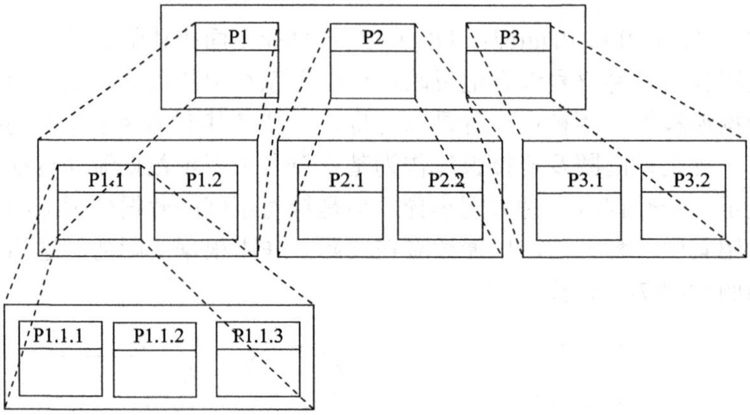

图 7-9　数据流程图分层绘制示意图

首先，画出顶层（第一层）数据流程图。顶层数据流程图只有一张，它说明了系统总的处理功能、输入和输出。

其次，是对顶层数据流程图中的“处理”进行分解，也就是将“P1”分解为更多的

“P1.1”和“P1.2”。

数据流程图分多少层次应根据现实际情况而定，对于一个复杂的大系统，有时可分至七八层之多。为了提高规范化程度，有必要对图中各个元素加以编号。通常在编号之首冠以字母，用以表示不同的元素，可以用 P 表示处理，D 表示数据流，F 表示数据存储，S 表示外部实体。例如，P3.1 表示 P3 子系统在第二层图的第一个处理。

在 7.4 节对某超市采购管理系统的需求分析及业务流程分析的基础上，本节对该超市的采购业务进行数据流程分析。

首先，画出顶层数据流程图。该超市采购管理系统的顶层数据流程图如图 7-10 所示。

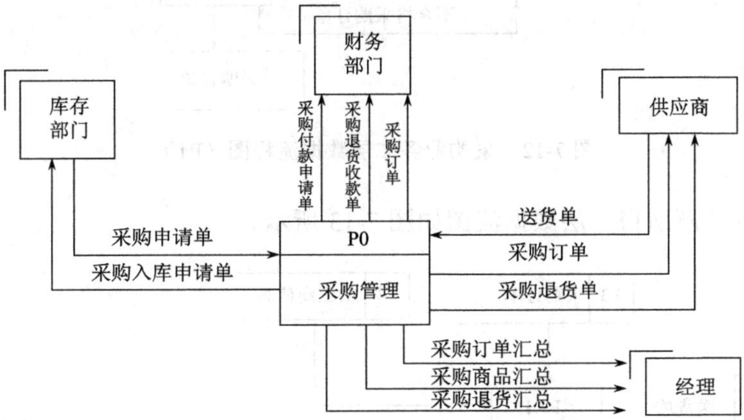

图 7-10　某超市采购系统的顶层数据流程图

其次，对顶层数据流程图中的“处理”进行分解，也就是将“采购管理”分解为更多的“处理”，分别为“处理订单”“收货管理”“申请收付款”“汇总统计”。第二张图是顶层中的处理被分解后的第一层数据流程图，如图 7-11 所示。

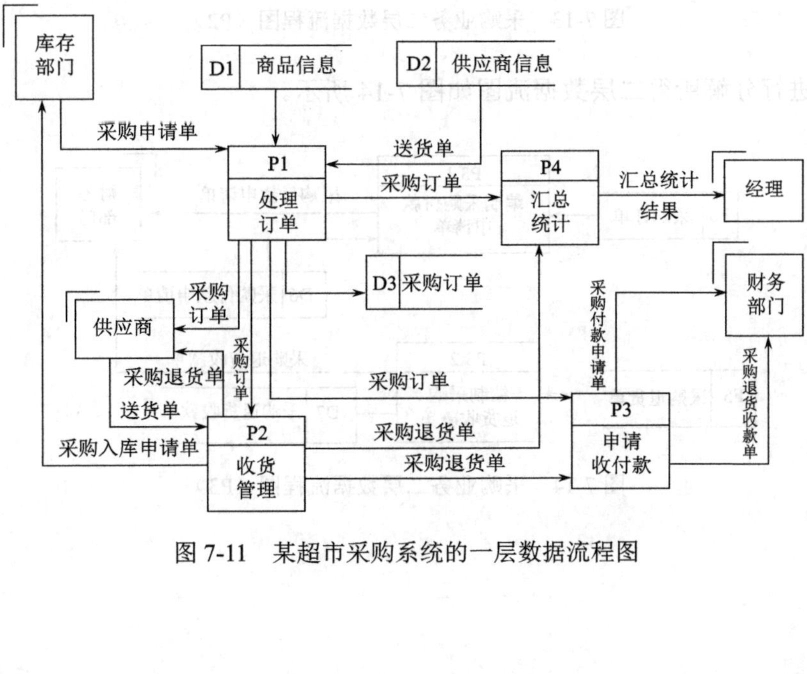

图 7-11　某超市采购系统的一层数据流程图

再次，对第一层数据流程图中的各项“处理”进行分解，也就是分别对“处理订单”“收货管理”“申请收付款”“汇总统计”进行分解。

对 P1 进行分解所得二层数据流图如图 7-12 所示。

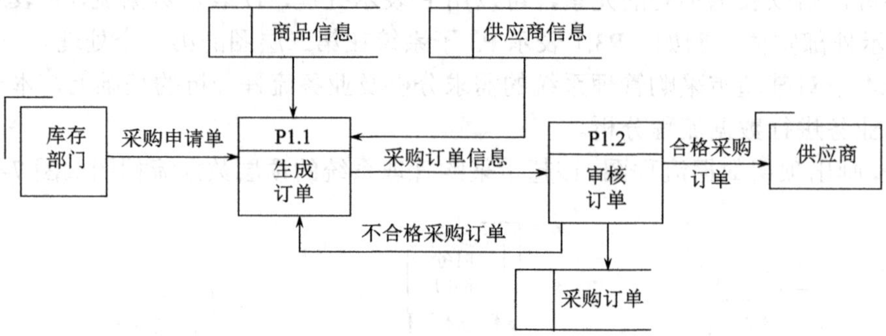

图 7-12　采购业务二层数据流程图（P1）

对 P2 进行分解所得二层数据流图如图 7-13 所示。

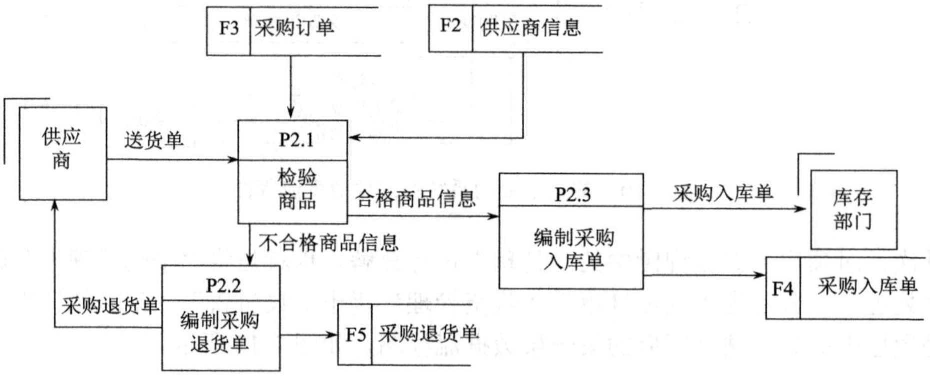

图 7-13　采购业务二层数据流程图（P2）

对 P3 进行分解所得二层数据流图如图 7-14 所示。

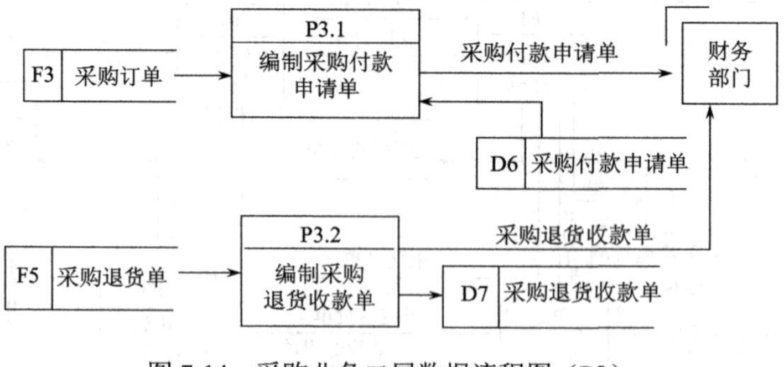

图 7-14　采购业务二层数据流程图（P3）

对P4进行分解所得二层数据流图如图7-15所示。

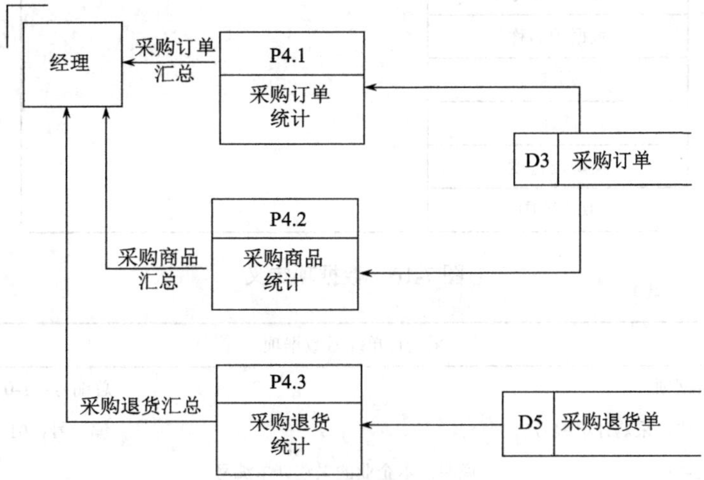

图7-15 采购业务二层数据流程图（P4）

7.6 数 据 字 典

数据字典（data dictionary，DD）是对数据流程图中的数据项、数据结构、数据流、处理逻辑、数据存储和外部实体进行定义和描述的工具，是数据分析和管理工具，同时也是系统设计阶段进行数据库设计的重要依据。

数据字典是在新系统数据流程图的基础上，进一步定义和描述所有数据的工具，包括对一切动态数据（数据流）和静态数据（数据存储）的数据结构和相互关系的说明。

数据字典的编制一般以底层数据流程图为主，参考顶层及中层数据流程图。接下来，根据上节数据流程分析，从订单处理、收货管理、收付款管理等方面进行相关数据字典内容的编制。

7.6.1 数据项

数据项又称为数据元素，是最小的数据组成单位，是不可再分的数据单位。例如，学号、姓名等。具体包括：

（1）数据项的编号、名称，以及别名和简述；

（2）数据项的类型及宽度；

（3）数据项的取值范围。

数据项定义的基本形式如图7-16所示。

例如，采购管理中涉及的数据项有采购订单编号、商品编号、商品名称、供应商编号、供应商名称等多个，下面以采购订单编号为例展示数据项的定义，如图7-17所示。

数据项定义	
数据项编号	
数据项名称	
别名	
简述	
类型及宽度	
取值范围	

图 7-16　数据项定义

采购订单编号数据项		
数据项		总编号：1-01
名称：采购订单编号		编　号：01
别名：	说明：本企业的采购订单编号	
类型：字符	有关编码的说明：（共 13 位）	
长度：（13）	CD　XXXXXXXX　XXX	
范围：		
有关的数据结构、组合	采购订单　操作日期　当日单据流水号	
数据（使用场合）：采购订单……		

图 7-17　采购订单编号的数据项定义

7.6.2　数据结构定义

数据结构的描述重点是数据项之间的组合关系，即说明这个数据结构包括哪些成分。数据字典中对数据结构的定义包括以下内容：

（1）数据结构的编号和名称；

（2）简述；

（3）数据结构的组成。

数据结构定义的基本形式如图 7-18 所示。

数据结构定义	
数据结构编号	
数据结构名称	
简述	
数据结构	

图 7-18　数据结构定义

例如，采购管理中涉及的采购订单由采购订单编号、供应商编号、货物编号、货物单价、货物数量等数据项构成，下面以采购订单为例展示数据结构的定义，如图7-19所示。

采购订单数据结构

数据结构　　　　　　　　　　　　总编号：2-01
数据结构名称：采购订单　　　　　编　号：01
说明：采购订单的数据结构
结构描述：采购订单编号
　　　　　供应商编号
　　　　　货物名称、编号
　　　　　货物单价
　　　　　货物数量
　　　　　制单人
　　　　　审核人

图7-19　采购订单数据结构

7.6.3　数据流定义

数据流由一个或一组固定的数据项组成。数据流定义的基本形式如图7-20所示。

数据流定义	
数据流编号	
数据流名称	
简述	
数据流来源	
数据流去向	
数据流组成	
数据流量	
高峰流量	

图7-20　数据流定义

采购业务过程涉及的数据流有采购申请单、采购入库单、采购付款单、采购退货单、采购订单等。下面以采购订单数据流为例展示数据流的定义，如图7-21所示。

采购订单数据流

数据流　　　　　　　　　　　　　总编号：3-01
名称：采购订单　　　　　　　　　编　号：F01
来源：P1.2 审核订单
去向：供应商，D3 采购订单
说明：由库存部门提供的采购申请生成的采购订单
包含的数据结构：采购订单编号
　　　　　　　　供应商
　　　　　　　　货物名称、编号
　　　　　　　　货物单价
　　　　　　　　货物数量
　　　　　　　　制单人
　　　　　　　　审核人

图7-21　采购订单数据流

7.6.4 数据存储定义

数据存储在数据字典中只描述数据的逻辑存储结构，而不涉及它的物理组织。数据存储定义的基本形式如图 7-22 所示。

数据存储定义	
数据存储编号	
数据存储名称	
简述	
数据存储组成	
关键字	
相关联的处理	

图 7-22 数据存储定义

采购管理过程涉及的数据存储有采购订单、采购退货单等，下面以采购订单为例展示数据存储的定义，如图 7-23 所示。

采购订单数据存储	
数据存储	总编号：4-01
名称：采购订单	编　号：01
说明：存放采购订单相关数据信息	有关数据流： D3→P3.1 编制采购付款申请单 D3→P2.1 检验商品 P1.2 审核订单→D3
组成：采购订单编号 供应商 货物名称、编号 货物单价 货物数量 制单人 审核人	

图 7-23 采购订单数据存储

7.6.5 逻辑处理

逻辑处理仅对数据流程图中最底层的处理逻辑加以说明。处理逻辑定义的基本形式如图 7-24 所示。

处理逻辑定义	
处理逻辑编号	
处理逻辑名称	
简述	
输入的数据流	
处理	
输出的数据流	
处理频率	

图 7-24　处理逻辑定义

采购业务涉及的处理过程主要有编制采购订单、审核采购订单、核验商品、编制采购退货单、编制采购入库单、编制采购付款申请单等，下面以采购订单为例展示处理过程的定义，如图 7-25 所示。

编制采购订单的处理过程	
处理过程	总编号：5-01
名称：编制采购订单	编　号：P1.1
说明：确定是否将该客户加入客户档案	
处理功能：根据库存部门的采购申请单，生成采购订单	
输入数据流：F01(1-001)采购申请单	
输出数据流：F06 采购订单信息	

图 7-25　编制采购订单的处理过程

7.6.6　外部实体定义

外部实体是数据的来源和去向。因此，在外部实体中的条目主要说明外部实体产生的数据、输入的数据以及外部实体的数量，如图 7-26 所示。

外部实体定义	
外部实体编号	
外部实体名称	
简述	
输入数据流	
输出数据流	

图 7-26　外部实体定义

采购业务中的相关外部实体有供应商、库存部门、财务部门等，下面以供应商为例展示外部实体的定义，如图 7-27 所示。

供应商外部实体	
外部实体	总编号：6-01
名称：供应商	编　号：01
说明：产品供应方	
输入数据流：F06 采购订单，F05 采购退货单	输出数据流：F10 送货单

图 7-27　供应商外部实体

7.7　处理逻辑描述及工具

如果用文字表达多元的逻辑关系，不仅十分烦琐，而且难以看清，采用处理逻辑的图形化表达工具可以清晰地表达条件、决策规则和应采取的行动之间的逻辑关系，容易为管理人员和系统分析人员所接受。处理逻辑可以用判断树、判断表和结构化语言加以描述。

7.7.1　判断树

判断树也称决策树（decision tree），它可用来描述一个功能模块逻辑处理的过程。判断树代表的意义是：左边是树根，是决策序列的条件取值状态；右边是树叶，表示应该采取的动作。如图 7-28 所示。

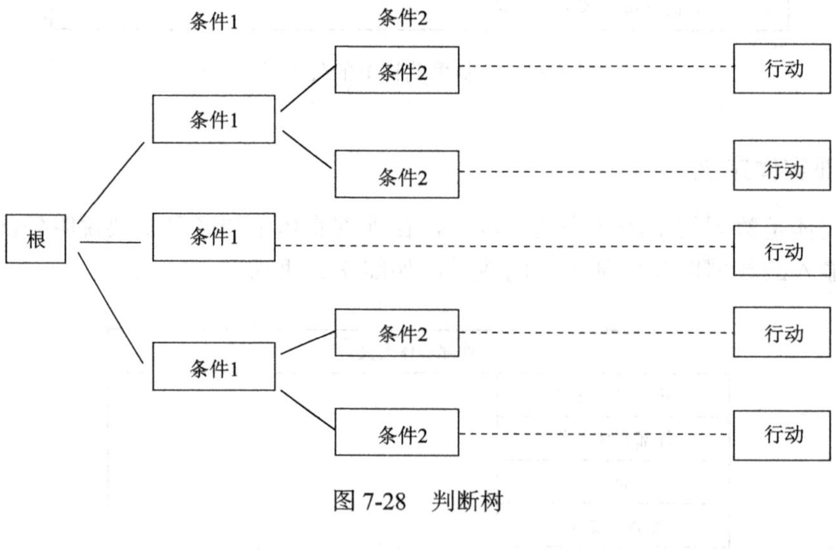

图 7-28　判断树

在处理逻辑中，如果判断树的条件较多，各个条件又相互结合，相应的决策方案会比较多。在这种情况下用判断树表示，树的结构比较复杂，图中各项注释也比较烦琐。

下面以订货折扣的选择为例，对判断树的构造进行说明。

订货折扣政策如下：

（1）年交易额在 5 万元或 5 万元以下，不给予折扣；

（2）对于年交易额在 5 万元以上时：

如果无欠款，折扣为 15%；

如果有欠款，而且与本公司交易关系在 20 年以上，则折扣为 10%；

如果有欠款，而且与本公司交易关系在 20 年以下，则折扣为 5%。

上述订货折扣政策的判断树如图 7-29 所示。

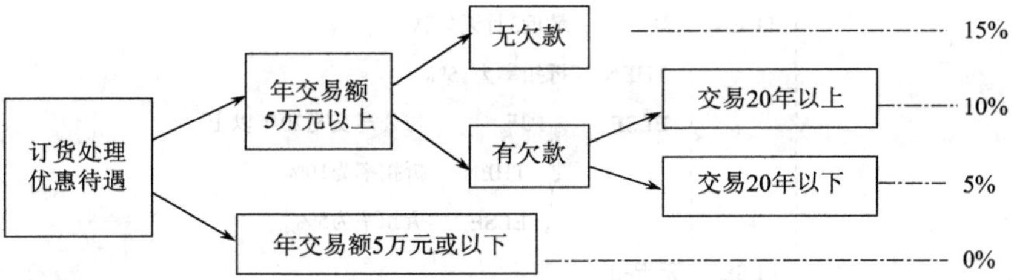

图 7-29　订货折扣政策选择的判断树

7.7.2　判断表

判断表又称决策表，是采用表格方式来描述处理逻辑的一种工具，可以清晰地表达条件、决策规则和应采取的行动之间的逻辑关系，如图 7-30 所示。

条件语句　条件项　行动语句　行动项

条件及行动	1	2	3	4	5	6	7	8
C1								
C2								
C3								
A1								
A2								
A3								
A4								

图 7-30　判断表

以订货折扣的选择为例，订货折扣政策选择的判断表如图 7-31 所示。

条件语句　条件项　行动语句　行动项

条件及行动	1	2	3	4	5	6	7	8
C1：交易额5万元	Y	Y	Y	Y	N	N	N	N
C2：无欠款	Y	Y	N	N	Y	Y	N	N
C3：交易20年	Y	N	Y	N	Y	N	Y	N
A1：折扣率15%	√	√						
A2：折扣率10%			√					
A3：折扣率5%				√				
A4：折扣率0%					√	√	√	√

图 7-31　订货折扣政策选择的判断表

7.7.3 结构化语言表示法

结构化语言表示法是一种模仿计算机语言的处理逻辑描述方法。它使用了由“IF”“THEN”“ELSE”等词组成的规范化语言。处理订货单逻辑过程的结构化语言表示法（为了使用方便，这里将条件和应采取的行动用中文表示）如图 7-32 所示。

```
IF    购货金额在5万元以上
THEN  IF    最近3月无欠款
      THEN  折扣率为15%
      ELSE  IF    与公司交易20年以上
            THEN  折扣率为10%
            ELSE  折扣率为5%
ELSE  无折扣
```

图 7-32　结构化语言

7.8 新信息系统逻辑方案的设计

在原系统详细调查的基础上进行系统分析，是建立新系统逻辑模型的重要步骤。系统分析的主要任务如图 7-33 所示，通过对原系统的调查和分析，找出原系统业务流程和数据流程的不足，提出优化和改进的方法，给出新系统所要采用的信息处理方案。

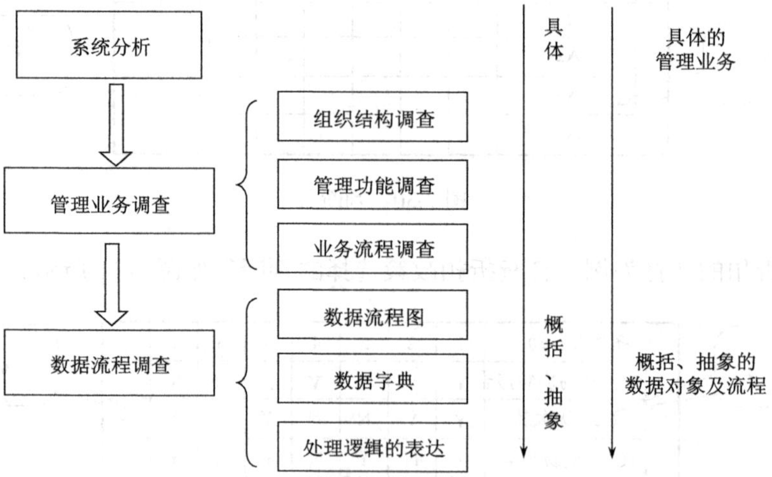

图 7-33　系统分析阶段任务

7.8.1　调查分析

1. 系统目标分析

根据详细调查，对可行性分析报告中提出的系统目标进行再次考察，对项目的可行性和必要性重新进行考虑，并根据对系统建设环境和条件的调查修正系统目标，使系统目标适应组织的管理需求和战略目标。由于系统目标对系统建设具有举足轻重的意义，因此，必须经过仔细论证才能修改。要解决系统“做什么”的问题，可以从两个方面确定系统需求：

（1）功能需求。功能需求是列出所开发信息系统在功能上应该做什么，然后逐步细化所有的系统功能，找出系统各个元素之间的联系、接口特性和设计上的限制，分析它们是否满足客户要求，是否合理。

（2）非功能需求。非功能需求包括系统性能、可靠性、安全/保密性、运行限制、适应性、成本消耗与开发进度需求、扩展性等。

在确定系统目标时，由于很难全面了解所涉及的一切因素以及达到此目标的所有不同途径，因此，较合理的思路是把系统的功能限制在较少的基本指标或目的上，因为只要这些指标或目的达到了，其他许多变化就有可能实现，不用过早地限制或讨论其细节。

2. 业务流程分析

组织的业务是由时间上、逻辑上相关的一系列活动组成的业务流程，每个活动即为业务功能。在调查研究中已经明确了每个活动所要完成的工作、需要的资源以及与其他活动的联系，但各个活动是分别考虑的，没有考虑到各个活动之间的依存关系。为了发现问题、分析不足，还需要进行业务关系分析。分析内容包括：根据流程中各个活动间的逻辑关系、时序关系、数据联系、资源约束和相关性等，分析各个活动之间的关系。业务流程分析可以帮助我们了解该业务的具体处理过程，发现和处理系统调查工作中的错误和疏漏，修改和删除原系统中不合理的部分，在新系统中优化业务处理流程。例如，过去某企业会计记账是由财务人员手工记录，为了避免差错，采用并行记账方法，一笔数据要由两个人从明细账和总账的角度分别记账，到月末核对账目，如果两个账一致，则证明正确，否则需要查出错误。使用计算机软件进行记账后，就不需要再并行记账了。只要操作正确，一次录入就可以满足各种应用需求。这时的信息处理流程就有了很大的变化。

业务流程分析的内容包括以下几个方面：

（1）原有流程的分析。分析原有业务流程的各处理过程是否具有存在的价值，其中哪些过程可以删除或合并，原有业务流程中哪些过程不尽合理，可以进行改进或优化。

（2）业务流程优化。分析原有业务流程中哪些过程存在冗余信息处理，可以按计算机信息处理的要求进行优化；分析流程的优化可以带来哪些好处。

（3）确定新的业务流程。画出新系统的业务流程图。

（4）确定新系统的人机界面。确定新的业务流程中人与机器的分工，即哪些工作可由计算机自动完成，哪些必须有人的参与。

3. 数据流程分析

与业务流程的改进和优化相对应，数据流程的分析和优化一直是系统分析的重要内容。数据流程分析主要包括对信息的流动传递、处理存储等的分析。数据流程分析的目的是发现和解决数据流程中的问题。例如，前后数据不匹配、数据处理过程不合理、数据存储存在冗余或不一致等。数据流程是系统中的信息处理方法和过程的统一，一个畅通的数据流程是今后新系统用以实现这个业务处理过程的基础。数据流程分析包括以下内容：

（1）原有数据流程的分析。分析原有数据流程的各处理过程是否具有存在的价值，其中哪些过程可以删除或合并，原有数据处理流程中哪些数据过程不尽合理，可以进行改进或优化。

（2）数据流程的优化。分析原有数据流程中哪些过程存在冗余信息处理，可以按计算机信息处理的要求进行优化，流程的优化可以带来哪些好处。

（3）确定新的数据流程。画出新系统的数据流程图。

（4）确定新系统的人机界面。确定新的数据流程图中人与机器的分工，即哪些工作可由计算机自动完成，哪些需要有人的参与。

4. 功能分析和划分子系统

为了实现系统目标，系统必须具备一定的功能。一般系统是由多个子系统组成，而子系统又可以包含若干个功能模块。把系统划分为子系统可以大大简化设计工作，因为划分以后，只要子系统之间的接口关系明确，每一个系统的设计、调试基本上是独立进行的。将来如果修改或扩充系统，可以在有关系统范围内进行，而不至于牵动全局。对于大系统来说，划分系统的工作应该在系统规划阶段进行，常用的是U/C矩阵。划分系统的下一步工作就是确定各子系统的目标和下属功能。为此，有必要分析原系统的数据流程图，由此来确定应当增加、取消、合并或改进的功能。

5. 数据属性分析

数据属性分析包括静态特性分析和动态特性分析两部分。

数据的静态特性分析只分析数据的类型（字符型、数值型、日期型等）、数据的长度（位数、小数位数）、取值范围（最大值、最小值）和发生业务的业务量（如每天发生多少笔业务数据）。

数据的动态特性分析是分析数据属性的动态特性。数据的属性按动态特性分为3类：固定值属性（具有固定值属性的数据，其值基本上固定不变）、固定个体变动属性（这类数据项，对总体来说具有相对固定的个体集，但其值是变动的属性）、随机变动属性（这种数据项，其个体是随机出现的，值也是变动的）。分析数据属性的动态特性的目的是正确地确定数据和文件的关系，有助于数据组织、存储和数据库的设计。针对数据的特性，结合计算机技术，对数据进行合理的规划，以便能够方便、快捷、安全、有效地利用数据，为企业管理和决策服务。

7.8.2 建立模型

在调查分析的基础上，要创建新系统的逻辑模型，把反映用户需求的新系统应具备的功能全面、系统、准确、详细地进行描述。前面所介绍的数据流程图、数据字典、判断树、判断表以及结构化语言等工具都是建立模型的良好手段。建立模型的过程也是进一步发现问题和深入分析、解决问题的过程，凡是建立模型过程中发现情况不明、数据不全或有矛盾与冲突之处，要通过进一步的调查进行补充和纠正。

需要特别注意的是，在建立模型的过程中，不能只注意绘制图形和编写文件，而要始终把握系统的总目标和总功能，致力于解决系统的主要问题。贯彻自顶向下、逐层分解的原则，对系统的逻辑功能从总体到局部、从粗到细地进行清晰描述。系统分析人员必须站在用户的立场上考虑问题，进行反复讨论，以弄清楚究竟新系统在原系统的基础上要做哪些改变，做这些改变的必要性，分析用户真正需要的而又可能做到的是什么样的改变。

1. 绘制新系统的数据流程图

经过以上分析，需要把调整、优化的数据流程重新绘制。这项工作需要经过多次反复，去伪存真。为了实现新系统的人机接口，还应在绘制成的数据流程图上标明哪些部分由计算机完成，哪些部分由人工完成。

2. 确定新系统的数据处理方式

数据处理方式分为两类：成批处理方式和联机实时处理方式。成批处理方式是按一定时间间隔把数据积累成批后一块处理。例如，计算工资时，是将所有职工的相关信息都收集完成，并作汇总后，才进行加工处理。成批处理的方式适用于以下几种情况：

（1）固定周期的数据处理；

（2）需要大量的来自不同方面数据的综合处理；

（3）需要在一段时间内积累数据后才能进行的数据处理。

联机实时处理方式是指对接收到的数据进行及时处理，并将结果直接传给用户。这种方式适用于以下几种情况：

（1）需要反应迅速的数据处理；

（2）负荷容易产生波动的数据处理；

（3）数据收集费用较高的数据处理。

3. 确定新系统的管理模型

管理模型是系统在每一个具体的管理环节上所采用的管理方法。在管理信息系统的系统分析中，要根据业务和数据流程的分析结果，对每一处理过程进行分析，研究每一管理过程的信息处理特点，找出相适应的管理模型，这是使管理信息系统充分发挥作用的前提。管理科学的发展在管理活动的各个层次、各个环节都形成了较为成熟的管理方法和定量化的管理模型，为管理信息系统的应用创造了条件。但在一个具体系统中应当采用的模型，则必须由前一阶段的分析结果所决定，因而并无规定模式。下面给出几种常用的管理模型。

（1）生产计划管理模型。生产计划包括生产计划大纲的编制和详细生产作业计划。生产计划大纲主要安排与综合生产计划有关的生产指标，常用的模型有：数学规划模型（如优化生产计划模型）、物料需求计划模型、能力需求计划模型、量-本-利分析模型、投入产出模型等。作业计划具体安排了生产产品数量、加工路线、加工进度、材料供应、能力平衡等，常用模型有：投入产出矩阵、关键路径模型、排序模型、设备平衡能力模型、滚动计划模型、甘特图等。

（2）库存管理模型。常用的程序化管理模型有库存物资分类法、库存管理模型等，此外还有最佳经济批量模型等。

（3）财会管理模型。财会管理模型比较固定。确定一个财会管理模型主要有几个方面：会计记账科目的确定；会计记账方法的确定；财会管理方法；内部核算制度或内部银行的建立以及具体的核算方法；安全和保密措施以及对应的运行制度和管理方法；文档、数据、原始凭证的保存方法与保存周期；审计和随机抽查的形式范围和对账方法等。

（4）成本管理模型。成本管理模型主要有成本核算模型、成本预测模型、成本分析模型等。成本核算模型包括直接生产过程的消耗和间接费用的分配，常用的模型有：品种法、分步法、逐步结转法、平行结转法、定额差异法等，用于计算直接生产过程的消耗；完全成本法和变动成本法，用于间接费用的分配。成本预测模型主要有：数量经济模型、投入产出模型、回归分析模型、指数平滑模型等。成本分析模型主要有：实际成本与定额成本比较模型、本期成本与历史同期可比产品成本比较模型、产品成本与计划指标比较模型、产品成本差额管理模型、量-本-利分析模型等。

（5）决策模型。经营管理决策是高层管理活动，既有结构化决策，也有半结构化和非结构化决策。确定一个有效的经营管理决策模型不是一件容易的事情，一般需要同用户在系统分析阶段进行反复的协商来共同确定。其研究范围包括：组织决策体系、确定适当的决策过程、决定获取对决策有用信息的渠道与方法、确定适当的决策模型、确定与选择优化解的方式、系统支持决策的方式、模拟决策执行过程、决策评价指标体系的研究以及反馈控制决策系统运行的方式等。

（6）统计分析与预测模型。统计分析与预测模型是用来反映销售、市场、质量、财务状况等的变化情况及未来发展趋势，包括：市场占有率分析、消费变化趋势方向、销售预测与利润变化趋势分析、销售统计分析、质量状况及指标分布分析、综合经济效益指标统计分析等。

（7）综合计划模型。综合计划是企业生产、经营活动的总规划。常用的综合计划模型有两类：综合发展模型与资源限制模型。综合发展模型是企业的近期发展目标模型，包括盈利指标、生产规模等，常用的模型有企业中长期计划模型、厂长任期目标分解模型、新产品开发和生产结构调整模型、中长期计划滚动模型等。资源限制模型反映了企业各种资源对企业发展模型的制约，常用模型有数学规划模型、资源分配限制模型。

由于管理模型是一个广义的概念，涉及管理的方方面面，同时，不同单位由于环境条件各不相同，对管理模型也会有不同的要求，在系统分析阶段必须与用户协商，共同决定。

7.9 系统分析说明书

系统分析说明书是对系统分析阶段工作的全面总结，是这一阶段的主要成果。它又是主管人员对系统进入设计阶段的决策依据。系统分析说明书只有经过系统开发工作的领导部门审查批准后才进入下一阶段的工作。系统分析说明书又是后续各阶段工作的主要依据之一。系统分析说明书应达到的基本要求是全面、系统、翔实、清晰地表达系统开发的目标、任务和系统功能。

系统分析说明书一般包括以下内容：

（1）系统概述。要求对系统的背景进行高度概括的描述，应该简要说明系统的目标、系统与外部实体之间的物质以及信息的交换关系、系统结构、系统的工作过程和性质、基本经济指标、业务功能等。

（2）新系统目标。新系统的总目标是什么，新系统的目标树，新系统拟采用什么样的开发策略和开发方法，人力、资金以及计划进度的安排，新系统实现后各部分应达到什么样的功能，某些指标预期达到什么样的程度，新系统中新增的功能等。要注意各项指标应条理清楚，而且应尽量给出数量指标。

（3）原系统运行状况。以业务流程图、数据流程图和数据字典等为工具，详细描述原系统的信息处理和信息流动情况，对各主要环节的业务处理量、总的数据存储量、处理速度要求、主要查询和处理方式、现有的各种技术手段等，都应进行扼要的说明。对建议修改的子系统、业务处理过程、某一数据存储等应加以详细的说明。

（4）新系统的逻辑方案。新系统的逻辑方案是系统说明书的主体，主要反映系统分析的结果和对今后建造新系统的设想，包括以下内容：

①新系统拟定的业务流程及业务处理方式；

②新系统拟定的分析优化后的数据流程，以及计算机系统将完成的工作部分；

③新系统在各个业务处理环节拟用的管理方法、算法和模型；

④新系统相配套的管理制度和运行体制的建立；

⑤系统开发资源与时间进度估计。

第 8 章　系 统 设 计

8.1　系统设计概述

系统设计在系统分析提出的逻辑模型的基础上，科学合理地进行物理模型的设计，主要是解决“怎样做”的问题。

8.1.1　系统设计内容

系统设计的任务是将系统的逻辑模型转化为物理模型，主要工作有：

（1）总体设计。把总任务分解为许多基本的、具体的任务，包括信息系统流程图设计、功能结构图设计和功能模块图设计等。

（2）代码设计和设计规范的制定。

（3）系统物理配置方案设计。包括外围设备（peripheral）配置、通信网络选择和设计、数据库管理系统的选择等。

（4）数据存储设计。包括数据库设计、数据库的安全保密设计等。

（5）计算机处理过程设计。包括输入输出设计、处理流程图设计及编写程序设计说明书等。

8.1.2　系统设计原则

（1）系统性。系统设计要从整个系统的角度进行考虑，系统代码要统一，设计标准要规范，传递语言要一致，实现数据或信息全局共享，提高数据重用性。

（2）灵活性。为了维持较长的系统生命周期，要求系统具有很好的环境适应性。为此，系统应具有较好的开放性和结构的可变性。在系统设计中，应尽量采用模块化结构，提高数据、程序模块的独立性，这样既便于模块的修改，又便于增加新的内容，提高系统适应环境变化的能力。

（3）可靠性。是指系统抗干扰的能力及受外界干扰时的恢复能力。一个成功的管理信息系统必须具有较高的可靠性，如安全保密性、检错及纠错能力、抗病毒能力等。

（4）经济性。是指在满足系统需求的前提下，尽量减小成本。一方面，在硬件投资上不能盲目追求技术上的先进，而应以满足应用需要为前提。另一方面，系统设计中应尽量避免不必要的复杂化，各模块应尽量简洁，以便缩短处理流程、减少处理费用。

8.2　系统总体结构设计

8.2.1　系统架构设计

系统体系架构表示一个系统的逻辑结构，它是一个高层次上的抽象，并不涉及具体的实现方式。在设计系统体系架构时，必须考虑系统的动态行为，考虑原系统的兼容性、安全性、可靠性、扩展性和伸缩性等。体系架构的设计目的就是要通过科学的解析，将整个系统划分为不同的构件，并准确定义出构件与构件之间的接口，设计一个清晰简单的体系结构。通常在进行体系结构设计时，需要确定一些策略性的设计方法、原则和基本模式，了解构件、模块之间的接口和协作关系。每个构件可能关注特定的功能领域或关注特定的技术领域。体系架构分析的结果对于后续的详细设计工作也是一种约束，有助于消除设计和实现过程中的随意性。

系统架构设计可按以下步骤进行：

（1）定义子系统。根据系统分析中有关系统的业务划分情况，将系统分解成多个具有独立功能的子系统。

（2）定义子系统外部接口。分析子系统之间的通信与协作，以获得对子系统外部接口的定义。

（3）定义子系统物理架构。根据系统的整体逻辑结构、技术特点、应用特点、系统开发的资金投入等情况，选择合适的系统物理架构。包括硬件设备、软件环境、网络结构、数据库结构等，并将子系统按照子系统所选的物理架构进行合理部署与优化。

8.2.2　软件结构设计

软件结构设计是对组成系统的各个子系统的进一步分解与规划。主要包括确定构造子系统的模块元素；定义每个模块功能；定义模块接口，设计接口的数据结构；确定模块间的调用与返回关系；评估软件结构质量，进行结构优化等。

8.2.2.1　模块化

系统中任何一个处理功能都可以看成是一个模块。根据模块功能具体化程度不同，可以分为逻辑模块和物理模块。在系统逻辑模型中定义的处理功能可视为逻辑模块。物理模块是逻辑模块的具体化，可以是一个计算机程序、子程序或若干条程序语句，也可以是人工过程的某项具体工作。一个模块应具备以下四个要素：输入和输出、处理功能、内部数据、程序代码。前两个要素是模块的外部特性，即反映了模块的外貌；后两个要素是模块的内部特性。模块的输入输出是模块与外部环境的信息交换，如一个模块中的输入来源和输出去向都是同一个调用者，是指一个模块从调用者那儿取得输入，进行加工后再把输出返回调用者；模块的处理功能是指它能做什么事，它是如何把输入转化成输出的。在结构化设计中，主要考虑的是模块的外部特性，对内部特性只做必要的了解，具体的实现将在系统实施阶段完成。

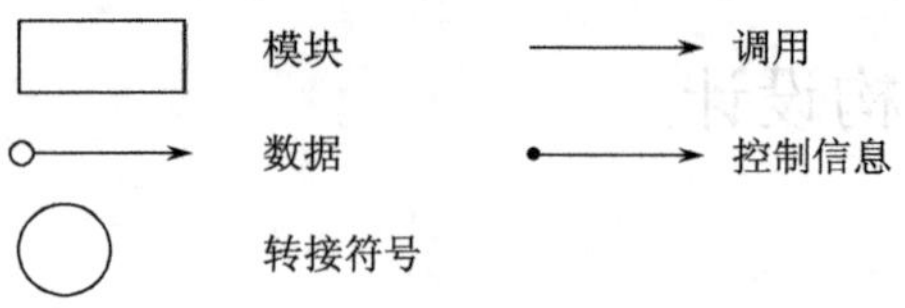

图 8-1　模块结构图图例

模块化是软件设计和开发的基本原则和方法，是总体设计的主要工作之一。模块是指一个独立命名的，拥有明确定义的输入、输出和特性的程序实体。模块是组成目标系统逻辑模型和物理模型的基本单位，它的特点是可以组合、分解和更换。把系统的全部功能，按照一定的原则合理地划分为若干个模块，每个模块完成一个特定子功能，所有这些模块以模块结构图的形式组成一个整体，这就是软件模块化的设计。模块化设计可以简化软件的设计和实现，提高软件的可理解性和可测试性，并使软件更容易维护。模块结构图图例如图 8-1 所示。

（1）模块。这里所说的模块通常是指用一个名字就可以调用的一段程序语句，为物理模块。

（2）调用。在模块结构图中，用连接两个模块的箭头表示调用，箭头总是由调用模块指向被调用模块，但是应该理解成被调用模块执行后又返回到调用模块，如图 8-2 所示。

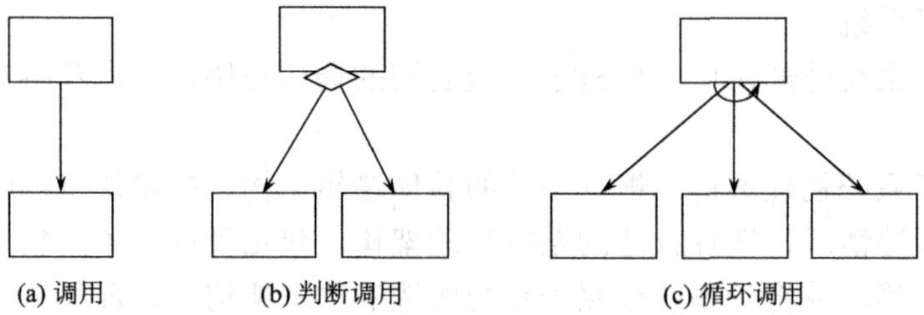

图 8-2　模块结构图的一般调用

（3）数据。当一个模块调用另一个模块时，调用模块可以把数据传送到被调用模块处以供处理，而被调用模块又可以将处理的结果数据送回到调用模块，如图 8-3 所示。

（4）控制信息。为了指导程序下一步的执行，模块间有时还必须传送某些控制信息，例如，数据输入完成后给出的结束标志，文件读到末尾所产生的文件结束标志等。

（5）转接符号。当模块结构图在一张图面上画不下，需要转接到另外一张纸上，或为了避免图上线条交叉时，都可使用转接符号，圆圈内加上标号，如图 8-4 所示。

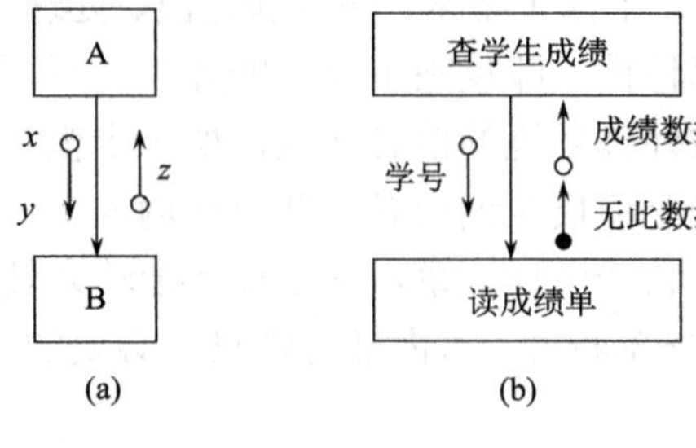

图 8-3　模块结构图的模块间数据调用

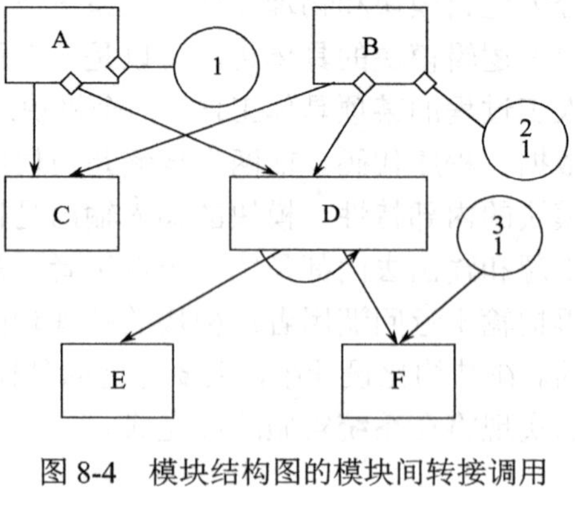

图 8-4　模块结构图的模块间转接调用

8.2.2.2 模块的独立性

模块的独立性是指不同模块之间的相互联系应尽可能少，应尽可能减少公共的变量和数据结构；一个模块应尽可能在逻辑上独立，有完整单一的功能。具有良好独立性的模块，可使模块功能完整、数据接口简单、程序易于理解和维护。独立性限制了错误的作用范围，使错误易于排除，因而可使系统开发速度加快、质量提高。为了进一步测量和分析模块独立性，可以从两个方面来定性地度量模块的独立程度，这两个概念是模块的耦合度和模块的内聚性。系统被分成若干模块后，模块与模块的联系称为模块的耦合度；一个模块内部各成分的联系称为模块的内聚性。

1. 耦合度

耦合度是从模块外部考察模块的独立性程度。它用来衡量多个模块间的相互联系。模块间联系多的耦合度强，联系少的耦合度弱。耦合度按从强到弱的顺序可分为以下几种类型。

（1）内容耦合：内容耦合是耦合程度最高的一种形式。当一个模块直接修改或操作另一个模块的数据或者直接转入另一个模块时，就发生了内容耦合。此时，被修改的模块完全依赖于修改它的模块。内容耦合的存在严重破坏了模块的独立性和系统的结构化，代码互相纠缠，运行错综复杂，程序的静态结构和动态结构很不一致，其运行结构往往不可预测。

（2）公共耦合：公共耦合又称为公共环境耦合或数据区耦合。两个以上的模块共同引用一个全局数据项就称为公共耦合。公共数据区可以是全程变量、共享的数据区、内存的公共覆盖区、外存上的文件和物理设备等。当两个模块共享的数据很多，通过参数传递可能不方便时，可以使用公共耦合。公共耦合共享数据区的模块越多，数据区的规模越大，则耦合程度越强。公共耦合最弱的一种形式是：两个模块共享一个数据变量，一个模块只向里写数据，另一个模块只从里读数据。当公共耦合程度很强时，会造成关系错综复杂、难以控制，错误传递机会增加，系统可靠性降低，可理解和可维护性较差。

（3）控制耦合：一个模块在界面上传递一个信号（如开关值、标志量等）控制另一个模块，接收信号的模块的动作根据信号值进行调整，称为控制耦合。控制耦合属于中等程度的耦合，较之数据耦合模块间的联系更为紧密。但控制耦合不是一种必须存在的耦合。当被调用模块接收到控制信息作为输入参数时，说明该模块内部存在多个并列的逻辑路径，即有多个功能。控制变量用以从多个功能中选择所要执行的部分，因而控制耦合是完全可以避免的。

（4）数据耦合：数据耦合是指两个模块彼此交换数据。如一个模块的输出数据是另一个模块的输入数据，或一个模块带参数调用另一个模块，下层模块又返回参数。系统中至少必须存在这种耦合，只有当某些模块的输出数据作为另一些模块的输入数据时，系统才能完成有价值的功能。因为任何功能的实现都离不开数据的产生、表示和传递。

（5）独立耦合：模块间没有信息传递时，属于非直接耦合。它们之间的唯一联系仅仅在于它们同属于一个软件系统或同有一个上层模块。这是耦合程度最低的一种。当然，系统中只可能有一部分模块属于此联系，因为一个系统中不可能所有的模块都完全没有联系。

耦合是影响软件系统复杂程度的一个重要因素，在模块设计过程中，如果模块间必须存在耦合，就尽量使用数据耦合，少用控制耦合，限制公共耦合的范围，避免出现内容耦合。表 8-1 列出了各类耦合度与模块各种属性的关系。

表 8-1　耦合度与模块属性的关系

耦合度	对修改的敏感性	可重用性	可修改性	可理解性
内容耦合	很强	很差	很差	很差
公共耦合	强	很差	中	很差
控制耦合	一般	差	差	差
数据耦合	不一定	好	好	好

2. 内聚性

内聚性是模块内部各成分（语句或语句段）之间的联系。显然，模块内部各成分联系越紧密，即其内聚性越大，模块独立性就越强，系统越易理解和维护。具有良好内聚性的模块能较好地满足信息局部化的原则，功能完整单一。同时，模块的强内聚性必然导致模块的弱耦合度。理想的情况是：一个模块只使用局部数据变量，完成一个功能。内聚性按照强度从弱到强有以下几种类型。

（1）偶然聚合：模块内的各个成分（通过语句或指令来实现）没有什么有意义的联系，它们之所以能构成一个模块完全是因为偶然。例如，为了节省空间，将几个模块中共同的语句抽出来放在一起组成一个模块，该模块就具有偶然内聚。偶然内聚的模块有很多缺点，由于模块内没有实质性的联系，很可能在某种情况下，一个调用模块需要对它修改，而别的模块不需要，这时就很难处理。同时，这种模块的含义也不易理解，甚至难以为它取一个合适的名字。

（2）逻辑内聚：几个逻辑上相关的功能被放在同一模块中，则称为逻辑内聚。例如，一个模块读取各种不同类型的外设输入；一个模块专门负责输出出错信息。用户账单和统计报表等各类数据的模块具有逻辑内聚。个别功能的修改很可能会导致整个模块的变动，所以可修改性差。

（3）时间内聚：如果一些功能必须在同一时间内执行（如系统初始化），但这些功能只是因为时间因素而被划分为一个模块，则称为时间内聚。例如，负责紧急事故处理的模块，必须在特定的时间限制内完成关闭文件、接通警铃、发出出错信息、保护各检测点的数据和进入故障处理程序等项任务，这种模块就属于时间内聚。与偶然内聚和逻辑内聚相比，这种内聚程度要稍强些，因为至少在时间上，这些任务可以一块完成，内聚性中等偏下，可修改性较差。

（4）过程内聚：如果一个模块内部的处理成分是相关的，而这些处理必须以特定的次序执行，则称为过程内聚。过程内聚是在同一控制流支配下执行的操作集合。如果通过流程图确定模块划分，把流程图中的某一部分划分出来组成模块，就得到过程内聚模块。因为过程内聚模块仅包括完整功能的一部分，所以它的内聚程度仍然中等偏低。

（5）通信内聚：如果一个模块的所有成分都操作同一数据集或生成同一数据集，则称为通信内聚。通信内聚的各部分之间是借助共同使用的数据联系在一起，故有较好的可整理性。例如，利用同一数据生成各种不同形式报表的模块具有通信内聚。通信内聚和过程内聚都属于中内聚类型模块。

（6）顺序内聚：如果一个模块的各个成分和同一个功能密切相关，而且一个成分的输出作为另一个成分的输入，则称为顺序内聚。在顺序内聚的模块内，后执行的语句或语句段往往依赖先执行的语句或语句段，以先执行的部分为条件。例如，由构造系数矩阵、求矩阵逆、解未知数等成分构成的求线性方程解的模块具有顺序内聚。顺序内聚往往是多个功能内聚的组合，各个功能都在同一数据结构上操作，由于模块内各处理元素间存在着这种逻辑联系，所以顺序内聚模块的可理解性很强，属于高内聚类型模块。

（7）功能内聚：模块内的所有成分对于完成单一的功能都是必需的，则称为功能内聚。如果模块仅完成一个单一的功能，且该模块的所有部分是实现这一功能所必需的，没有多余的语句，则该模块为功能内聚。例如，如果将上述求解线性方程的模块中的求矩阵逆部分单独组成一个模块，则该模块具有功能内聚。功能内聚模块结构紧凑、界面清晰，易于理解和维护，因而可靠性强；又由于其功能单一，故复用率高。所以它是模块划分时应注意追求的一种模型类型。

表 8-2 列出了各类内聚性与模块各种属性的关系。

表 8-2　内聚性与模块属性的关系

内聚性	内部关系	清晰性	可复用性	可理解性	可修改性
偶然内聚	很差	差	很差	很差	很差
逻辑内聚	很差	很差	很差	差	很差
时间内聚	差	中	很差	中	中
过程内聚	中	好	差	中	中
通信内聚	中	好	差	中	中
顺序内聚	好	好	中	好	好
功能内聚	好	好	好	好	好

8.3　物理配置方案设计

随着信息技术的发展，多种多样的计算机技术产品为信息系统的建设提供了极大的便利，可以根据应用的需要选择性能各异的软、硬件产品。

系统物理配置方案即系统的运行平台，指管理信息系统运行所依赖的硬件和软件，因此，其设计针对新系统的目标，在各种技术手段和实施方法中权衡利弊，合理地利用各种资源，选择适当的计算机硬件、网络通信设备及其他辅助设备软件，以满足新系统逻辑模型的需要和技术需求。

8.3.1 设计依据

（1）系统吞吐量：即每秒钟执行的作业数。系统吞吐量越大，系统的处理能力就越强。系统吞吐量与系统硬、软件的选择有着直接关系，如果要求系统具有较大的吞吐量，就应当选择具有较高性能的计算机和网络系统。

（2）系统响应时间：从用户向系统发出一个作业请求开始，经系统处理后给出应答结果的时间。如果要求系统具有较短的响应时间，就应当选择运算速度较快的 CPU 及具有较高传递速率的通信线路，如实时应用系统。

（3）系统可靠性：系统可以连续工作的时间。例如，对于每天需要 24 小时连续工作的系统，可以采用双机双工结构方式。

（4）集中式或分布式：如果一个系统采用集中式的处理方式，则信息系统既可以是主机系统，也是网络系统；若系统处理方式是分布式的，则应采用微机网络。

（5）地域范围：对于分布式系统，根据系统覆盖的范围决定采用广域网还是局域网。

（6）数据管理方式：根据数据管理方式配备相应的数据库管理系统。

8.3.2 计算机硬件的选择

计算机硬件在价格、配置、功能、外观等方面有许多不同，而且直接关系到连接的网络、配置的操作系统以及开发的应用软件等。一旦购置了计算机，就要在较长时期中一直使用。因此，在选择计算机机型时应根据应用的需要全面考虑。

一般来说，计算机硬件的选择主要取决于数据处理方式和运行的软件系统。管理对计算机的基本要求是速度快、容量大、通道能力强、操作灵活方便，但计算机的性能越高，价格就越昂贵。

在计算机硬件选择时应注意如下各项内容：

（1）计算机主存；

（2）CPU 时钟；

（3）输入、输出和通信的通道数目；

（4）显示方式；

（5）外接转储设备及其类型等。

8.3.3 数据处理方式的选择

（1）集中式：一般来说，如果系统的数据处理是集中式的，系统应用的主要目的是利用计算机的强大计算能力，则可以采用主机-终端系统，以大型机或中小型机作为主机。

（2）分布式：对于企业管理分布式的应用，采用多台微机和服务器连接的局域网更为灵活、经济。

8.3.4 数据库管理系统的选择

管理信息系统以数据库管理系统为基础，一个好的数据库管理系统对管理信息系统的应用有着举足轻重的影响。在数据库管理系统的选择上，主要考虑：

（1）数据库的性能；

（2）数据库管理系统的系统平台；

（3）数据库管理系统的安全保密性能；

（4）并发控制机制；

（5）事务处理完整性机制；

（6）数据后备和恢复机制；

（7）数据的类型；

（8）良好的图形界面的开发工具包等。

目前，软件市场上有许多数据库管理系统，例如Oracle、Sybase、SQL Server、Informix、FoxPro等。Oracle、Sybase等是大型数据库管理系统，运行于C/S（客户机/服务器）模式，是开发大型管理信息系统的首选。SQL Server比较合适中小企业的应用，其性能价格比也较优，但只能运行在Windows操作系统之上。

8.3.5 应用软件的选择

根据应用需求来开发管理信息系统，最容易满足用户的特殊管理要求，但是成本较高。如果直接应用商品软件，既可以节省投资，又能够规范管理过程，加快系统应用的进度。因此，不一定要自行开发，而可以选用这些成熟的商品软件。选择应用软件时应考虑：

（1）是否能够满足用户的需求。根据系统分析的结果，在软件功能上应注意以下问题：①系统必须处理哪些事件和数据？软件能否满足数据表示的需要？②系统能够产生哪些报告、报表、文档或其他输出？③系统要储存的数据量及必须满足哪些查询需求？

（2）软件的灵活性。由于存在管理需求上的不确定性，系统应用环境会经常发生变化。因此，应用软件要有足够的灵活性，以适应对软件的输入、输出和系统平台升级的要求。

（3）软件的技术支持。对于商品软件，稳定的技术支持是必需的。一方面是为了保证软件能够满足需求的变化，另一方面是便于今后随着系统平台的升级而不断升级。

（4）相关企业对应用软件的选择情况。

8.4 代 码 设 计

代码是代表事物名称、属性、状态等的符号。为了便于计算机处理，一般用数字、字母或它们的组合来表示代码。代码的设计和编制问题在系统分析阶段就开始考虑，需要经过一段时间，在系统设计阶段才能最后确定。

8.4.1 代码的功能

代码设计是科学管理的体现，代码的功能主要集中在以下几个方面：

（1）鉴别功能。鉴别功能是代码的最基本功能。代码为事物提供一个概要而准确的认定，便于数据的存储和检索，节省时间和空间。

（2）代码提高了处理的效率和精度。当按照分类对象产生的时间、所占的空间或其他方面的顺序关系分类，并赋予不同的代码时，可以按代码对事物进行排序、累计或统计分析，且准确高效。

（3）代码提高了数据的一致性。通过统一编码，可以大量减少因数据不一致而带来的问题。

（4）代码是人和计算机的共同语言，是两者交换信息的工具。例如，自行车的型号 PA-12 含义如下：

第一个字母表示自行车的用途，如 P 为普通车、Q 为轻便车、Z 为载重车、X 为小轮车。

第二个字母代表自行车的车轮直径，A、E、G、M 分别指轮径 28、26、24、20 英寸的女式车。

后面的阿拉伯数字 12 是工厂设计的顺序号。

8.4.2 代码设计的原则

合理的编码结构是判断信息处理系统是否具有生命力的一个重要因素，在设计代码时，应依照以下原则：

（1）合理性。代码在逻辑上必须满足用户的需要，在结构上应当与处理的方法相一致。例如，为了提高处理速度，往往要能够在不调出有关数据文件的情况下，直接根据代码的结构进行统计。

（2）唯一性。代码的唯一性是代码设计的首要要求，它要求代码为事物提供一个概要而不含糊的认定，一个编码只能代表一个实体或一个属性。

（3）可扩充性。设计代码时，要预留足够的位置，以适应不断变化的需要。

若已知代码的位数为 P，每一位上可用字符数为 S_i，则可以组成码的总数为

$$c = \prod_{i=1}^{P} S_i$$

例如，对于八位的电话号码，第一位字符必须取 1～9 的整数，其余各位字符可以取为 0～9 的整数，共可容纳的电话号码数目为

$$c = 9 \times 10^7 = 90000000$$

（4）系统性。代码的编制应标准化、系列化，符合国家或行业标准，提高数据全局一致性。系统性可以使代码结构便于理解，较好地表达所对应事物。

在代码设计中，还应避免使用容易引起误解或易于混淆的字符，如 O、Z、I、S、V 与 0、2、1、5、U 等。设计合理的代码结构应注意如下两点：

（1）尽量采用不易出错的代码结构。例如字母-字母-数字的结构比字母-数字-字母的结构发生错误的机会要少一些。

（2）多于 4 个字母或 5 个数字字符时，应分段记忆。这样在读写时不易发生错误。例如，123-456-78901 比 12345678901 易于记忆，并能更精确地记录下来。再如注册码：

J2MV9-JYYQ6-JM44K-QMYTH-8RB2W。

8.4.3　代码的种类

1. 顺序码

顺序码又称为系列码，是一种用连续数字代表编码对象的代码。例如，按照 GB 2261—80 规定：1 为男性；2 为女性。

顺序码的优点是代码长度短而简单，记录的定位方法简单，易于管理。但是，顺序码本身没有给出对象的任何其他信息（没有逻辑基础），不便于对代码的记忆及操作。此外，新增加的代码只能列在最后，删除则会造成空码。

2. 区间码

区间码把数据项分成若干组，每一区间代表一个组，码中数字的值和位置都代表一定意义。例如，邮政编码的编码规则如图 8-5 所示。

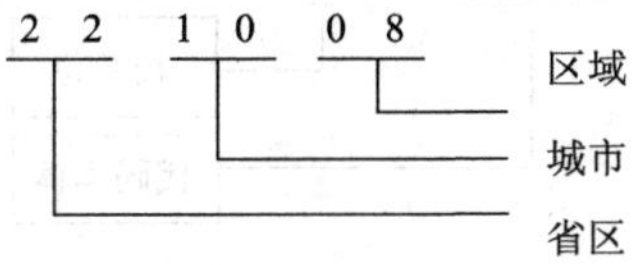

图 8-5　邮政编码

区间码的优点是信息处理比较可靠，容易进行数据处理的各项操作，例如排序、分类、检索等。但是这种代码的长度与其分类属性相关，可能造成很长的码或产生多余的码，使得维护困难。因此，在编码设计时，首先要对各种代码分类进行平衡，避免造成有很长的码或有很多多余的码。

区间码又可分为以下各种类型：

（1）多面码，具有多方面的特性。例如，对于机制螺钉的编码设计，如表 8-3 所示。代码 2343 表示材料为黄铜的ϕ1.5mm 方形头镀锌螺钉。

表 8-3　多面码示例

材　料	螺钉直径/mm	螺钉形状	表面处理
1-不锈钢	1-ϕ0.5	1-圆头	1-未处理
2-黄铜	2-ϕ1.0	2-平头	2-镀铬
3-钢	3-ϕ1.5	3-六角	3-镀锌
		4-方形	4-喷漆

（2）上下关联区间码，由几个意义上相互有关的区间码组成。例如，会计核算方面，用最左位代表核算种类，下一位代表会计核算项目。

（3）十进位码。相当于图书分类中沿用已久的十进位分类码，它是由上下关联区间码发展而成的。如 610.736，点号左边的数字组合代表主要分类，点号右边指出子分类。

子分类划分虽然很方便，但所占位数长短不齐，不适于计算机处理。显然，只要把代码的位数固定下来，仍可利用计算机处理。

3. 助忆码

助忆码用文字、数字或两者结合起来描述，其特点是可以通过联想帮助记忆。例如：用 W-B-12 代表 12 英寸黑白电视机；用 W-C-20 代表 20 英寸彩色电视机。

助忆码适用于数据项数目较少的情况（一般小于 50 个），否则容易引起联想出错。

8.4.4 代码结构中的校验位

代码是数据的重要组成部分，它的正确性将直接影响系统的质量。当人们抄写、录入时，发生错误的可能性很大，如抄写错（把 1234 写成 1235）、易位错（1234 记为 1243）、隔位易位错（1234 记为 1432）等。因此，为了保证正确输入，在原有代码结构的基础上，另外加上一个校验位，使它事实上变成代码的一个组成部分，如图 8-6 所示。

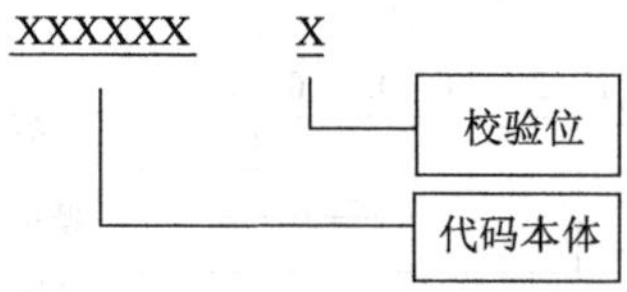

图 8-6　有校验位的代码结构

校验位通过事先规定的数学方法计算出来。代码一旦输入，计算机会用事先规定的算法按输入的代码数字计算出校验位，并将它与输入的校验位进行比较，以证实输入是否有错。

代码校验位的计算过程：首先将原代码的各位数分别乘以权重并计算各乘积之和；然后用一个模数去除乘积之和，所得余数作为校验位，将校验位置于原代码之后，组成新代码。模数一般取 9～13，而各位权重之间的关系可以是算术级数（1、2、3、…）、几何级数（2、4、8、…）或质数（3、5、7、…）等。

如原代码为 12345，权重取算术级数，其校验码计算过程如下：

原代码	1	2	3	4	5
权数	6	5	4	3	2
乘积之和	6 + 10 +12 +12 +10 = 50				

以 11 为模去除乘积之和（若余数是 10，则按 0 处理），把得出的余数作为校验码：50/11=4……6，因此其完整代码应为 123456。

8.4.5 代码设计示例——采购业务的代码设计

第 7 章采购业务过程中涉及多项代码，如采购订单编号、商品编号、供应商编号等。代码设计就是将上述代码以规律性的、易于计算机识别与处理的符号表示。利用统一的代码，将有助于计算机对各种信息进行统一管理。下面以商品编号为例进行代码设计。

商品代码由十位组成，第一、二、三位表示商品大类，第四、五、六位表示商品中类，后四位表示商品小类，具体形式如图 8-7 和表 8-4 所示，代码 0010020003 表示酱油。

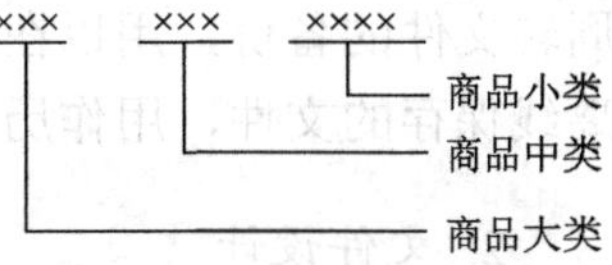

图 8-7 采购业务商品代码结构

表 8-4 超市商品类别代码

商品大类编号	商品大类名称	商品中类编号	商品中类名称	商品小类编号	商品小类名称
001	食品	001	粮油类	0001	大米
002	日用百货	002	副食品类	0002	面粉
003	文体办公	003	生鲜类	0003	酱油
004	五金家电	004	包装食品类	0004	啤酒
…	…	…	…	…	…

8.5 数据存储设计

在管理信息系统中，大量的数据以一定的形式存放在各种存储介质中，数据的组织方式以及内在联系的表示方法直接决定着数据处理的效率。

8.5.1 文件设计

管理信息系统基于文件系统或数据库系统，而文件是数据管理（即存储和维护数据）的基本方式。

1. 文件的分类

文件可以按不同特征进行分类。

（1）按文件的存储介质分类，可把文件分为卡片文件、磁盘文件和打印文件等。

（2）按文件的信息流向分类，可把文件分为输入文件、输出文件和输入输出文件。

（3）按文件的组织方式分类，可把文件分为顺序文件、索引文件和直接存取文件。

（4）按文件的用途分类，可把文件分为以下几种：

①主文件。是系统中最重要的共享文件，主要存放具有固定值属性的数据。为发挥主文件数据的作用，它必须准确、完整，及时更新。

②处理文件。又称事务文件，是用来存放事务数据的临时文件，包含了对主文件进行更新的全部数据。

③工作文件。是处理过程中暂时存放数据的文件。如排序过程中建立的排序文件等。

④周转文件。用来存放具有固定个体变动属性的数据。例如，工资子系统中的住户电费扣款文件。

⑤其他文件。在信息系统中，还有一些其他类型的文件。如后备文件、处理文件、

周转文件的备份，用以在数据遭到破坏时进行恢复；另外一些档案文件是对长期数据进离线保存的文件，用作历史资料，防止非法访问。

2. 文件设计

文件设计就是根据文件的使用要求、处理方式、存储量、数据的活动性以及硬件设备的条件等，合理地确定文件类别，选择文件介质，决定文件的组织方式和存取方法。

在具体设计文件之前，要先通过前期的调查结果，确定系统的数据处理方式、文件存储介质、计算机操作系统提供的文件组织方式、存取方式，以及对存取时间、处理时间的要求等。

文件由记录组成，所以设计文件主要是设计文件记录的格式，例如每一数据项的名称、类型、宽度和小数位数。记录设计中还应注明记录由哪个程序形成，又输出到哪个程序。文件设计还应考虑文件的管理问题。

文件设计通常从设计共享文件开始，这是因为共享文件与其他文件的关系密切，先设计共享文件，其他文件中与它相同的数据项目就可以用它作为基准，尽量求得一致。

8.5.2 数据库设计

数据库设计是在选定的数据库管理系统基础上建立数据库的过程。数据库设计除用户需求分析外，还包括概念结构设计、逻辑结构设计和物理结构设计等三个阶段。在管理信息系统开发过程中，数据库设计的几个步骤与系统开发的各个阶段相对应，如图 8-8 所示。

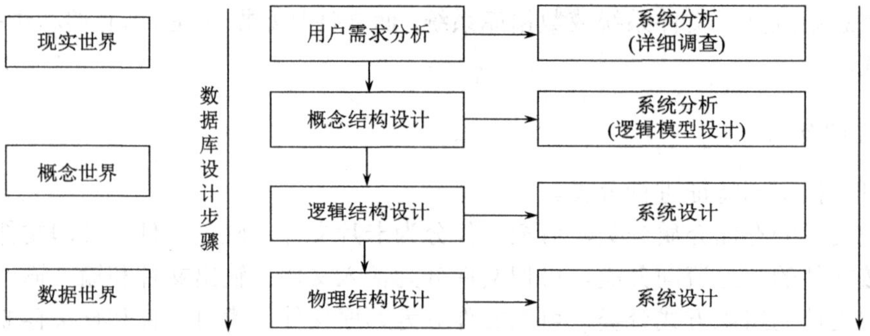

图 8-8　数据库设计与管理信息系统开发阶段对照

1. 用户需求分析

在系统需求分析阶段，首先要确认设计范围，在此基础上调查分析需求，处理信息需求并收集数据，最终建立需求说明文档。

信息需求是指用户需要从数据库中获得信息的内容与性质。由用户的信息需求可以导出数据要求，即在数据库中需要存储哪些数据。

2. 数据库的概念结构设计

概念结构设计应在系统分析阶段进行。将需求分析得到的用户需求抽象为信息结构（概念模型）的过程就是概念结构设计。概念结构是对现实世界的一种抽象，即对实际的人、物、事和概念进行人为处理，抽取人们关心的共同特性，忽略非本质细节的共同特性，忽略非本质的细节，并把这些特性用各种概念精确的加以描述。

概念结构设计阶段，需要确认实体及实体间的联系，给实体及联系加上必要的属性，做出系统的实体联系模型。

实体联系（entity-relationship）模型，简称 E-R 模型，又叫 E-R 图，它反映的是现实世界中的事物及其相互联系。E-R 图由三部分组成，即实体、属性和联系（一对一、一对多、多对多）。

（1）实体（entity）。客观世界中存在的并可以相互区分的事物或概念，称为实体。实体可以是具体的，如一个学生、一本书；也可以是抽象的事件，如一场足球比赛。实体集用矩形框表示，框内写上实体集名。

（2）属性（attribute）。实体所具有的某一特性在信息世界中称为属性。一个实体可以由若干个属性来刻画。例如，一个学生有姓名、性别、年龄等属性。实体的属性用圆或椭圆表示，其内写上属性名，并用无向边与其实体集相连。

（3）联系（relationship）。建立实体模型的一个重要任务就是要找出实体集之间的联系。实体集间的联系用菱形框表示，联系以适当含义命名，名字写在菱形框内，用无向连线将参加相应联系的实体矩形框分别与菱形相连，并在连线上标明联系的类型。常见的实体集联系有以下三种：

①一对一联系（1∶1）：如果 A 中的任一实体至多对应 B 中的一个实体，且 B 中的任一实体至多对应 A 中的一个实体，则称 A 与 B 是一对一联系。

例如电影院观众与座位实体集之间、乘车旅客与车票之间、病人与病床之间等都是一对一联系。

②一对多联系（1∶N）：如果 A 中至少有一个实体对应 B 中一个以上实体，且 B 中任一实体至多对应 A 中一个实体，则称 A 对 B 是一对多联系。

例如学校对系、班级对学生等都是一对多联系。

③多对多联系（M∶N）：如果 A 中至少有一个实体对应 B 中一个以上实体，且 B 中也至少有一个实体对应 A 中一个以上实体，则称 A 与 B 是多对多联系。

例如教师和学生的关系，一个教师可以给多名学生授课，一个学生可以学习多位教师的课程，因此教师和学生的关系是多对多关系。

概念结构设计的步骤如下：

（1）进行数据抽象，设计局部 E-R 模型，即设计用户视图。

（2）集成各个局部 E-R 模型，形成一个全局 E-R 模型，即视图的集成。在视图的集成中可能发现一些冲突，需要对视图做适当修改。

例如，在学生住宿费用管理系统中，学生每年要交纳的费用包括水费、电费。一个学生只能住在一个寝室，而一个寝室可以住多个学生，每个寝室有一个水表和电表。该系统的 E-R 图如图 8-9 所示。

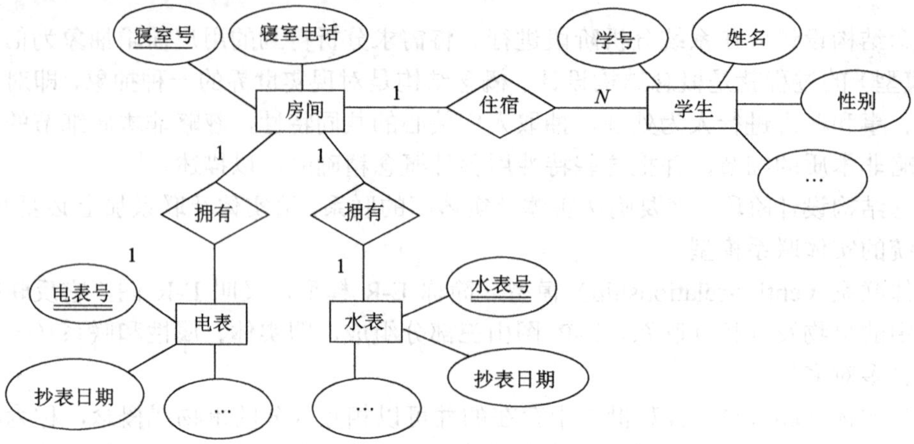

图 8-9　学生住宿费用管理系统 E-R 图

3. *数据库的逻辑结构设计*

逻辑结构设计是将概念结构设计阶段完成的概念模型转换成能被选定的数据库管理系统（DBMS）支持的数据模型，并按需要进行关系规范化，最终实现模式优化。

E-R 模型转换为关系模型的基本原则：

第一步，E-R 图中每个实体，都相应地转换为一个关系，该关系应包括对应实体的全部属性，并根据该关系确定出关键字（用下划线标出）。

上述学生住宿费用管理系统 E-R 图中的房间、学生实体可转换为如下关系模式：

房间（寝室号、寝室电话、水表号、电表号）

学生（学号、姓名、性别、年龄、系别、入学时间、寝室号）

第二步，对于 E-R 图中的联系，要根据联系方式的不同，采取不同手段以使被它联系的实体所对应的关系彼此实现某种联系。

（1）如果两实体间是 1∶*N* 联系，可以转换为一个独立的关系模式，也可以将“1”的关键字纳入“*N*”方实体对应的关系中作为外部关键字（用双下划线标出），同时把联系的属性也一并纳入“*N*”方的关系中。

上述学生住宿费用管理系统 E-R 图中的房间与学生两实体间的住宿关系为 1∶*N* 关系，可将其纳入学生实体关系，也可将其转换为如下关系模式：

住宿（住宿编号、学号、寝室号）

（2）如果两实体间是 *M*∶*N* 联系，则需对联系单独建立一个关系，用来联系双方实体，该关系的属性中至少要包括被它所联系的双方实体的关键字，如联系有属性，也要归入这个关系中。

（3）如果两实体间是 1∶1 联系，转换时只要再将其中一方的关键字纳入另一方，就能实现彼此的联系。

上述学生住宿费用管理系统 E-R 图中的房间、电表实体间的拥有关系为 1∶1 关系，将该关系中关键字寝室号和电表号分别纳入寝室和电表实体中，即可实现两者间的联系。

根据上述转换原则，上述学生住宿费用管理系统概念结构设计阶段得出的 E-R 图可转化为如下关系模式：

房间（寝室号、寝室电话、水表号、电表号）

学生（学号、姓名、性别、年龄、系别、入学时间、寝室号）

水表（水表号、抄表日期、水表基数、水表现数、单位价格）

电表（电表号、抄表日期、电表基数、电表现数、单位价格）

数据库的逻辑结构设计的结果不是唯一的。为了进一步提高数据库应用系统的性能，还应该适当地修改、调整数据模型的结构，对其进行优化。

4. 数据库的物理结构设计

数据库的物理结构设计是指为一个给定的逻辑模型选取一个最适合应用需求的物理结构。数据库的物理结构设计内容包括：选用库文件的组织形式、存储介质的分配和存取路径的选择等。

8.5.3　采购系统数据库设计示例

1. 采购业务的数据库概念模型设计

本阶段的设计任务是依据系统分析阶段的数据流程图，确定哪些实体是采购业务过程的实体，并且确定数据流程图中的每个存储是否可以单独作为一个实体，仔细分析实体间的联系属于哪一种类型，标记在 E-R 图上，详细情况见图 8-10。为简明起见，图中未画属性，但在下面有相关描述。

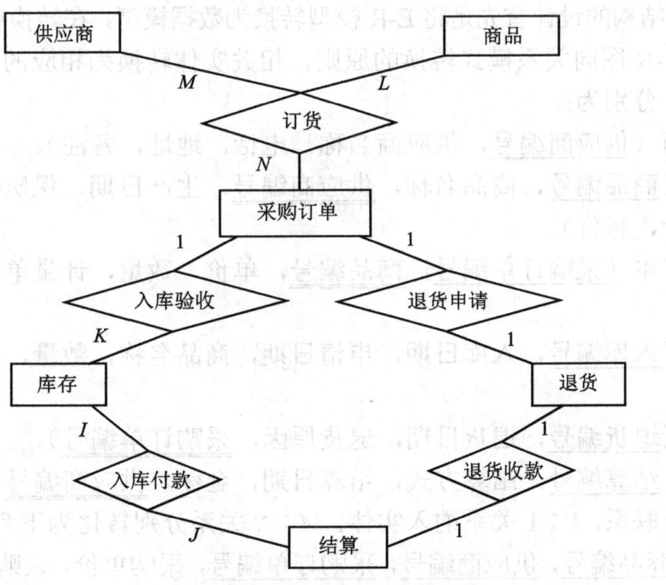

图 8-10　超市采购业务 E-R 图

在这里，采购业务中涉及的实体包括：

（1）供应商：属性有供应商编号、供应商名称、电话、地址、备注等；

（2）商品：属性有商品编号、商品名称、供应商编号、生产日期、保质期、规格、批号、计量单位、进价、售价等；

（3）采购订单：属性有采购订单编号、商品编号、单价、数量、计量单位、供货日期、供应商编号等；

（4）库存：属性有入库编号、入库日期、申请日期、商品名称、数量、入库金额、采购订单编号等；

（5）退货：属性有退货编号、退货日期、退货原因、采购订单编号等；

（6）结算：属性有结算编号、结算方式、结算日期、金额、供应商编号、采购订单编号等。

这些实体间的联系包括：

（1）订货：这是三个实体间的联系。在订货业务中，一种商品可以由多家供应商供应，产生多笔采购订单。反之，一个供应商可以供应多种商品，产生多笔合同，所以在图中用 $M:N:L$ 的结构来表示。订货联系的属性可以由商品编号、供应商编号、采购订单编号、数量、单价等描述。

（2）入库验收：一份采购订单中订购的商品可以分多次验收，所以是 $1:K$ 联系。

（3）退货申请：一份采购订单中的商品生成一份退货申请，所以是 $1:1$ 联系。

（4）入库付款：一次采购订单的付款可以分多次，一次付款也可以完成多个采购订单的结算，所以付款关系是 $I:J$ 联系。

（5）退货收款：一次退货的收款一次性完成，所以收款操作为 $1:1$ 联系。

2. *采购业务的数据库逻辑模型设计*

数据库逻辑结构的设计首先是将 E-R 模型转换为数据模型，在转换过程中遵循 8.5.2 节数据库设计中 E-R 图向关系模式转换的原则，相关实体转换为相应的关系模式，并确定其主键及外键，分别为：

（1）供应商（供应商编号，供应商名称，电话，地址，备注）。

（2）商品（商品编号，商品名称，供应商编号，生产日期，保质期，规格，批号，计量单位，进价，售价）。

（3）采购订单（采购订单编号，商品编号，单价，数量，计量单位，供货日期，供应商编号）。

（4）库存（入库编号，入库日期，申请日期，商品名称，数量，入库金额，采购订单编号）。

（5）退货（退货编号，退货日期，退货原因，采购订单编号）。

（6）结算（结算编号，结算方式，结算日期，金额，供应商编号，采购订单编号）。

此外的若干联系，$1:1$ 关系纳入实体，$M:N$ 关系分别转化为下列独立的关系模式：

（1）订货（商品编号，供应商编号，采购订单编号，采购单价，采购数量，计量单位）。

（2）入库付款（入库编号，结算编号，商品编号，采购单价，采购数量，计量单位）。

为了提高数据库应用系统的性能，还应该对刚刚得到的关系模式进行优化。通常，关系模式的优化以规范化理论为指导。

3. 采购业务的数据库物理结构设计

本阶段的工作是根据关系模型设计数据库的物理表。需要注意的是部分表单（如采购申请单是由其他部门制定），因此本部分不做设计。限于篇幅，这里仅对供应商信息表、商品信息表、采购订单表、库存表进行了数据库表的设计，详细内容见表 8-5～表 8-8。

表 8-5　供应商信息表

字段名	简称	数据类型	数据长度	说明
供应商编号	S-no	字符型	10	NOT NULL
供应商名称	S-name	字符型	20	
电话	Tel	字符型	12	
地址	Add	字符型	40	
备注	Memo	字符型	40	
…				

表 8-6　商品信息表

字段名	简称	数据类型	数据长度	说明
商品编号	Good-no	字符型	10	NOT NULL
商品名称	Good-name	字符型	20	
供应商编号	S-no	字符型	10	NOT NULL
生产日期	Pr-date	字符型	8	
…				

表 8-7　采购订单表

字段名	简称	数据类型	数据长度	说明
订单编号	Order-no	字符型	10	NOT NULL
商品编号	Good-no	字符型	10	NOT NULL
供应商编号	S-no	字符型	10	NOT NULL
单价	price	字符型	8	
数量	amount	字符型	6	
…				

表 8-8　库存表

字段名	简称	数据类型	数据长度	说明
入库编号	Rk-no	字符型	10	NOT NULL
商品编号	Good-no	字符型	10	NOT NULL
供应商编号	S-no	字符型	10	NOT NULL

续表

字段名	简称	数据类型	数据长度	说明
入库日期	Rk-date	日期型	8	
数量	amount	字符型	6	
…				

8.6　输入输出设计

输出是系统产生的结果或提供的信息。对于大多数用户来说，输出是系统开发目的和使用效果评价的标准。输出设计的目的正是为了正确、及时地反映和组成用于生产和服务部门的有用信息。因此，系统设计过程与实施过程相反，是从输出设计到输入设计，即先确定要得到哪些信息，再考虑为了得到这些信息，需要准备哪些原始资料作为输入。输出设计对输入设计提出了内容、格式等方面的要求。

8.6.1　输出设计

1. 输出设计的原则

数据处理的最终目的是使用户得到所需要的数据。因此，输出设计应遵循正确、有效、及时和用户友好的原则。

2. 输出设计的内容

首先，要确定用户在使用信息方面的需求：使用目的、输出速度、频率、数量、安全性要求、保管方法和复写份数等。

其次，要设计输出信息的内容，包括：信息的形式（表格、图形、文字）、输出的项目、数据结构、数据类型、位数及取值范围等。

最后，明确提供给用户的信息输出格式。输出格式要满足使用者的要求和习惯，达到格式清晰、美观、易于阅读和理解的要求。输出可以以表格信息、图形信息、图标和报表等方式。

常用输出设备及介质的用途与特点如表 8-9 所示。

表 8-9　输出设备及介质

输出设备	介质	用途与特点
打印机	打印纸	便于保存，费用低廉
卡片/纸带输出机	卡片/纸带	可代替其他系统输入之用
磁带机	磁带	容量大，适于顺序存取
磁盘机	磁盘	容量大，存取更方便
显示终端	屏幕	响应灵活的人机对话
绘图仪	图纸	精度高，功能全
缩微胶卷输出机	缩微胶卷	体积小，易保存

3. 输出报告

输出报告应标出各常量、变量的详细信息，同时给出各种统计量及其计算公式、控制方法。设计输出报告时要注意以下几点：

（1）方便使用者。

（2）要考虑系统的硬件性能。

（3）尽量利用原系统的输出格式，确需修改，应与有关部门协商，征得用户同意。

（4）输出表格要考虑系统发展需要。例如，是否在输出表中留出位置，满足将来新增项目需要。

（5）输出的格式要根据硬件能力，并试制输出样品，经用户同意后才能正式使用。

保持输出内容和格式的统一性，可以提高系统的规范化程度和编程效率。对于同一内容的输出，在显示器、打印机、文本文件和数据库文件上都应具有一致的形式。

8.6.2　输入设计

输入数据的正确性直接影响处理结果的正确性，如果输入数据有误，即使计算和处理过程正确，也无法获得可靠的输出信息。同时，输入设计决定着人机交互的效率。

1. 输入设计的原则

输入设计包括数据规范和数据准备过程。提高效率和减少错误是两个最根本的原则：

（1）控制人工输入量。由于数据录入工作一般需要人的参与，数据输入速度与计算机处理比较起来相对缓慢，系统在大多数时间都处于等待状态，效率显著降低，增加系统的运行成本。因此，在输入设计中，应尽量控制人工输入数据总量。在实际输入数据时，只需输入基本数据，其他的数据可以通过计算由系统自动产生。

（2）减少输入延迟。输入数据的速度往往成为提高信息系统运行效率的瓶颈，为减少延迟，可以采用周转文件、批量输入等方式。

（3）早检验减少输入错误。输入设计中应采用多种输入校验方法和有效性验证技术，对输入数据的检验尽量接近原数据发生点，使错误能及时得到改正。

（4）少转换避免额外步骤。输入数据避免不必要的输入步骤，尽量用其处理所需形式记录，以免数据转换介质时发生错误。

（5）简化输入过程。输入设计在为用户提供纠错和输入校验的同时，保证输入过程简单易用。

2. 输入检验

在输入设计中，要设想其可能发生的输入数据错误，对其进行校验。

常见的输入错误有：

（1）数据本身错误。指由于原始数据填写错误等原因引起的输入数据错误。

（2）数据多余或不足。这是在数据收集过程中产生的差错。如数据单据、卡片等的遗漏或重复等原因引起的数据错误。

（3）数据的延误。虽然数据本身正确，例如内容和数据量正确，但是数据的处理时间超过了数据使用时间而导致数据失去应有的价值。因此，数据的收集与运行必须具有一定的缓冲时间，并事先确定对数据延误的处理对策。

常用的检验数据的方法有以下几种，可单独使用，也可组合使用：

（1）重复校验。这种方法将同一数据先后输入两次，然后由计算机程序自动予以对比校验。

（2）视觉校验。在输入的同时，由计算机打印或显示输入数据，然后与原始单据进行比较。视觉校验的查错率为75%～85%。

（3）检验位校验。

（4）控制总数校验。先用人工算出输入数据总数，然后由计算机程序累计输入总数，将两者对比校验。

（5）数据类型校验。这是指校验数据是数字型还是字符型，还可组合运用界限检查、逻辑检查等方法进行合理性校验。

（6）格式校验。检验数据记录各数据项的位数和位置是否符合预先设定的格式。例如，若规定学号最大位数是11位，那么第12位应为空，否则认为数据错位。

（7）逻辑校验。根据各种数据的逻辑性来检查有无矛盾。例如月份超过12出错。逻辑校验检查数值是否合乎业务上的要求，也称合理性校验。

（8）界限校验。检查某项输入数据的内容是否在规定范围之内，分范围校验、上限校验、下限校验三种。例如，某商品单价在50元以上、1000元以下，在此范围之外属错误。

（9）顺序校验。

（10）记录计数校验。这是通过记录的个数来检查数据的记录有无遗漏和重复。

（11）平衡校验。这是校验相关数据项之间是否平衡。例如，检查会计的借方与贷方、报表的小计与总计是否相符。

（12）对照校验。将输入的数据和基本文件的数据相核对，检查两者是否一致。

改正错误的方法有：

（1）原始数据错。发现原始数据有错时，应将原始单据送交填写单据的原单位修改，不应由键盘输入操作员或原始数据检查员等想当然地予以修改。

（2）机器自动检错。当由机器自动检错时，出错的恢复方法有以下几种：

① 待输入数据全部校验并改正后，再进行下一步处理。

② 舍弃出错数据，只处理正确的数据。适用于不需要太精确的输出数据，例如求百分比。

③ 只处理正确的数据，出错数据待修正后再进行同法处理。

④ 剔出出错数据，继续进行处理，出错数据留待下一运行周期一并处理。用于运行周期短而剔出的错误不致引起输出信息正确性显著下降的场合。

3. 原始单据的格式设计

输入数据的记录格式既要便于操作人员录入，又要便于填表人员、现场工作人员填写。这种记录格式总体上分为：

（1）预先印刷的部分；

（2）插入数据的空格。

4. 输入屏幕设计

在系统的输出、输入以及加工处理等操作中，用户不是一直被动等待，有时候需要用户进行干预和选择，因此人机对话及其设计是不可缺少的。

人机对话一般是通过键盘、屏幕、鼠标来实现。

8.6.3 采购业务的输入输出设计示例

某超市采购业务中涉及采购申请单、采购订单、采购退货单、采购入库单、采购入库付款申请单等较多内容，此处仅以采购订单为例进行设计。按照上文中输入输出设计的基本要求完成相关单据的界面设计，具体如图 8-11 所示。

采购订单	日期：20××-10-11	编号：P0-20××-10-11
供应商	结算方式	运输方式
合同号	到货时间	到货地点
联系人	联系电话	传真
单位地址		

商品编码	商品名称	规格	单位	数量	单价	…

图 8-11　采购订单界面设计图

8.7　处理流程设计

模块功能与处理过程设计是系统设计的最后一步，是下一步编程实现系统的基础。前面我们已经对系统的总体结构、编码方式、数据库结构以及输入输出形式进行了设计，一旦这些确定之后，就可以具体地考虑与程序编写有关的问题了，这就是详细设计，即设计出所有模块和它们之间的相互关系（即联结方式），并具体地设计出每个模块内部的功能和处理过程，为程序员提供详细的技术资料。

信息系统流程图描述了系统中各个功能模块以及各个功能模块之间的数据交流关系。信息系统的处理流程图是信息系统流程图的展开和具体化，所以其内容更为详细。在信息系统流程图中，只是给出了每一处理功能的名称，而在处理流程图中，则需要使用各种符号具体地规定处理过程的每一步骤。

系统中每一个功能模块都可以作为一个独立子系统分别进行设计。由于每个处理功能都有自己的输入和输出，对处理功能的设计过程也应从输出开始，进而进行输入、数据文件的设计，并画出较详细的处理流程图。例如，工资计算中的扣款处理流程如图 8-12 所示。

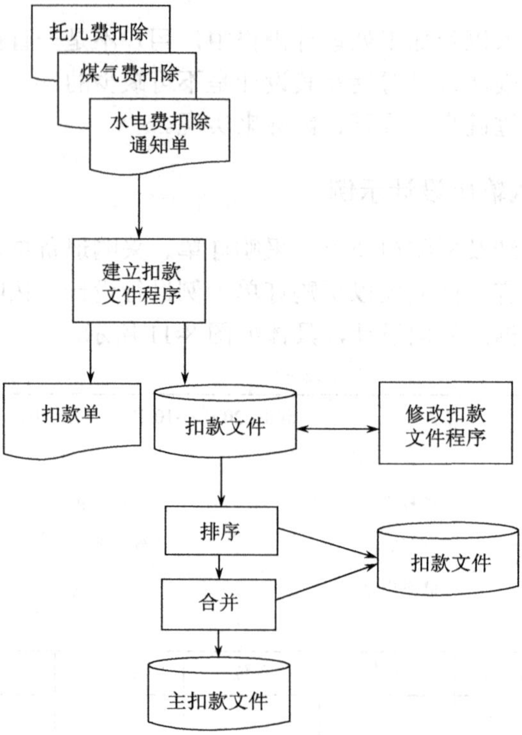

图 8-12　工资计算中的扣款处理流程图

8.8　程序设计说明书与系统设计报告

系统设计阶段的最后一项工作是编写程序设计说明书及系统设计报告。二者既是系统设计阶段的工作成果，也是下一阶段系统实施的重要依据。

8.8.1　程序设计说明书

程序设计说明书是以每个处理过程作为单位，定义处理过程的书面文件。这种说明书由系统设计员编写，交给程序员使用。程序员根据说明书指示内容进行程序设计。而在采用原型法进行系统开发时，这个工作是由用户为主来完成的。

程序设计说明书应当包括以下内容：

（1）程序名；

（2）所属系统及子系统名；

（3）程序的功能；

（4）程序的输入输出数据关系图；

（5）输入文件和输出文件的格式；

（6）程序处理说明（包括计算公式、决策表以及控制方法等）。

8.8.2　系统设计报告

系统设计工作结束后，要提交系统设计报告，其内容包括：

（1）系统总体设计方案。包括总体结构图、子系统结构图、计算机流程图等。

（2）系统设备配置图。包括系统设备配置，主要是计算机系统图，设备在各生产岗位的分布图，主机、网络和终端连接图等。

（3）代码设计方案。包括代码分类方案、编码和校对方式。

（4）数据库结构图。包括数据库的结构（主要指表与表之间的结构）、内部结构（字段、域）、数据字典等。

（5）输入和输出设计方案。

（6）程序模块说明书。

（7）系统详细设计方案说明书。

一旦系统设计被审查批准，整个系统开发工作便进入系统实施阶段。

从系统调查、系统分析到系统设计是信息系统开发的主要工作，这三个阶段的工作量几乎占到了总开发工作量的 70%。这三个阶段所用的工作图表较多，涉及面广，较为复杂。

第9章 系统实施

9.1 系统实施的任务

9.1.1 系统实施的任务及工作内容

系统实施阶段能够开展工作的前提条件是，上一个阶段即系统设计阶段的标志性成果——系统设计说明书，获得信息系统委员会的审核批准。该阶段也即新系统从理论分析、设计到付诸实现的实践阶段。如果把之前的系统分析、系统设计通俗地看作解决“做什么”“怎么做”的问题，那么本章的系统实施可以看成是解决“做出来”，甚至“做得好”的问题。

系统实施的主要任务是将新系统的物理模型转换为可实际运行的物理系统。为了完成这项任务，需要开展的具体工作内容包括：设备购置安装，软硬件环境调试；基础数据的收集与录入；程序设计与调试；人员培训；系统调试与验收；系统运行准备；系统转换；撰写系统实施报告等。

9.1.2 系统实施成功的主要因素

系统实施是一项十分复杂的系统工程，许多因素都会影响系统实施的进程和质量。我们可以将这些因素大体分成两类，即管理因素和技术因素。

1. 管理因素

系统实施涉及开发人员、测试人员、各级管理人员，涉及大量的物资、设备和资金，涉及各个部门及其应用环境，执行过程中具体情况十分复杂，如果没有强有力的管理措施，系统实施工作就无法顺利进行。

实施管理的第一步就是建立一个企业主要领导干部挂帅的领导班子。这个领导班子必须具有较大的权力，能够调动各种人、财、物资源。领导班子的成员主要有企业主要领导人、主要部门负责人、开发单位负责人及开发项目负责人。

各部门应积极协同开发人员的工作，主动理解和应用系统。同时，人员培训是系统实施中的一项重要工作，培训质量的好坏直接关系到系统未来的效益，企业应该加以重视。

2. 技术因素

影响系统实施工作的技术因素主要包括三个方面：

（1）数据整理与规范化。管理信息系统的成功实施，依赖于企业准确、全面、规范化的基础数据。系统的硬件、软件是可以花钱买到的，但是企业的基础数据只有靠企业自己去整理和规范化。没有高质量的基础数据输入，就没有高质量的信息输出。

（2）软硬件及网络环境的建设。建设管理信息系统的软硬件和网络环境是一项技术性高、工作量大的任务。软硬件及网络环境是管理信息系统运行的平台，因此，要做好相应建设工作。

（3）开发技术的选择和使用。系统实施的主要任务就是编写系统的应用程序。根据系统的设计文档，如何快速开发管理信息系统，实现其预定的功能和性能，并且有可扩展性和易维护性，符合开放系统的标准是系统实施面临的主要问题。

系统实施是一项涉及面广、占时长、耗费资源多的工作，而且涉及管理体制、管理方法和工作流程的变革，所以必须加强组织领导，统筹安排，周密计划，及时协调。注意事项如下：①应成立实施领导小组；②由用户单位最高层领导担任组长；③合理安排实施计划；④加强验收。

9.2 物理系统实施

物理系统的实施是计算机系统和通信网络系统设备的订购、机房的准备和设备的安装调试等一系列活动。

计算机系统的实施主要就是在满足计算机环境要求条件下，遵循计算机购置的基本原则，确定合适的计算机及其系统等工作。计算机的环境要求一般包括：机房要安装双层玻璃门窗，并且要求无尘；硬件通过电缆线连接至电源，防止静电感应；防止由于突然停电造成的事故发生，应安装备用电源设备，如功率足够的不间断电源（UPS）等。

计算机购置的基本原则包括：能够满足管理信息系统的设计和运行的基本要求；合理的性价比；良好的可扩充性；良好的技术支持等。

通信网络系统的实施主要是确定使用的网络类型、网络的拓扑结构、网络通信时的通信介质和通信设备等。常用的通信介质有双绞线、光纤、微波通信等；常用的通信设备有路由器、交换机、网桥、中继器等。

9.3 程序设计

程序设计又称编码，是系统实施阶段中最重要，也是难度最大的环节。这个环节的任务是使用选定的程序设计语言，把经过概要设计和详细设计所得到的、以程序设计说明书体现的信息处理过程描述后，转换成能在计算机系统上运行的程序源代码，又称源程序。

9.3.1 程序设计的目标

随着计算机产业的发展，硬件的价格不断下降，而软件则越来越复杂，费用呈上升趋势。因此，对程序设计的要求也相应地发生了变化。小型程序设计强调程序的正确性和效率；而大型程序设计则首先考虑程序的可维护性、可靠性和可理解性，然后才是效率。

1. 可维护性

信息系统的需求是不断变化的，系统分析阶段分析和确定了组织目前的信息需求，以及估计了未来一段时期内的信息需求。但是未来系统信息需求会随着环境的变化而变化，相应地，系统功能必须不断地完善和调整。因此，在系统实施过程中，要不断地对程序进行补充或修改，进行系统维护和数据管理。另外，计算机软硬件的更新换代也促使应用软件和应用程序做相应的升级。

管理信息系统的寿命一般是 3～10 年，软件系统和程序的维护工作量相当大。一个不易于维护的软件系统或程序，用不了多久就会因为不能满足应用需要而被淘汰，因此，可维护性是对程序设计工作的一种重要的要求。

2. 可靠性

程序应具有较好的容错能力，不仅正常情况下能正确工作，而且在意外情况下应便于处理，不致产生意外的操作，从而造成严重损失。

3. 可理解性

程序不仅要求逻辑正确、计算机能够执行，而且应当层次清楚、可读性好。这是因为程序的维护工作量很大，程序维护人员经常要维护他人编写的程序，一个不易理解的程序将会给程序维护工作带来困难。因此，有必要在程序中加入简明扼要的程序功能与变量说明。

4. 效率

此处所讨论的效率有两种：程序效率和人工效率。程序效率是指程序能否有效地利用计算机资源。由于硬件的性价比不断提高，程序效率（即软件效率）已在很大程度上由计算机硬件性能及效率来实现。相反，程序设计人员的工作效率则显得更为重要，因为人工成本相对提高。改进人工效率不仅能降低软件开发成本，而且可明显降低程序的出错率，进而减轻维护人员的工作负担。程序效率与可维护性、可理解性通常是矛盾的。在实际编程过程中，宁可占用更多的系统资源来尽量提高系统的可理解性和可维护性。片面地追求程序的运行效率反而不利于程序设计质量的全面提高。应充分利用各种软件开发工具，如 MIS 生成器等来提高程序设计效率。

9.3.2　程序设计语言的选择

常用的程序设计语言有 Java、PHP、Perl、Python、C#、JavaScript、Delphi 等。后台数据库多使用 Oracle、DB2、SQL Server、MySQL 等。

合理的程序设计语言选择可以帮助管理信息系统软件开发商降低软件开发的成本。如何合理地选择程序设计语言，是必须慎重思考的重要问题。

1. 考虑整体架构

进行管理信息系统开发时，程序员需要做的第一步即是对项目的整体架构进行充分考虑，此后根据项目的整体架构决定选用何种语言进行程序设计。以网络架构为例，通常认为 C/S 模式下常用 C、C#、C++、Java、Python 等语言开发，同时带来的问题可能有：开发成本较高、移植困难、不利于推广使用、维护复杂、升级烦琐、仅适合内部系统的搭建；B/S 模式下常用 HTML、PHP、JavaScript、ASP 等语言开发，其相对优势是简单、易维护、保护企业投资、对客户端硬件要求低、信息资源共享程度高、易拓展等。当然，上面对设计语言的列举绝不是一成不变的，有些语言能适用于不同架构。

现实的管理信息系统开发中，并不限定必须用同一种语言对整个项目进行编程，而是要根据项目各个部分的功能灵活选择最合适的语言。此外，对项目进行整体架构考虑时需要对项目组件的分解和连接进行充分考虑，因为不同语言的选择与其有直接并且紧密的联系。

2. 选择熟悉的语言

对于管理信息系统开发来说，时间紧、任务重是所有程序员的工作特点。节省时间对于程序员开发软件来说意义重大，因此，必须在不影响软件质量的条件下尽量选择熟悉的语言。因为熟悉的语言对程序员以及开发团队来说可以更准确地预测软件完工时间，并且程序设计出现问题时也可节省调试时间。

3. 考虑硬件环境

硬件环境是软件开发的基础，适应硬件环境是所有软件编程的目标，当硬件环境受限时会大大影响程序设计语言的开发效果。因此，硬件环境是管理信息系统开发过程中合理选择程序设计语言需要考虑的另一个重要因素。此外，硬件设备存在更新问题，会导致软件不匹配，产生严重问题。因此，在进行程序开发之前要全面考虑硬件环境问题，合理选择适应硬件环境的程序设计语言，以保证程序可以应对硬件环境更新后的快速调整，实现程序的长时间良好运行。

4. 考虑支持平台

不同的支持平台决定着程序设计语言的差异。平台是程序设计的大环境，类似于必须适应硬件环境，所有程序设计也必须适应平台。

对于程序员而言，熟练掌握每种程序设计语言的优点、缺点、适用范围是必不可少的技能。同时，合理选择程序设计语言可以使软件开发工作顺利开展，事半功倍。

9.3.3 程序设计方法

应用软件的编程工作量大，而且要经常维护、修改。应该遵循正确的规律，利用工程化的方法进行软件开发。通常进行自顶向下的模块化设计，采用结构化程序设计方法，并且严格遵守结构化程序设计的各项原则。

1. 自顶向下的模块化设计（top-down）

系统分析和设计阶段都使用了自顶向下的方法。每个系统都分解成相应的功能模块，形成层次结构。底层的模块一般规模较小，功能较简单，完成系统某一方面的处理功能。在系统设计中使用自顶向下方法的目的在于，一开始能从总体上理解和把握整个系统，而后对于组成系统的各功能模块逐步求精，从而使整个程序保持良好的结构，提高软件开发的效率。

在模块化程序设计中应注意：

（1）模块应相互独立，减少模块间的耦合，即信息交互，以便于将模块作为一个独立子系统。

（2）模块大小和模块中包含的子模块数要合适，既便于模块的单独开发，又便于系统重构。

（3）模块功能要简单，底层模块一般应完成一项独立的处理任务。

（4）供底层各模块共享的处理功能应集中在一个上层模块中。

2. 结构化程序设计方法（structured programming）

自顶向下的模块化方法描述了大程序设计的原则，在具体编程中，则应采用结构化程序设计方法。这种方法起源于 20 世纪 70 年代，有助于解决由程序中的不同过程的控制和数据传输引起的波动效应问题：某程序中的第一个错误会在程序的其他部分引发第二个错误，第二个错误又会引发第三个错误，依此类推。结构化程序设计采用以下三种基本逻辑结构来控制不同的处理过程：顺序结构、循环结构和选择结构。

（1）顺序结构：是一种线性有序的结构，由一系列依次执行的语句或模块构成。

（2）循环结构：是由一个或几个模块构成，程序运行时重复执行，直到满足某一条件为止。

（3）选择结构：是根据条件成立与否选择程序执行路径的结构。

3. 结构化程序设计的原则

（1）使用语言中的顺序、选择、重复等有限的基本控制结构表示程序逻辑。

（2）选用的控制结构只准许有一个入口和一个出口。

（3）程序语句组成容易识别的块（block），每块只有一个入口和一个出口。

（4）复杂结构应该用基本控制结构进行组合嵌套来实现。

（5）语言中没有的控制结构，可用一段等价的程序段模拟，但要求该程序段在整个系统中应前后一致。

（6）严格控制 GOTO 语句，仅在可以改善而不是损害程序可读性的情况下偶尔使用。例如，在查找结束时、文件访问结束时、出现错误情况要从循环中转出时。

20 世纪 70 年代后期，一种称为结构化预排（structured walkthrough）的组织策略为程序设计人员提供了仔细审核工作的机会。采用这种方法和策略，许多错误在系统分析和系统设计阶段就会被发现，预排参与者提出的意见是中肯的而非责难的，可以改进工作质量，加快系统开发进度。

9.4 软件开发工具

过去，应用程序由专业计算机人员逐行编写，不仅周期长、效率低、质量差，而且重复劳动多、不易修改。软件开发工具可以在一定程度上解决这些问题。

9.4.1 电子表格软件

Lotus 1-2-3 电子表格软件包有一个规模较大的电子工作表（256 列×2048 行）。

用户可以通过键盘在屏幕上填写表中数据，存入数据库，然后按图形方式显示或打印出来。由于这种软件可以灵活地将其他类型的数据文件转换成工作表文件，所以使用比较方便。此外，Lotus 1-2-3 还设定了许多统计和财会中常用的函数和模型，因而便于管理信息系统和决策支持系统的开发。

9.4.2 数据库软件

现在，数据库管理系统已不只是局限于数据管理，而且具有相当强的软件生成功能。例如，在 Oracle 数据库管理系统中：

利用 SQL*FORMS 可通过选择一些菜单和相应的功能键方便地进行对库操作；

SQL*PLUS 的触发器为保证数据的完整性、一致性和合法性提供必要的检验手段；

SQL*REPORT 为报表输出提供方便；

SQL*GRAPH 为图形生成提供方便。

以上这些 Oracle 软件工具配合起来使用，可以形成一个综合的应用软件开发环境。

9.4.3 套装软件

套装软件是将流行的若干软件集成起来形成的软件。例如：

Office 将八种以上的软件融合在一起：WORD（文字处理软件）、EXCEL（电子表格软件）、Power Point（幻灯片演示软件）……

这套软件可同时运用字处理、表格设计、数据库等功能，其中 EXCEL 还具备一定规模的生成模型的函数。

9.4.4 可视化软件

很多年前流行的 Visual BASIC 就结合了面向对象技术，提供了一个运用对象的编程环境。它提供给用户一种可以跨越多个软件平台（如电子表格软件、某些关系数据库、字处理软件、绘图软件）的通用语言。如今升级后的 VB6 以及继承 VB6 特色的 VB.net + WinForm，还有 Python+Qt creator，都是功能足够强大而且国内相对比较流行的可视化开发工具。

软件开发人员只要掌握一种核心的语言，就可方便地与其他软件联结，而且看到的是相同的用户界面。

9.4.5 计算机辅助软件工程

计算机辅助软件工程（CASE）集成了多种工具，能够实现计算机辅助编程、支持系统分析和系统设计（如生成数据流程图，生成功能结构图和各种文档资料等），为系统提供了全过程的开发环境。

9.5 系统测试

测试（testing）是通过一些典型的数据运行检验系统在各种情况下的正确性的过程。系统测试，尤其是自行开发的系统的测试，是系统开发过程中耗费时间最多的环节，其目的是发现系统中可能存在的错误并及时予以纠正。

9.5.1 测试的原则和主要内容

1. 测试的原则

系统测试的主要目的是查找系统存在的错误。基本原则如下：

（1）原开发人员或小组应回避测试工作。

（2）正确设计测试用例。设计测试用例不仅要包括合理、有效的输入数据，还要包括无效的和不合理的输入数据。

（3）不仅要检验程序是否能够实现所有预计功能，还要检验程序是否做了不该做的事。

（4）保存测试用例，使测试具有可重复性，有利于重新测试和追加测试。

2. 测试的主要内容

（1）程序测试。检验程序的正确性可以用理论法和实验法来验证。理论法是利用程序证明等数学方法证明程序的正确性，但目前尚处于研究之中，近期内不能达到实用阶段。检验程序更普遍地采用实验法。程序只有经过测试和经过一段时间试用，才能认为基本正确和能够稳定地运行。

①代码测试：测试数据用来考验程序逻辑正确性。测试数据是经过精心挑选的，使程序和模块中的每一条语句都能得到执行，即能够测试程序中的任一逻辑通路。常用的测试数据有以下几种：

Ⅰ. 正常数据

Ⅱ. 异常数据

例如用空数据文件参加测试，检查程序能否正常运行。

Ⅲ. 错误数据

试验程序对错误的处理能力，包括显示出错信息以及容许修改错误的可能性。具体检查内容有：

对于输入错误的键号，包括不应有的键号，系统应能够检出，并进行修改。

对于输入错误的数据，包括不合理的数据，系统应能够检出，并进行修改。

发生操作错误，包括磁盘错误、操作步骤或方法错误时，系统应及时检出并发出警告。

②程序功能测试：代码测试基本上验证了程序逻辑上的正确性，但并不能验证程序是否满足程序说明中定义的功能，也不能验证测试数据本身是否完备。程序功能测试的目的是发现程序的错误。程序功能测试还要经过模拟数据和实际数据两方面的测试。

（2）子系统分调。系统的应用软件由多个功能模块组成，每个模块由一个或几个子程序构成。单个程序模块测试完成后，还要进行子系统和系统测试。子系统测试的目的是要保证模块内各程序间具有正确的控制关系，同时可以测试模块的运行效率。

（3）系统总调。将所开发的系统放在模拟的产品环境中，其目标是保证系统与网络、数据库、硬件和公司的任何其他平台和环境因素相协调，保证整个系统运行是一致的，并且使应用程序能满足用户要求的灵活性。

①主控程序和调度程序测试：这部分程序虽然语句不多，但逻辑控制关系复杂。调试时，将所有控制程序与各功能模块的接口“短路”，即用直接送出预先安排计算结果的联系程序替代原功能模块。调试目的是验证控制接口和参数传递的正确性，以及发现并解决资源调度中的问题。

②程序的总调：功能模块和控制程序调试完成后，即可进行整个系统程序的总调。也就是将主控制和调度程序与各功能模块联结起来进行总体调试。对系统各种可能的使用形态及其组合在软件中的流通情况进行可行性测试。

这一阶段查出的往往是模块间相互关系方面的错误和缺陷。

（4）特殊测试。除了上述常规测试之外，还有一些必要的性能测试，这些测试往往不是针对程序在正常情况下运行得正确与否，而是根据系统需求选择进行的，主要有：

①峰值负载测试、容量测试、响应时间测试、恢复能力测试等。

②严格核对计算机处理和人工处理的两种结果。

③实况测试。

（5）认可测试。认可测试贯穿于测试的各个阶段，以确定终端用户是否认可该系统的设计和功能。

9.5.2 测试的常用方法

测试产品一般有两种方法。如果知道产品内部工作过程，通过测试可以检验产品的内部结构和处理过程是否符合规定，这种方法称为白盒测试。如果知道产品应具有的功能，通过测试可以检验产品的各项功能能否正常使用，这种方法称为黑盒测试。

1. 白盒测试

白盒测试（white-box testing）把测试对象看成一个打开的盒子，测试人员需要了解程序的内部结构和处理过程，以检查处理过程的细节为基础，对程序中尽可能多的逻辑结构进行测试，通过分析程序的内部结构和逻辑结构设计测试用例，检验内部控制结构和数据结构是否有错，以及实际的运行状态与预期的是否一致。最常用的白盒测试用例的设计方法是逻辑覆盖法。逻辑覆盖法是以程序内部的逻辑结构为基础的测试技术，是通过程序执行测试数据反映数据对其内部逻辑结构的覆盖程度，覆盖程度越高越好。根据覆盖情况的不同，逻辑覆盖可以分为语句覆盖、条件覆盖、判断覆盖、判断/条件覆盖、条件组合覆盖、路径覆盖。不同的逻辑覆盖技术需要的测试用例不同，越严格的测试需要的测试用例越多，在实际应用中要注意权衡。

2. 黑盒测试

黑盒测试（black-box testing）把测试对象看成一个黑盒子，测试人员无需考虑程序的内部结构和处理过程，只在程序的接口处进行测试，根据软件需求规格说明书检验程序是否满足功能要求，又称为功能测试或数据驱动测试。黑盒测试用例的设计要针对系统功能，常用的设计方法有等价类划分、边界值分析等。

等价类划分是按照程序的说明把程序的输入数据划分成若干个等价类，每一个等价类对于输入条件可以分为有效输入和无效输入两种，可以对每一个有效的或无效的等价类设计测试用例。如果用某个等价类的一组测试数据进行测试时不产生错误，则表明对于该类的其他数据也不会出错；反之，则肯定出错。因而，测试时只需要从每个等价类中任取一种输入数据进行测试即可。

边界值分析是等价类划分的一种补充。通常，程序在处理边界时容易发生错误，而等价类划分技术是在某一等价类中任取一组数据作为测试数据，不一定代表边界状态。因此，在测试过程中以等于、小于以及大于边界值的数据作为测试数据，容易发现程序中的错误。例如，某模块的有效值是1～12之间的整数，则可以取–1、0、1、12、13作为测试数据。

3. 测试策略

不同测试方案的设计方法各有所长，用某种方法设计出的测试方案可能最容易测试出某种类型的错误，但却可能无法测试出其他类型的错误。可以利用每种方法设计出有用的测试方案，但没有一种方法能够设计出全部测试方案。

因此，在对系统进行测试时应该组合使用各种设计测试方案的方法，形成一套综合策略。通常的做法是：用黑盒测试设计基本的测试方案，再用白盒测试补充一些必要的测试方案。

在设计测试方案时，可以综合运用逻辑覆盖、等价类划分和边界值分析等方法，使测试用例既能够测试设计的内部要求，又能够测试设计的接口要求。一般可以根据具体情况用等价类划分补充测试方案，必要时再用其他方法（如错误推测法等）补充测试方案，并对照程序逻辑，检查已经设计的测试方案。可以根据对程序可靠性的要求采用不同的逻辑覆盖标准，如果现有测试方案未达到规定的逻辑覆盖标准，则应该再补充测试方案。

在对大型系统进行测试时，一般不做全面的测试，而是采用抽样测试或重点测试的方法，有针对性地选择具有代表性的测试用例，或者将测试重点放在容易出错的位置及重要模块，以减少测试费用，提高测试效率。

9.5.3 测试的主要步骤

1. 单元测试

单元测试也称为模块测试或程序测试，目的是检查各个模块是否正确实现了规定的功能，发现模块在编码或算法方面存在的错误，保证每个模块作为一个单元能够独立运行。单元测试集中于单个模块的功能和结构检验，主要包括模块接口、局部数据结构、重要的执行路径、错误处理和边界等测试。

2. 组装测试

组装测试也称为组合测试或综合测试。在对每个模块进行单元测试后，需要按照系统设计时给出的功能结构图把各模块连接起来，进行组装测试。

3. 确认测试

经过组装测试，软件已装配完毕，接下来进行的确认测试和集成测试是以整个软件作为测试对象，并且采用黑盒测试方法。

确认测试要进一步检验软件是否符合软件需求规格说明书的全部要求，因此又称为合格测试或验收测试。

4. 集成测试

经过确认测试，软件已测试完毕。而软件只是信息系统的一个组成部分，还要与系统中的其他部分配套运行。集成测试是将信息系统的所有组成部分，包括软件、硬件、用户以及环境等，综合在一起进行测试，以保证系统各组成部分协调运行。集成测试要在系统的实际运行环境及用户的直接参与下进行。

系统测试完成后，应编写操作说明书，完成程序框图和打印源程序清单。

9.6 系统切换

系统切换是指由手工处理系统或者原管理信息系统向新的管理信息系统转换的过程。

9.6.1　系统切换内容

（1）新系统和原系统的切换；

（2）把原系统的文件转换成新系统的文件；

（3）数据的整理和录入；

（4）人员、设备、组织结构的改造和调整；

（5）有关资料档案的建立和移交。

9.6.2　系统切换方式

管理信息系统的切换可细化为四种方式。

（1）直接切换方式：是在某一确定的时刻，原系统停止运行，新系统投入运行。例如列车运行时间表或航空公司的飞行时间表的切换。这种切换方式要求系统要具有很好的可靠性，新系统一般要经过较严格的测试和模拟运行。

（2）平行切换方式：也叫并行切换。这种转换方式要经过两个阶段：第一阶段，新系统试验运行，同时原系统继续运行，利用原系统对新系统进行检验；第二阶段，当新系统可以稳定运行时，原系统停止运行或各子系统逐步停止运行。并行处理时间视系统实施效果而定，短则几个月，长则半年至一年。系统切换工作是平稳过渡的。

（3）试运行切换法：这种方法实质上是前面两种方法的综合。

（4）试点过渡方式：先选用新系统的某一子系统代替和实现原系统中相应的功能，以作为试点。待取得成功后，再逐步推广到更多的子系统，最后取代原系统。

9.6.3　注意事项

（1）新系统的投运需要大量的基础数据，这些数据的整理与录入工作量很大，应尽早准备、尽快完成。

（2）系统切换不仅仅是机器的转换、程序的转换，更难的是人工的转换，应提前做好人员的培训工作。

（3）系统运行时会出现一些局部性的问题，这是正常现象。系统工作人员对此应有足够的准备，并做好记录。系统只出现局部性问题，说明系统是成功的；反之，如果出现致命的问题，则说明系统设计质量不好，整个系统甚至要重新设计开发。

9.7　系统评价和验收

9.7.1　系统评价

信息系统运行一段时间后，就要对其技术性能及经济效益等方面进行评价。

1. 评价的目的

目的是检查系统是否达到了预期的目标，指出系统的长处与不足，为以后的改进与扩展提出意见。

2. 评价的方法

一般都采用多指标评价体系的方法。先提出信息系统的若干评价指标，然后对各指标评出表示系统优劣程度的值，最后用加权等方法将各指标组合成一个综合指标。

3. 信息系统评价的人员组成

由系统开发人员、系统管理与维护人员、系统用户、用户单位领导、系统外专家等共同组成。

4. 评价的方式

一般为鉴定或评审。

5. 评价的内容

主要从技术与经济两方面进行。

（1）技术上的评价内容主要是系统性能。具体内容包括：

①信息系统的总体水平；

②系统功能的范围与层次；

③信息资源开发与利用的范围与深度；

④系统的质量；

⑤系统的安全与保密性；

⑥系统文档的完备性。

（2）经济上的评价主要是系统的效果与效益。包括直接与间接两方面。

①直接的评价内容：

Ⅰ. 系统的投资额

Ⅱ. 系统运行费用

Ⅲ. 系统运行所带来的新增效益

Ⅳ. 投资回收期

②间接的评价内容：

Ⅰ. 对企业形象的改观、员工素质的提高所起的作用

Ⅱ. 对企业的体制与组织机构的改革、管理流程的优化所起的作用

Ⅲ. 对企业各部门间、人员间协作精神的加强所起的作用

6. 评价的结论

系统评价的结论会详细反映在系统评价报告中。系统评价报告是根据系统可行性分析报告、系统分析报告以及系统设计报告中所确定的系统目标、功能、性能、计划执行情况、新系统使用后的效益等进行评价，它不仅是对新系统开发工作的总结，也是进行系统维护工作的依据。图9-1为系统评价报告的简要提纲示例。

系统评价报告

1 系统概述

1.1 系统目标

1.2 项目背景

2 系统功能评价

2.1 系统构成

2.2 系统使用效果

3 系统性能评价

3.1 系统资源利用率

3.2 系统可靠性

3.3 系统可维护性

4 系统经济效益评价

4.1 系统直接经济效益

4.2 系统间接经济效益

5 总结

图 9-1　系统评价报告简要提纲示例

9.7.2　系统验收

管理信息系统项目验收通常包括系统质量验收（产品质量、服务质量等）和文档资料验收。

1. 系统质量

美国质量管理协会对质量的定义是："过程、产品和服务满足明确或者隐含的需求能力的特征。"这里需要特别指出的是，管理信息系统项目的质量与等级不能混为一谈。等级是对具有相同功能的实体按照不同技术特征进行分类或分级；质量侧重于描述产品满足给定需求的属性的总体特征。管理信息系统可以质量很好（操作简便、运行稳定）而等级偏低（功能特征有限）或者质量偏低（大量代码错误、文档缺失）而等级很高（具有许多功能特征）。

2. 系统文档

管理信息系统项目文档作为系统项目成果的重要组成部分，对于系统是必不可少的。管理信息系统项目文档的编制必须保证质量，质量差的文档不仅难以理解，给用户造成很多不便，而且会削弱开发方企业对项目的管理，增加项目成本，甚至造成更大的危害。高质量的项目文档应当体现针对性、精确性、清晰性、完整性和可追溯性。管理信息系统项目文档体系主要包括项目管理文档、项目变更文档、项目施工文档、技术类文档等内容。

3. 验收实施

（1）根据项目规划做好项目验收计划。由于管理信息系统项目建设的复杂性，企业一般采用阶段性验收的方式开展项目验收工作。要深入细致分析项目的总体目标、整体进度规划，然后再对总体目标进行阶段性分解，形成阶段性目标。在形成阶段性验收目标后，应对每一阶段验收的内容进行细化和量化，特别要明确从一个阶段进入下一阶段的条件，使各个阶段环环相扣。如果上一阶段验收没有通过，下一阶段的验收就无从谈起，更不可能实现项目的终验。由此可见，做好系统验收计划的重点在于划分好项目的阶段性验收时间点，明确各个项目阶段的目标、验收内容细则、验收标准及验收方法。

（2）制订合理有效的系统验收方案。系统验收方案指出了系统验收的内容和程序。系统验收方案因项目的规模、性质、特点的不同，其内容也不尽相同。一般来说，系统验收方案中应包含如下内容：项目的验收目的、验收原则、参考文档、验收范围、验收条件及依据、建设概况、验收工作程序。一般程序包括：确定验收时间和地点；确定参加验收的组织及人员，一般由项目建设单位、承建单位、监理单位分别派代表参加，当然也可包括其他项目干系人，如管理信息系统最终用户、该信息技术领域的专家等；检查验证系统自上线以来的试运行情况，看能否达到验收的条件；项目质量验收，全面彻底检查信息系统各项功能能否达到目标，是否符合最终用户需求，可用性、可靠性等关键性指标是否合格；对技术类和管理类文档进行审查、验收；对招标文件、投标文件、合同文件进行梳理，检查是否达到预期目标；对遗留问题进行梳理，如发现有暂时无法解决的问题，承建单位应与建设单位进行沟通，并提出解决方案及承诺；对系统服务及维护进行验收，检查是否达到招标文件、投标文件、合同文件中的要求；出具验收结论与意见。

（3）及时做好系统后评价。系统后评价是指对已完成的系统目标、执行过程、效益、作用和影响进行系统、客观的分析。通过系统后评价，可以确定项目预期的目标是否达到，项目决策、规划是否有效合理，项目的主要效益指标能否实现。通过分析评价总结经验教训，为提高新管理信息系统项目的决策水平和管理水平提供基础，增强项目实施人员的责任心和综合技能。

第 10 章　系统运行管理与维护

管理信息系统交付使用后，研制工作即告结束。但是信息系统不同于其他产品，它不是一劳永逸的最终产品。在它的运行过程中，还有大量日常运行管理、维护和评价的工作要做。本章讨论系统日常运行管理和维护。

10.1　日常运行管理

10.1.1　运行管理的概念和工作内容

国内外大量事实证明，没有科学的运行管理，管理信息系统不但不能有效地发挥作用，还会陷于混乱和崩溃。一般来说，信息系统的运行管理工作是对信息系统的运行进行控制，记录其运行状态，进行必要的修改与扩充，以便使信息系统真正符合管理决策的需要，为管理决策者服务。信息系统的运行管理工作主要包括对日常运行的管理、对运行情况的记录和对系统的运行情况进行检查与评价。

（1）信息系统投入运行使用后，日常的运行管理工作是相当繁重的。信息系统的管理不只是对机器的管理，更重要的是对人员、数据及软件的管理。那种认为系统投入使用后，只需有人管机器的想法是不对的。

（2）完成各项日常管理工作的同时，应该对系统的工作情况进行详细的记录。系统运行情况的记录对系统管理和评价而言是十分重要而宝贵的资料。主管人员应该从系统运行的一开始就注意积累系统运行情况的详细资料。系统运行情况分正常、不正常与无法运行等，由于记录工作较为烦琐复杂，为了避免流于形式，因此，一方面尽量在系统中设置自动记录功能，另一方面可对正常的情况不予记录，只对不正常情况和无法运行时所见的现象、发生的时间及可能的原因尽量详细地记录。这些信息对系统问题的分析与解决有重要的参考价值。

（3）信息系统运行过程中还要定期对系统的运行情况进行审核与评价。其中，不仅要对系统当前的性能进行总结与评价，还要为系统的改进和扩展提供依据。只有不断完善和改进，信息系统才具有生命力。

这些工作做好了，信息系统就能够如预期那样，为管理工作提供所需的信息。反之，这些工作做不好，系统就不能如预期那样发挥作用，而且系统本身也会崩溃而无法使用。

10.1.2　日常运行管理的组织

有效地组织好系统运行对提高管理信息系统的运行效率是十分重要的。系统运行组织的建立是与管理信息系统在企业中的地位分不开的。随着人们对信息作用的认识逐步加深，管理信息系统在企业中的地位也在逐步提高。从管理信息系统在企业中的地位来看，目前管理信息系统的运行机制有以下两种形式：与其他职能部门平行或在各职能部门之上。前者在系统运行中将影响有关的协调和决策等工作，后者在系统运行过程中便于和各有关职能部门相互协调和支持决策。最好是将上述两种方式结合在一起，各尽其职。

在信息系统的运行管理工作中，首先是人员的管理，其次才是设备、软件、数据的管理。由于管理信息系统本身的特点（运用先进的技术为管理工作服务），其工作中必然要涉及多方面的、具有不同知识水平及技术背景的人员。这些人员在系统中各自起着一定的作用，他们互相配合、共同实现系统的功能。这些人员能否发挥各自的作用，他们之间能否互相配合、协调一致，是系统成败的关键之一。没有好的人员管理，分工协作就不能有效进行，这样人机系统的整体优化将是一句空话。在这种情况下，整个系统的运行就会出现混乱。

对人员的管理要明确地规定其任务及职责，对于每个岗位的工作要有定期的检查及评价，要在工作中对工作人员进行培训，以便使他们的工作能力不断提高，工作质量不断改善，从而提高整个系统的效率。企业管理信息系统的操作人员主要负责系统日常运行中的经常性工作，包括数据的录入、日常业务的处理及其他数据的打印输出。对每种工作要有一定的评价指标，这些指标应该有一定的客观衡量标准，并且要真正按这些标准去衡量各类工作人员的工作。总之，企业管理信息系统的使用人员应熟悉本岗位的业务，具备相应的专业知识、基本的计算机操作技能，能按照系统使用说明书的要求正确、熟练地操作。

另外，为保证系统在运行期内的正常工作，还要建立健全信息系统管理制度。从制度建设上看，信息系统的运行管理制度主要包括：机房管理制度、数据及软件管理制度、运行日志记录制度、档案管理制度等。

10.2　系统维护

管理信息系统不像其他工业产品，可以先生产一个样品，经过试验、改进再正式投入批量生产，它需要在使用中不断完善。一方面，精心设计、精心实施、经过调试的系统，也难免有不尽如人意的地方，或者有的地方效率还可提高，或者使用不够方便，甚至还有错误，这些问题只有在实践中才能暴露。另一方面，随着管理环境的变化，也会对信息系统提出新的要求，信息系统只有适应这些要求才能生存下去。因此，管理信息系统的维护是系统生存的重要条件。

10.2.1　系统维护的内容

系统维护包括以下几个方面的工作：

（1）程序的维护。在系统维护阶段，会有一部分程序需要改动。根据运行记录，若发现程序的错误，则需要改正；或者随着用户对系统的熟悉，用户有更高的要求，部分程序需要改进；或者环境发生变化，部分程序需要修改。

（2）数据文件的维护。业务发生了变化，从而需要建立新文件，或者对现有文件的结构进行修改。

（3）代码的维护。随着环境的变化，旧的代码不能适应新的要求，必须进行改造，制定新的代码或修改旧的代码体系。代码维护的困难主要是新代码的贯彻，因此各个部门要有专人负责代码管理。

（4）机器、设备的维护。包括机器、设备的日常维护与管理。一旦发生小故障，要有专人进行修理，保证系统的正常运行。

10.2.2 系统维护的类型

依据信息系统需要维护的原因不同，系统维护工作可以分为四种类型：

（1）更正性维护。这是指由于发现系统中的错误而引起的维护。工作内容包括诊断问题与改正错误。

（2）适应性维护。这是指为了适应外界环境的变化而增加或修改系统部分功能的维护工作。例如，新的硬件系统问世、操作系统版本更新、应用范围扩大等。为适应这些变化，信息系统需要进行维护。

（3）完善性维护。这是指为了改善系统功能或适应用户的需要而增加新功能的维护工作。系统经过一个时期的运行之后，某些地方效率需要提高，或者使用的方便性还可以提高，或者需要增加某些安全措施等。这类维护工作占系统维护的绝大部分。

（4）预防性维护。这是主动性的预防措施。对一些使用寿命较长，目前尚能正常运行，但可能要发生变化的部分进行维护，以适应将来的修改或调整。例如将专用报表功能改成通用报表生成功能，以适应将来报表格式的变化。

10.2.3 系统维护的管理

管理信息系统的维护工作并非人们想象中的简单、随机、被动。事实上，“系统维护”本身就是一项需要被管理的事务。据 Gartner 最新调研显示，超过 78%的企业将管理信息系统维护成本列为主要 IT 支出项目，为了对这部分支出进行严格管理，已有 35%的企业建立了系统化、科学化的维护管理体系。这一数据揭示了加强管理信息系统维护管理的重要性和紧迫性。系统维护贯穿于软件生存周期的各个阶段。IBM 提出的维护管理模型显示，在系统投入使用后的 3~5 年，维护成本将超过初始开发投入。因此需要建立覆盖需求变更、版本迭代、性能调优等环节的全流程管理机制。

（1）系统维护管理的实施路径。

①标准化流程建设。通常构建如下标准化维护流程：事件管理（建立 7×24 小时响应机制，平均修复时间控制在 4 小时内）→变更管理（实施变更影响评估矩阵，变更成功率需达 95%以上）→配置管理（维护准确率不低于 98%）→知识管理（形成可复用的维护知识库）。

②专业化团队建设。构建三级维护梯队：一线支持（处理 70%常规问题）、二线专家（解决 25%技术难题）、三线厂商（应对 5%复杂故障）。

（2）系统维护管理的现实挑战。包括技术复杂度以指数级增长；用户需求动态演变；

安全威胁持续升级等多方面挑战。

（3）系统维护创新性管理策略。包括构建智能运维体系；建立量化评估模型，设计维护效能指标体系；实施敏捷维护模式等策略。

有效的系统维护管理能使管理信息系统持续焕发活力。著名管理学家彼得•德鲁克的曾论断："真正的竞争优势来自对既有系统的持续精进。"建立科学完善的维护管理体系，将成为企业保持竞争力的关键所在。

第四篇　系统管理篇

第11章 信息伦理

11.1 道德、伦理

在我国典籍中，《礼记·乐礼》记载：“乐者，通伦理者也。”郑玄注：“伦，犹类也；理，犹分也”，意即人与人之间的类别与条理。“伦”是指人的关系，谓之“人伦”；“理”是道德规律和原则。“伦理”一词在西方最早出现在古希腊名著《伊利亚特》中，本意是指一群人共居的地方，后来引申为共居的人们所形成的某些品质或德性。从伦理的使用语境上来分析，伦理(ethics)源自希腊文的“ethos”，本意是指“本质”“品格”，与“风俗”“习惯”的意思相联系，包含社会的一切规范、惯例、典章与制度。亚里士多德大概是第一个在严格术语意义上使用“伦理”的人。亚里士多德认为，德性分为两类，其中一类是理智德性，另一类是伦理上的德性。智慧和理解以及明智都是理智德性，而慷慨与节制则是伦理德性。伦理德性是由风俗习惯沿袭而来，因此把“习惯”（ethos）一词的拼写方法略加改动，就有了“伦理”（ethics）这个名称。由此可见，伦理是指一个社会的道德规范系统赋予人们在动机或行为上的是非判断标准，是人在社会生活中与他人相处而形成的、处理人与人关系的某种习惯或品性。道德是个体的行为准则和行为过程，能为社会和大多数人所接受。道德不完全等同于法律；法律带有强制性，而道德更多涉及舆论和自我约束。

信息技术现在已经渗透到经济社会生活的各个方面，也带来了一系列的新问题。信息系统开发人员因职业关系，可以在各自负责的工作中接触到许多企业的商业机密。如果受利益等因素驱动，有些信息系统开发人员可能会利用职务之便做出损害企业的行为。信息系统开发管理人员不良的职业道德，会给企业造成损失，严重时企业蒙受的损失将难以弥补。由于信息系统具有很强的技术性，所以难以监控，但企业仍需要间接地采取一些措施，如与信息系统开发人员签订技术保密合同，对其进行职业道德教育等。对于重要的决策，企业需听取多方面专家的意见，尽可能增加系统开发工作的透明度。

11.2 信息伦理学概念

信息伦理又称信息道德，它是调整人们之间以及个人和社会之间信息关系的行为规范的总和。信息伦理不是由国家强行制定和强行执行的，而是依靠社会舆论的力量，依靠人们的信念、习惯、传统和教育的力量来维持。在信息时代，社会信息道德水准的高低是一个国家或民族精神文明发达与否的重要标志。信息伦理结构的内容可概括为两个方面、三个层次。

所谓两个方面，即主观方面和客观方面。前者指人类个体在信息活动中以心理活动形式表现出来的道德观念、情感、行为和品质，如对信息劳动的价值认同、对非法窃取他人信息成果的鄙视等，即个人信息道德；后者指社会信息活动中人与人之间的关系，以及反映这种关系的行为准则与规范，如扬善抑恶、权利义务、契约精神等，即社会信息道德。

所谓三个层次，即信息道德意识、信息道德关系、信息道德活动。

信息道德意识是信息伦理的第一层次，包括与信息相关的道德观念、道德情感、道德意志、道德信念、道德理想等。它是信息道德行为的深层心理动因。信息道德意识集中地体现在信息道德原则、规范和范畴之中。

信息道德关系是信息伦理的第二层次，包括个人与个人的关系、个人与组织的关系、组织与组织的关系。这种关系是建立在一定的权利和义务的基础之上，并以一定的信息道德规范形式表现出来。如联机网络条件下的资源共享，网络成员既有共享网上信息资源的权利，尽管有级次之分，也要承担相应的义务，遵循网络的管理规则，成员之间的关系是通过大家共同认同的信息道德规范和准则维系的。信息道德关系是一种特殊的社会关系，是被经济关系和其他社会关系所决定、所派生的人与人之间的信息关系。

信息道德活动是信息伦理的第三层次，包括信息道德行为、信息道德评价、信息道德教育和信息道德修养等。这是信息道德十分活跃的一个层次。信息道德行为即人们在信息交流中所采取的有意识的、经过选择的行动；根据一定的信息道德规范，对人们的信息行为进行善恶判断，即为信息道德评价；按一定的信息道德理想对人的品质和性格进行陶冶就是信息道德教育；信息道德修养则是人们对自己的信息意识和信息行为的自我解剖、自我改造。生活之树常青，信息道德活动主要体现在信息道德实践中。

总的来说，作为意识现象的信息伦理，它是主观的东西作为关系现象的信息伦理，它是客观的东西作为活动现象的信息伦理，所以是主观见之于客观的东西。换句话说，信息伦理是主观方面（即个人信息伦理）与客观方面（即社会信息伦理）的有机统一。

11.3　信息伦理学发展

20 世纪中叶以来，随着信息社会化和社会信息化进程的加快，信息活动在人类社会活动中的地位空前提高，以至迅速出现了对信息及信息活动进行认识和研究的信息科学群，如信息学、情报学、计算机科学、通信工程、信息经济学、传播学、信息管理学等。作为人类自主而非自发进行的一种社会活动，信息活动保证了人类文明的延续和发展，推动了经济活动效率的空前提高，并极大地增进了人类社会交往和沟通的广度与深度。人类经由狩猎文明、农业文明、工业文明而跨入信息文明，信息活动扮演了重要角色。丹尼尔·贝尔(Daniel Bell)将信息视为信息社会的“关键变量”，阿尔文·托夫勒(Alvin Toffler）将信息看作当今时代占主导地位的“权力”，这两种观点均显示了对信息活动这一人类革命性力量在价值上的深刻认识和推崇。

然而，信息活动在给人类带来效率和文明的同时，随着信息技术的进步及其在信息活动中的广泛应用，也带来了各种意想不到的问题，如隐私权受到的威胁、知识产权的侵犯、日益猖獗的信息犯罪、情感危机、人性异化、国家信息主权的削弱，以及信息生产、流通与分配中的利益冲突等。从信息活动的伦理维度，我们将这些问题归结为信息道德问题，它集中反映出现代信息活动所面临的价值失落和伦理困境。在崇尚技术理性的正统技术至上论者看来，信息活动中出现的任何问题，都可通过信息技术的创新加以解决，现代信息活动就是通过建立发达的“技术支持系统”获得了效率和动力，所以问题的解决最终还得诉诸技术的智慧。但问题是，技术本身就是一柄双刃剑，正如爱因斯坦所指出的：“科学是一种强有力的工具。怎样用它，究竟是给人类带来幸福还是灾难，全取决于人自己，而不取决于工具。”因此，问题不在于技术，而在于人性。我们看到复制技术既可用于信息共享，也可用于侵犯他人知识产权；过滤技术既可用于自律，也可用于搜集他人的隐私信息；加密技术既可用于信息安全防范，也可被恐怖分子用于秘密通信，从事破坏和颠覆国家的犯罪活动。我们相信真实的情况应该是：要解决现代信息活动中所面临的问题，自然应该诉诸技术的智慧，但仅仅依靠技术进步是远远不够的，还需要动员更多的社会技术和文化智慧，需要包括道德规范在内的必要的社会规范和限制。因为人是解决问题的关键，也是问题解决的关键。只有当人具有充足的自觉意识时，问题的辨识和解决才会比较容易，只有当外在的东西内化为人自身的文化构成因子时，才会持续地起作用。单靠知识和技巧并不能使人走向幸福和高尚的生活，人类有充足的理由把那些崇高的道德标准和道德价值的发现者置于客观真理的发现者之上。

因此，信息活动在步入计算机网络时代之后，当它回过头来审视自己要继续前进的道路时，发现自己不得不面对来自道德的审查、规范和引导。在许多情况下，常常是道德生活本身愈呈现危机和困境之象，作为道德研究之科学的伦理学知识之镜反而愈具有理论穿透力和解释力，这一特点正是伦理学作为一门特殊的价值科学的理想预设性（设定某种超现实的价值评价标准）和价值后设力量（针对道德生活现实的价值判断和道德批判力量）的典型反映。面对信息活动的道德困境，伦理学适时做出自己的理性思考和回应，这既是伦理学学术生命的一部分，也是伦理学界与信息学界寻求跨学科知识建构（interdisciplinary knowledge construction）的一种努力。

在此背景下，信息伦理学作为一门富有生命力的新学科，于 20 世纪 70 年代在发达国家兴起，80 年代以来逐渐成为国际范围内信息学界和伦理学界共同关注和研究的“热点”。随着信息伦理学研究范围和深度的不断拓展，研究者逐渐取得这样一个共识：信息伦理学与计算机伦理学、网络伦理学虽具有密切的关系，但信息伦理学不完全等同于计算机伦理学或网络伦理学。信息伦理学有着更丰富的内涵，涵盖了后两者的研究范围。计算机伦理学与网络伦理学的研究范围既有相似、重合的地方，又有不同之处。计算机伦理学侧重于利用计算机的个体性行为或区域行为的伦理研究；网络伦理学主要关注可能有不同文化背景的网络信息传播者和网络信息利用者的行为。信息伦理学则立足于一般的信息或信息技术层面，试图概括计算机伦理学研究和网络伦理学研究的成果，扬弃其各自的特殊性以形成一种在信息领域具有普遍意义的伦理学。可以说，计算机伦理学和网络伦理学未来融入信息伦理学、被信息伦理学取代是众多学者公认的一种发展趋势。

信息伦理学的兴起与发展植根于信息技术的广泛应用所引起的利益冲突和道德困境，以及建立信息社会新的道德秩序的需要。随着信息伦理学作为一门独立的新兴学科的发展与壮大，相关的研究将会对很多方面产生影响。

11.4 信息伦理的主要内容

信息伦理学主要研究社会信息活动中的伦理问题。一些学者从伦理议题或问题域的角度，对信息伦理的研究范畴和内容进行了归纳。

美国管理信息科学专家曼森（Richard O. Mason）提出信息时代有四个主要伦理议题：①隐私权（privacy），指个人拥有隐私之权利及防止侵犯别人的隐私；②信息准确性（accuracy），指人们享有拥有准确信息的权利及确保信息提供者有义务提供准确的信息；③信息产权（property），指信息生产者享有对自己所生产和开发的信息产品的产权；④信息资源存取权（accessibility），指人们享有获取所应该获取的信息的权利，包括对信息技术、信息设备及信息本身的获取。曼森所提出的伦理议题属于信息权利的范畴，通常被称为PAPA。拜纳姆（Terrell W. Bynum）教授在其《计算机伦理与专业责任》教科书中，分四个部分阐述了信息伦理学的研究内容，涉及相关概念、专业责任、伦理准则、面临的主要问题、案例分析等。

卡普罗（Rafael Capurro）在其《数字时代的伦理与信息》一文中列举了信息伦理学研究和探讨的问题：信息领域的道德价值观的发展、信息领域新的道德权利的建立、信息神话、信息理论和实践中隐藏的矛盾和意识、信息领域道德冲突的发展。这篇论文的主题虽然侧重于讨论数字时代图书馆的伦理问题，但从中可以窥见卡普罗对信息伦理学研究范畴的基本认识。随后，他又在《21世纪伦理学对信息社会的挑战》一文中指出，信息社会出现的信息伦理学领域的伦理问题包括全球化的隐私和秘密、信息的内容规范，以及全面获取信息。

理查德·A.斯皮内洛（Richard A. Spinello）在其《信息和计算机伦理案例研究》一书中设置了以下内容——信息伦理：包括信息采集、信息利用和信息保存中的伦理问题，涉及了信息管理中三个关键的方面或环节；计算机科学伦理：包括软件所有权和知识产权问题、计算机安全与计算机犯罪、信息产品的可靠性和厂商的道德责任等；社会问题：计算机和网络技术对社会和文化所产生的影响。

国内学者沙勇忠、王怀诗将信息伦理结构的内容概括为三个层次：信息道德意识、信息道德关系和信息道德活动。有些学者则已经开始关注网络伦理。国内学者严耕等认为，网络伦理研究主要涉及三个方面的问题：①具体问题：即在网络使用过程中遇到的现实问题，包括网络行为的具体规范、网络行为具体性质的界定和网络具体问题的研究。②交叉问题：即网络与社会其他现象相关联而出现的问题，这些问题不仅影响网络本身的运作和操作，而且影响到社会生活的方方面面，如社会分层、民主体制、数字鸿沟、文化及意识形态冲突等。③理论问题：即由网络道德问题引起的深层次哲学问题，包括对网络伦理理论流派的分析研究、对网络出现后产生的人类新的生存状态和生活方式的理论阐释、原有道德伦理原则在网络行为中的适用性问题。李伦将网络伦理问题分为两大类，一类是网络社会中的伦理问题——狭义的网络伦理问题；另一类是网络对社会影响中的伦理问题——广义的网络伦理问题。二者的关系在一定程度上表征了虚拟社会伦理与现实社会伦理之间的关系。作为一门完整的学科，网络伦理学是研究计算机网络中的伦理问题以及计算机网络引起的社会伦理问题的应用伦理学学科。

综合以上学者的观点，结合本书对信息伦理内涵的认识和国内外的研究进展，可将信息伦理的研究内容概括为以下四个方面：

（1）基本理论问题。包括信息活动的伦理维度、信息伦理学的基本范畴、信息伦理的理论分析工具、信息伦理学方法论、信息伦理原则与规范、基于信息技术与信息网络的人类新的生存状态和生活方式的理论阐释、传统伦理概念适用性的元哲学解释等。

（2）社会信息活动中所面临的现实伦理问题。包括信息自由与知识产权、网络自由与网络监管、信息权利与社会公正、个人隐私权、计算机犯罪、黑客与信息安全、信息不平等与贫富分化、IT产品对消费者和社会的责任、企业的信息技术与反不正当竞争、人工智能与信息系统中的伦理问题、计算机专家的伦理责任、用户的伦理困境等。

（3）个人、组织、国家的信息伦理问题。包括个人、组织、国家在信息活动中的信息需求、信息能力和信息行为考察，个人、组织、国家在信息活动中的信息权利及其差别，个人、组织、国家在信息活动中的伦理责任与相应规范，全球信息伦理等。

（4）信息伦理的社会调控与培育。包括信息伦理的社会调控机制、信息道德自律、网络礼仪、信息伦理规范、信息道德教育与培训、社会赏罚与监督机制、自律技术与产品的研发与应用、信息立法、信息政策、信息伦理规范的实施效果评价等。

第12章　信息系统组织管理

12.1　信息系统部门的组织和职能

管理信息系统的开发与实施涉及面广、时间长、过程复杂，本质上是一个需要很好统筹和协调的系统工程，需要多方面人员的密切配合和科学的项目管理。项目管理技术可以使管理人员事先对可能发生的情况做出预测，在问题发生之前及时进行控制和调整，从而使项目管理工作由被动的事后解决变为主动的事前控制，使项目开发工作少出差错、少走弯路。

信息系统部门在组织中的定位需要考虑3个问题：这个部门归谁领导，它应该是集中的还是分散的；如何在整个组织中建立起信息系统部门的良好形象，以得到其他职能部门的支持；高层管理者的支持对信息系统部门的成功有至关重要的作用。在定位信息系统部门时，应该遵循两个基本原则：一是组织应该意识到，部门的隶属，尤其是它是否直接归总经理领导，直接关系到部门的功能，关系到部门工作的成功与否。根据很多企业的经验，如果总经理能够意识到信息系统的功能与组织的其他业务之间密不可分的关系，就会把信息部门置于他的直接领导之下，信息系统功能成功的可能性就会大大提高。二是设置一个行政副经理或信息系统主管，远胜于将企业信息系统的功能隶属于其他职能部门（如财务部门）。这有两个原因，首先是部门在考虑信息系统各部分优先级时，应能站在一个较高的层次，有较宽的视野；其次，技术在企业中不仅具有支持功能，而且更是创新和获得竞争优势的基础组织，不能再将信息系统的功能局限于数据处理和计算机技术。

随着信息技术的发展及其在企业管理活动中的普遍应用，目前，具有一定规模的企业都设置了信息管理部门，该部门的主要职能是全面负责企业信息管理方面的各项工作。

由于企业组织规模大小的不同，目前，国内企业的信息管理部门的结构、名称和人员构成也存在一定的差别。从组织结构上来看，主要包括两大类：一类是传统的职能型结构；另一类是按照项目团队来划分的矩阵型结构。规模较大的企业组织，由于其专业化分工较为精细，一般按照部、中心、组来划分；而较小规模的企业，没有较为明确的分工，没有独立的部门和称谓。在人员构成方面，主要是以信息管理与信息系统、计算机方面的专业人才为主。根据部门所承担的工作任务及其职责的划分，一般企业较为完善的信息管理部门的结构大致上应该包括各个分支机构、岗位和信息人员的配置（见图12-1）。

从图12-1可以看出，企业信息系统管理部门的机构设置主要包括信息主管、综合管理部门、系统开发部门、系统运营维护部门等。

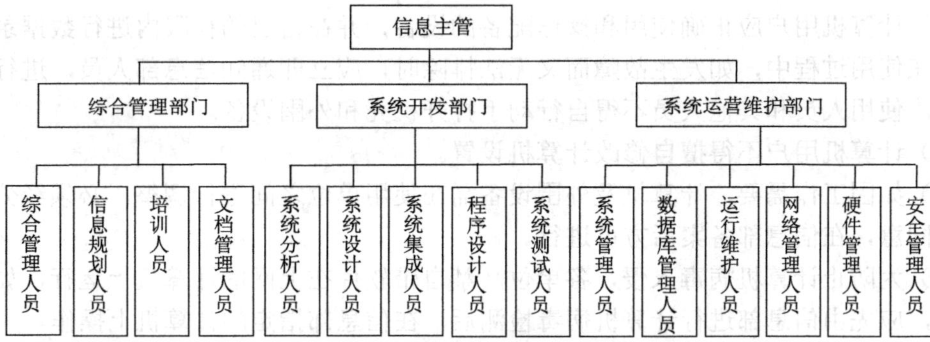

图 12-1　企业信息系统管理部门的机构设置

第一，信息主管（chief information officer，CIO）全面管理信息化建设，对组织的最高领导负责。CIO 一般由组织的高层决策者担任，地位如同企业的副总经理，有的甚至更高。

第二，综合管理部门负责信息化综合性的工作任务，主要包括信息化规划、为各业务部门提供培训、信息化各项工作的文档管理，以及信息管理部门的内部事务管理等。

第三，系统开发部门承担信息系统的开发工作，负责信息系统开发的全部工作，包括商品软件购置的谈判与合作、系统升级以及业务更新、调整等。按照项目开发阶段的划分，其部门主要包括系统分析人员、系统设计人员、系统集成人员、程序设计人员和系统测试人员等。

第四，系统运营维护部门负责保障信息系统的正常运行并进行维护；接受并维护系统开发部门移交的已进入运行的信息系统；承担相关数据库（数据仓库）的各种日常运营维护工作；负责信息系统的网络建设与管理，保护网络的正常运行；维护信息系统的安全相关的问题。

由于各个企业的实际情况不同，其目标与战略不同，组织结构设置往往会有所差异，故而不能用一种组织机构设置模式来套用所有企业。设置信息管理职能部门是未来发展的趋势，具体实施的过程中，要根据企业的实际情况进行组织结构的调整与创新，选聘合适的人员构建其部门。

12.2　管理规章和制度

12.2.1　计算机用户

（1）计算机用户必须是本单位审定的人员，且具备基本的计算机操作技能，会使用与工作相关的软件；使用非本单位计算机，应经所在单位的领导批准后方能操作。

（2）公司给个人或单位配备的计算机及相关设备，需由领用人和单位领导在信息部办理领用手续，各领用人和单位负责人需保证所用计算机的完好。

（3）各计算机用户必须保持所使用计算机表面及外围设备的清洁，计算机和通信线缆应摆放整齐有序。注意计算机防尘、防水和避免阳光直射。

（4）计算机用户应正确使用和操作配备的设备，并在自己的权限内进行数据录入和查询。在使用过程中，如发生故障而又无法排除时，应立即通知信息部人员，进行检查和维修。使用人员和其他人员不得自行动手打开机壳和外围设备。

（5）计算机用户不得擅自修改计算机设置。

（6）如因工作需要，计算机及外围设备需在使用单位之间进行调整，必须经分管领导批准同意，在信息部备案后方可进行。

（7）为防止计算机病毒入侵，各单位严禁自带软件在上网的计算机上运行，如因工作需要，应先由信息部进行计算机病毒检测后，在信息部指定的计算机上操作。

（8）禁止在公司的计算机网络上安装、运行游戏程序。

（9）计算机用户发生工作变动或离职，必须办理电脑设备、使用密码、数据盘等资料的移交手续。

12.2.2　计算机信息保密

（1）各单位对储存于计算机中的信息资料和重要数据，应采取相应的加密措施，包括：

各单位计算机资料的保密工作由本单位负责，单位领导是该项工作的责任人，负责检查和督促本单位计算机资料保密工作的执行情况；

应设置进入计算机的开机密码和屏幕保护密码；

对重要文件进行加密处理，密级较高的文件根据需要可由信息部提供的专业加密软件进行加密；

局域网内进行文件共享时，应设置共享密码和权限，共享完成后须立即取消共享。

（2）计算机用户不得查看不属于自己工作范围内的信息资料；亦不得探听其他使用者的操作密码，以获取与本人工作无关的信息资料。

（3）计算机用户的操作口令要有一定的位数（至少6位），并且根据实际情况要定期或不定期更换操作口令。

（4）计算机用户在登录相关工作软件进行操作时，如有其他事项需要处理，应先退出上述软件，以免其他非本机操作人员使用计算机。

（5）严禁任何部门和个人向外提供数据和软件。特殊情况需分管领导同意。

（6）信息部的专用服务器要做到专机专用，并由公司指派专人负责，与计算机网络管理无关的人员，未经许可不得进入信息部，也不能随意使用专用服务器，以免造成系统损坏。

（7）对于分散摆放在各单位的网络工作站及其外围设备，除单位指定的计算机用户外，其他人员未经许可不得动用。

（8）信息部应根据公司给各部门分配的工作职责，及时为各部门的计算机用户设置专门的账号和操作口令。

（9）计算机用户在上网时，应该严格按照公司有关规定正确操作和使用网络工作站及其外围设备，并使用信息部分配的账号上网工作。

（10）各单位如遇人员变动，人力资源部应及时通知信息部，以便删除该用户的原有账号。

（11）随着公司发展，如果需要安装新的工作软件，应由公司分管领导批准后，由信息部统一安排实施。

（12）计算机用户在上网操作时，如果发现公司局域网上有违反公司计算机信息资源保密制度的不安全因素，必须及时向分管领导汇报，并通知信息部人员，共同做好公司计算机信息资源的保密工作。

12.2.3　数据备份

（1）计算机用户必须做好本单位计算机资料的备份工作。

（2）计算机用户在确保本单位资料保存完整的前提下，根据各自的工作情况，选择备份方式，定期或不定期做好各自的数据备份工作。

（3）如果有特殊备份需要，请与信息部联系。

12.2.4　计算机病毒防治

（1）公司信息部负责向公司领导提出计算机病毒防治方案，经公司领导批准后，由信息部组织实施。

（2）计算机用户不得在网上下载软件使用。

（3）如因工作需要，需使用 U 盘、光盘以及其他可移动存储器，必须确认无计算机病毒后方可使用。

（4）如发现所使用计算机出现异常情况，应首先通知信息部，由专业人员进行维护。

（5）计算机用户应主动关注计算机病毒的出现情况，养成良好的上网习惯，如不要登录不明网站、谨慎打开不明邮件等，互通信息，提高防毒意识。

12.3　信息系统的主管

信息系统的建设与应用，不仅能有效提高组织的效益，更重要的是能实现一种先进的管理理念和管理思想。要达到这个目的，从管理者的角度出发，必须有一个能对信息系统资源进行合理组织和有效配置、把信息系统建设与组织经营管理的目标紧密结合起来的高层管理人员，这个管理角色就是人们常常提到的信息主管（CIO），也即“首席信息官”。

12.3.1　CIO 的产生

事实上，CIO 这个职位是随着信息资源管理热潮的兴起而诞生的。20 世纪 80 年代，为保证信息资源的充分开发和有效利用，人们对信息资源管理问题给予了高度重视。为了从组织机构上保证和加强联邦政府各部门的信息系统资源管理活动，美国政府要求各部门都要设立 CIO 这一新职位，并委派副部长和部长助理级官员来担任此职，从较高层次上全面负责本部门信息资源的开发利用。

CIO 的出现，有效地改善了美国政府部门宏观层次的信息资源管理，其成功经验促使一些大公司将这一职位连同其名称一起引入企业管理中。1981 年，美国波士顿第一国民银行经理威廉·辛诺特（William R. Synnott）和坎布里奇研究与规划公司经理威廉·格鲁伯（William H. Gruber）首次给CIO下了一个明确的定义：CIO是负责制定公司的信息政策标准程序方法，并对全公司的信息资源进行管理和控制的高级行政管理人员。之后，企业CIO开始出现在美国的一些大公司和企业集团里。由于设置合理、成效显著，其他企业也竞相效仿，并很快在美国、日本等发达国家普及开来。在西方工商企业界眼里，CIO是一种新型的信息管理者。他们不是一般的信息技术部门和信息中心的负责人，而是已经进入公司最高决策层，相当于副总裁或副总经理地位的重要官员。CIO的产生，标志着现代企业管理从传统的人、财、物三要素管理走向了人、财、物、信息四要素管理的新阶段，从战略高度充分开发信息资源。科学管理信息资源和有效利用信息资源，已是现代企业能够在日益激烈的市场竞争中克敌制胜的公开秘密。

12.3.2 CIO在组织管理中的地位和作用

CIO这个职位的地位随着信息技术在企业中的价值而提升。其实，CIO的概念本身已经告诉我们，这个职位是那些重视信息技术，并把信息技术作为发展企业核心竞争力的企业必须设立的。这些企业要在信息化方面做出战略发展的定位，以长远发展的眼光来规划和实现自己的信息化目标。在一个组织中，CIO是全面负责信息工作的主管，但又不同于以往只是负责信息系统开发与运行管理的单纯技术型的信息部门管理者。作为组织高级管理决策层的一员，CIO直接向最高管理决策者负责，并与总裁或首席执行官（chief executive officer，CEO）、财务主管（chief financial officer，CFO）一起构成组织的“CEO-CFO-CIO”三驾马车。换言之，CIO是既懂信息又懂业务和管理，且身居要职的复合型人物。推动组织信息化的复杂性告诉我们，信息系统的实施应用往往是一把手工程，CIO只有在成为CEO的左膀右臂时才能协调信息技术与业务部门的合作，帮助企业提升信息化水平。

按照这个要求，CIO的基本职能应该是：

（1）参与高层管理决策，引导企业在信息社会中保持竞争优势。CIO作为组织管理决策的核心人物，自然有权参与组织的高层管理决策活动，但其参与高层决策具有自身的特点，即运用自己掌握的信息资源武器帮助最高决策者制定组织发展战略规划，通过充分有效地利用组织内外信息资源，寻求组织的竞争优势，或强化组织的竞争实力。同时，CIO不应只是负责信息资源管理范围内的决策活动，更应当参与讨论组织发展的全局问题。为此，要求CIO必须对影响整个组织生存与发展的各个方面问题都有相当全面和清楚的了解。

（2）发掘企业信息资源的战略价值。这也是CIO的首要任务。作为统管整个组织的信息资源的最高负责人，CIO应该根据组织发展战略的需要，及时制定和修改组织的信息政策与信息活动规划，以实现行政管理的战略意图。

（3）管理组织的信息流程，规范组织信息管理的基础标准。作为信息管理专家，CIO要主持拟定组织信息流程的大框架，建立信息管理的基础标准，如数据元素标准、信息分类代码标准、用户视图标准、概念数据库标准和逻辑数据库标准等，改造杂乱无章的数据环境。实践证明，一个组织，只有以数据集成为基础，以总体数据规划为中心，面向信息流程进行应用系统开发，才能取得好的结果。

（4）负责组织的信息系统建设规划与管理。作为组织信息系统建设的直接领导者，CIO 对信息系统的开发计划、运行管理安全、管理人员配备、经费预算等，要进行宏观调控和协调统筹，考虑系统建设的硬件、软件和应用问题。还要代表本单位与专业的信息系统开发者、技术设备提供商打交道，建立与技术服务商的“战略协作伙伴关系”，并根据组织的业务管理需要，对他们提出的信息技术“全套解决方案”进行审议。

（5）为组织经营管理提供有效的信息技术支持。管理和技术是当今组织发展的两大关键，管理问题相对而言是比较稳定的，而技术热点在迅速变化。作为信息专家，CIO 必须密切注意信息技术的发展变化，分析新技术对组织经营管理与竞争战略的影响，以便及时做出快速反应。

（6）评估信息技术的投资回报问题。面对眼花缭乱的信息技术，CIO 必须注意研究信息技术对企业的价值回报问题，在信息技术的投入和组织管理效益之间寻求某种平衡，这是一个 CIO 能够在现代组织日趋激烈的技术竞争中立于不败之地的首要条件。信息技术的先进性和可用性是毋庸置疑的，但如果脱离本单位的实际情况，盲目而片面地追求、引进和实施一些新技术，不考虑其成本、效益、关系，就会把自己置于被动地位，丧失在高层管理决策中的地位。

（7）组织内部的宣传、咨询和培训。作为分管信息技术部门和信息服务部门的最高负责人，CIO 在行政管理层次上要宣传信息部门及人员的作用，让组织的高层领导充分认识到信息资源对组织发展的重要性，同时应指导高层管理人员更有效地利用组织内部和外部的信息资源，为他们提供信息和信息技术咨询服务。在运作层次上，CIO 要帮助信息技术人员以及所有用户转变观念和认识，对其意见、询问和求助给予很好的反馈，同时还要认真做好各级信息系统使用者的培训工作。这实际上就是要求 CIO 积极维护组织的信息化环境。

（8）信息沟通与组织协调。CIO 作为一个跨技术跨部门的高层决策者，应充分利用组织内外可以控制的信息资源来不断完善组织的信息基础结构，并注意协调好组织管理与信息技术的关系。在传统的组织体制下，管理与技术是相对封闭的，管理者大多不知道信息技术究竟能给管理带来什么，而信息技术人员也只是从技术标准和设备性能上来考虑问题，不清楚组织的目标，也不能有效地支持决策。CIO 则从组织管理的角度有意识地选择和运用信息技术，通过对信息资源的充分开发和有效利用，来促进组织管理机制的变革和业务结构的调整甚至重组，从而提高组织的管理决策水平，增强组织的市场竞争力。

第 13 章　信息系统项目管理

13.1　项目管理概述

管理信息系统的建设是一类项目实施过程，可以用项目管理的思想和方法来指导管理信息系统的建设。

项目管理是保证整个项目顺利、高效完成的一种过程管理技术，是一种科学的管理方式。在领导方式上，它强调个人负责，实行项目经理负责制；在管理机构上，它采用临时性动态组织形式的项目小组；在管理目标上，它坚持效益最优原则下的目标管理；在管理手段上，它有比较完整的技术方法。

项目管理的目的就是要在指定时间和资源有限的条件下，按质保量地完成给定的任务。具体地讲，项目管理就是为实现项目目标，有效地组织和利用各种资源，严格地控制项目进度，以满足用户及有关方面需求的管理工作的总称。这里的资源包括时间资源、经费资源、人力资源和物质资源等。

管理信息系统建设项目除具备一般项目的特点之外，还有其独特之处。比如，在管理信息系统开发中，客户常常在项目开始时只有一些初步的功能要求，没有明确的想法，也提不出确切的需求，因此，管理信息系统项目的任务范围很大程度上取决于项目组所做的系统规划和需求分析。由于客户方对信息技术的各种性能指标并不熟悉，所以，管理信息系统项目应达到的质量要求也更多地由项目组定义。又比如，从管理信息系统建设的实践来看，尽管已经进行了系统规划和需求分析，确定了系统的工作范围，但随着建设过程的进行，必然会出现系统环境变化和用户需求不断增加的情况，从而导致项目本身的任务、进度和费用等均需进行调整和修改，这种调整和修改通常会在项目进行中反复多次地出现。可见管理信息系统的项目管理既非常重要又有一定的难度。

将项目管理的思想、原理和方法应用于管理信息系统建设项目会提高信息系统的成功率。这里需要指出的是，并非有了项目管理措施，管理信息系统项目就一定能成功。但是，项目管理是使管理信息系统项目能得以成功的有效途径。

13.2　项目管理内容

项目管理通常包括进度管理、配置管理、成本和质量管理、人员管理、风险管理等内容。其中，进度管理、成本管理和质量管理最重要，难度也最大，常被业内称为项目管理的“铁三角”或“三约束”，因为三者是相互制约的，几乎无法做到同时正向变化。

13.2.1　项目进度管理

管理信息系统项目的进度管理，首先要做好进度计划的编制，然后对进度计划的落实进行组织、监督与控制，以保证能按时保质开发出预定目标下的管理信息系统。

1. 管理信息系统项目进度计划的编制

（1）首先要确定的基本内容。

①开发阶段、子项目与工作步骤的划分。一般情况下，可以从开发阶段和系统构成两个维度划分出项目的工作子项。常用的方法是工作分解结构（work breakdown structure，WBS）方法。例如，开发阶段维度有系统分析和系统设计阶段，以及系统实施的四个阶段、用户培训等工作子项；系统构成有应用系统的各个子系统或功能模块、计算机网络系统、数据库管理系统等。每个开发阶段还可以再细分出具体的内容，如系统分析中的现行系统分析、需求分析和新系统逻辑方案的设计等。同样，每项系统构成也可以再进行细分，如子系统的输入模块、处理模块和输出模块，数据库管理系统的系统购置与安装、数据表的建立、初始数据的输入等。

工作子项划分越细，计划安排就越明确和具体，对项目的管理也越有利。开发阶段和系统构成两个维度是交错的，几乎每个开发阶段都要涉及系统的每项构成，大部分的系统构成要经历各个开发阶段。因此，信息系统的项目计划要对系统每项构成的每个阶段，或对系统每个阶段的每项构成做出安排。

对于购置商品软件的系统开发方式，没有程序编制等系统制作的内容，但有其他开发方式不具有的系统软件购置的内容。不同系统开发方式的项目工作子项略有不同。

②子项目之间的依赖关系及其开发顺序。当确定了项目的工作子项后，还要进一步地明确这些子项在计划安排中的先后顺序，这就需要知道项目工作子项的相互关系。如果一个工作子项建立在另一子项的基础上，那么基础的子项必须先安排。另一方面，开发阶段和系统构成两个交叉的维度使得一些工作子项可以并行推进。这样，信息系统开发项目工作子项之间表现为一个网络状的关系，相应的工作计划也成为一个网络结构的计划。显然，在开发阶段，必须按生命周期的规律来安排先后的顺序。在系统构成上，基础的、前端的子项，例如销售子系统、产品数据管理子系统等，应先安排；依赖性的、建立在其他子项之上的工作子项，例如生产管理子系统、财务管理子系统等，应后安排。另外，为充分体现信息系统的效益并增强项目组成员信心，一些难度低、见效快的工作子项也应予以优先安排，例如库存管理子系统等。

③各开发阶段、子项目与工作步骤的工作量。项目计划的安排除了需要明确工作内容外，还要知道每项工作内容的工作量。工作量的大小将决定工作子项要花费的时间和投入的人力。时间和人力是互补的两个方面，但研究表明，信息系统的性质使得开发人员与开发时间不能正比互换，如果增加人数来缩短开发时间，工作量往往会变大，因为人员的增加将产生更多的协调与综合工作。

信息系统各开发阶段和系统各个构成的工作量的核定，目前还没有精确的计算方法，一般只能依据经验统计数据给出估计数。信息系统的开发常用“人月数”来表示工作量，即一个项目或一个项目工作子项的工作量大致表示为“人月数”。

（2）在此基础上，根据项目的总进度要求，用某种或多种工程项目计划方法制定出具体工作内容和要求，落实到具体人员，限定完成时间的行动方案——项目进度计划。

编制管理信息系统项目进度计划的常用方法有甘特图和网络计划法。甘特图（Gantt chart，又称线条图）是一种对各项活动进行计划调度与控制的图表，它具有简单、醒目和便于编制等特点。一般甘特图的横方向表示时间，纵方向列出工作。用甘特图编制进度计划的例子见图 13-1。

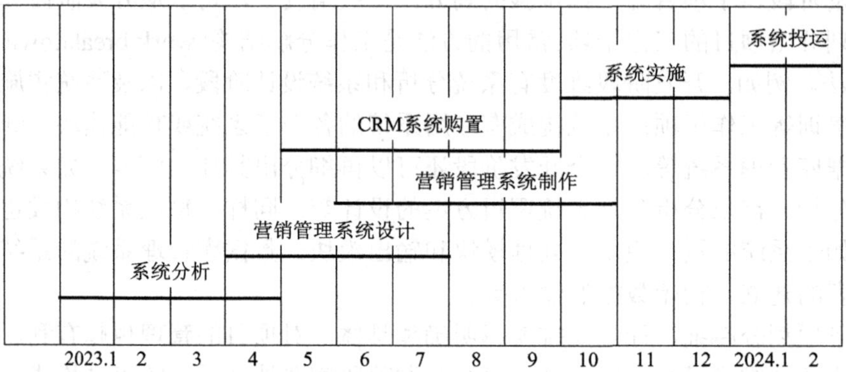

图 13-1　用甘特图编制管理信息系统开发项目进度计划的例子

网络计划法[①]是用网状图表安排与控制各项活动的方法，一般适用于工作步骤密切相关、错综复杂的工程项目的计划管理。用网络计划法编制进度计划的例子如图 13-2 所示。

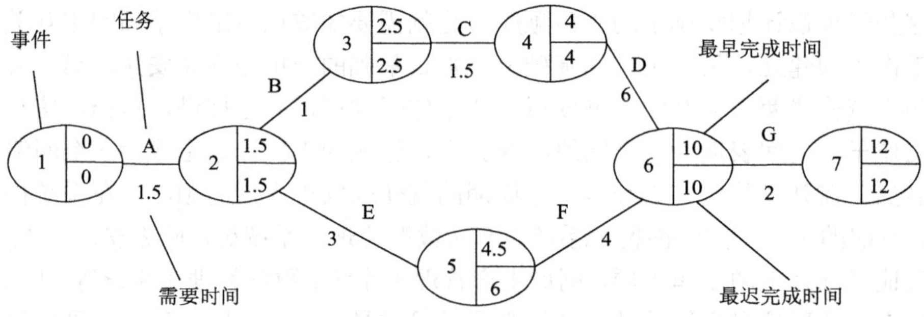

图 13-2　网络计划法

该方法基于网络模型，通过分析任务间的逻辑关系和时间参数，对复杂项目进行规划、控制和优化。其核心是将项目拆解为相互关联的独立活动，构建出反映任务流程的网状结构，从而精确计算项目周期并识别关键控制点。

首先将项目分解为独立可管理的活动单元，明确每个活动的前置任务；其次估算各

① 编者说明：“网络计划法的具体实施”这一知识点为超纲内容，一般不列入考核范围，课上教师自主进行详略程度不同地阐释。

活动持续时间，建立“结束-开始”等逻辑依赖关系；再次构建网络图模型，用节点和箭头线的拓扑结构呈现任务流程；然后通过正推法计算每个节点的最早开始时间，逆推法确定最晚开始时间；最后识别关键路径（总时差为零的活动序列），该路径决定项目最短工期。

管理信息系统开发项目的进度计划一般应分为两个层次，第一层次按开发阶段安排，以进行总体进度的控制，该层次采用甘特图；第二层次按各开发阶段或子项目的工作步骤安排，以便能在细节上安排人力，对项目进度进行控制，这一层次采用网络计划法。

由于信息系统开发项目带有不确定性与不稳定性，工作计划不宜也不可能制定得过于具体，一般可在计划中预留一定的机动时间，随着计划的进行，情况会逐渐明朗，因此可在计划落实过程中不断修改和充实。

2. 信息系统开发项目进度的控制

在实际中，几乎没有一个管理信息系统开发项目能按计划进度完成，由此造成的损失也是很大的。因此，信息系统开发项目的进度控制显得尤为重要。进度控制通过计划执行的监督和检查、计划延误的分析和解决等活动实现。信息系统开发计划执行的监督与检查方法与其他开发项目是相似的。

当项目工作计划发生延误时，要进行具体原因的分析。一般来讲，信息系统开发进度的脱期，除了有与其他工程项目同样存在的环境变化、资金不到位、人员变动等原因外，还有一些特殊的原因，主要表现在以下几方面：

（1）开发活动的工作量是凭经验估计的，实际工作量与预计量有较大的差别。

（2）开发过程中产生不少事先未估计到的活动，使工作量增加。

（3）由于需求或其他情况发生变化，使已完成的成果要做局部修改，造成返工。

上述导致计划不能如期进行的原因往往是不可避免的，但哪些活动延误、什么原因造成延误，必须分析清楚。只有在明确问题的前提下，才能选取对策，或解决问题、或修改计划，在总体上把握开发进度，以使延误造成的损失减至最小。针对不同的原因，可能采取的解决措施如下：

（1）对开发中的不确定性问题，可事先在工作计划中留有一定的宽裕度。例如，工作子项的工作量取上限、预设机动时间等。

（2）开发过程中经常与用户交换意见，随时掌握企业的发展动向，及时明确遗留的不确定问题，以减少返工现象。

（3）当关键路线上的活动延误时，要调配现有开发人员，或增加开发人员，或加班加点，或集中人力予以重点解决。

（4）在上述措施难以有效解决延误问题时，对原定计划进行调整。例如，工作子项先后次序的调整、部分工作步骤的提前或推后等。必要时也可在不影响总体目标的前提下，删减个别工作子项，或降低局部的功能指标。

管理信息系统是一个复杂的人机系统，开发项目工作计划进度的控制也必然是一项难度极大的工作，目前已有的方法也不是很成熟。从根本上说，信息系统开发进度问题的解决还有赖于企业管理模式的规范化、系统开发的标准化等问题的解决。

13.2.2 项目配置管理

管理信息系统项目配置管理（configuration management，CM）是通过技术或行政手段对管理信息系统软件产品及其开发过程和生命周期进行控制、规范的一系列措施。在GB/T 11457－2006《信息技术 软件工程术语》中，将“配置管理”正式定义为 “应用技术的和管理的指导和监控方法以标识和说明配置项的功能和物理特征，控制这些特征的变更，记录和报告变更处理和实现状态并验证与规定的需求的遵循性。”

13.2.2.1 项目配置管理的必要性

在管理信息系统开发项目实施过程中会产生许多工作成果，例如文档、程序和数据等。在规模较大的产品开发过程中，一方面软件模块、电子硬件模块、结构零部件等各类组件很多，涉及大量的工作成果，如软件代码、硬件设计图、相应的设计方案、测试方案、工艺设计方案等；另一方面这些组件的各种工作成果将会快速变化，产生大量版本，因此这些工作成果的版本有可能出现混乱、丢失等问题，影响开发项目顺利实施。所以，这些工作成果都需要保持完整，并保证版本配套，以方便项目成员查阅、修改并协同工作。毫无疑问，这些工作成果应该被分门别类、有条理地保存起来。项目配置管理就是要保证在产品开发过程中所有工作成果完整、版本配套，以实现产品开发过程中全体项目成员及其工作成果的协同配合。

13.2.2.2 项目配置管理的工作目标

该管理工作致力于达到以下目标：

（1）所有项目工作成果是已标识的、受控的和适用的。

（2）已识别的项目工作成果的更改是受控的。

（3）使项目相关成员及时了解产品基线的状态和内容。基线的概念将在下文介绍。

（4）项目配置管理的各项工作是有计划进行的。

13.2.2.3 基本概念

（1）配置项（configuration item，CI）。凡是纳入配置管理范畴的开发项目工作成果，可以统称为配置项。配置项主要有两大类，第一类是属于产品组成部分的工作成果，例如需求文档、设计文档、源代码、测试用例等；第二类是开发项目过程管理类文档，例如项目计划、评审记录等，这些文档虽然不是产品的组成部分，但是值得保存。

（2）配置标识。每个配置项的主要属性有名称、编号、分类、文件状态、版本、作者、日期等，这些属性称为配置标识。要进行标识配置，就需要确定配置标识规范，例如配置项命名规则、编号规则、版本规范等。配置标识规范的原则是方便项目成员检索和记忆，同时确保这些规范在开发项目范围内的一致性。

配置项的状态也是一个重要属性。当配置项首次创建、作者正在编写时，配置项处于“草稿”状态。当作者编写完毕并经过审批之后，配置项进入“正式发布”状态，此状态的配置项可供任何项目成员查阅和使用，但任何人不能随意修改，所以有时也称“正式发布”状态为“冻结”状态。配置项处于“正式发布”状态时，若需要进行修改，在开始修改并按规定重新完成审批之前，配置项进入“修改”状态，此时项目成员应等待配置项的最新版本。

（3）配置库。所有配置项都应被保存在一个配置管理软件系统中，形成配置库，方便项目成员检索和使用，并确保不会混淆、丢失。配置库应完整记录配置项及其版本演化过程。常见的配置管理软件有 Microsoft 的 Visual SourceSafe 和 Rational 的 ClearCase 等，网上有这些软件工具的大量信息。

（4）基线（baseline）。由一组配置项组成，这些配置项应通过了规定的评审或审批，已经相对稳定。例如，经过 TR1 需求评审之后，需求类文档就形成 TR1 需求基线版本。基线中的配置项处于“冻结”状态，不能被随意修改，更改必须经过相应的变更控制流程，而且必须通过不同的版本号区分更改前后的配置项。

基线的主要属性有名称、标识符、版本、日期等。通常将交付给客户的产品基线称为一个“Release”，在开发过程中的内部联调形成的产品基线则称为一个“Build”。

每一个基线都是其下一步开发工作的出发点和参考点。基线确定了元素（配置项）的一个版本，且只确定一个版本。一般情况下，基线在开发项目的各个里程碑（milestone）处创建。

开发项目的配置库通常可划分为开发库、基线库和产品库。开发库是项目成员的工作空间，其中的配置项始于某一基线，为某一目的开发服务，开发完成后，经过评审回归到基线库。基线库则包括通过评审的各类基线、各类变更申请的记录和统计数据。产品库是某一基线的拷贝，基线库进入对项目外发布阶段形成产品库，例如可用于小批量试生产的基线、可批量生产的基线等都进入产品库。

产品数据来自基线库。从基线库提取的产品数据，按照产品数据的评审发布流程通过评审后，发布给各部门使用。

13.2.2.4　配置管理的工作内容

（1）制定配置管理计划。配置管理计划的主要内容是开发项目配置管理的工作安排与进度计划、资源需求计划，包括配置管理软硬件资源计划、配置项计划、基线计划、产品发布计划、配置库备份计划等。配置项计划应确定有哪些配置项，以及这些配置项预计的正式发布时间。基线计划应确定有哪些基线、各个基线包含哪些配置项，以及这些基线预计的建立时间。

配置管理计划应该在项目计划阶段制定。对于小型项目，配置管理较为简单，可不制定单独的配置管理计划，而是融合到总的开发项目计划中。

为了提高配置管理的效率和安全性，开发项目组中应设立专门的配置管理员，由配置管理员制定和执行配置管理计划。配置管理委员会（configuration control board，CCB）是配置管理工作的决策机构，其主要职责是审批配置管理计划、审批重大的变更。CCB 主任一般由开发项目组经理担任，成员包括产品系统工程师、产品质量管理工程师、项目其他骨干成员。

（2）配置库管理。配置库管理工作由配置管理员（configuration management officer,

CMO）负责。配置库管理的工作内容包括设计和创建配置库，并为每个项目成员分配权限，各项目成员根据自己的权限操作配置库，例如从配置库检索、检入、检出配置项等。配置管理员还应定期维护配置库，例如清除垃圾文件、备份配置库等。

制定配置状态报告是配置库管理的一项重要工作。配置状态报告以配置库中的操作记录为基础，真实反映各配置项的变化和进展情况，从而也反映开发项目的进展情况。配置状态报告应定期制定，并发给项目管理层和项目相关成员，供其了解项目进展情况。

（3）版本管理。版本管理的目的是按照一定的规则保存配置项的所有版本，避免版本丢失或混乱，以便追溯配置项的版本变迁过程。在项目开发过程中，绝大部分的配置项都要经过多次修改才能最终确定下来，对配置项的每次修改都将产生新的版本。制定和实施配置项版本编号规则是做好版本管理工作的前提条件。

（4）变更管理。变更管理的目的是防止配置项被随意修改而导致混乱。在项目开发过程中，配置项发生变更几乎是不可避免的。变更的管理方法是建立并实施变更管理流程，对变更申请、审批、执行、关闭等活动做出统一规定。修改处于“草稿”状态的配置项不算是“变更”，无需 CCB 的批准，修改者按照版本控制规则执行即可。当配置项的状态成为“正式发布”后，必须依据“申请－审批－执行变更－再评审－结束”的变更规则执行。当配置项正在按照变更管理流程进行修改时，即进入“修改”状态。

（5）配置审计。配置审计是一种“过程质量检查”活动，是质量保证的工作职责之一。为了保证项目成员、配置管理员和 CCB 都遵守配置管理规范，产品质量管理人员要定期审计配置管理工作。例如，检查基线的各配置项版本是否一致，检查基线的配置项是否齐备等都属于配置审计工作。

13.2.3　项目成本和质量管理

13.2.3.1　管理信息系统项目的成本管理

成本管理是指对所产生的成本费用支出进行系统性的、有组织的预测、决策、计划、控制、核算、分析与考核等一系列的科学管理活动。管理信息系统的成本管理是指根据企业的信息化目标和信息系统的具体要求，在系统开发与实施过程中，对开发与实施成本进行有效的预测、计划、控制等管理活动，以达到强化系统管理、降低工程成本、提高工作效率、实现目标利润、为企业创造良好的经济效益的目的。

管理信息系统成本控制对企业信息化具有重要意义。实践表明，在系统开发过程中，忽视了成本控制，成本管理就会处于失控状态，如果在项目没有完成时超支严重，会使企业面临两难境地，要么放弃现有的系统开发工作，要么承担预算严重超支的后果，两种情况对企业都是致命的。而超预算的系统开发几乎成了信息系统开发的普遍现象。斯坦迪什咨询集团（The Standish Group International Inc.）的研究表明：IT 项目的实际成本一般是原始估算成本的 189%，这意味着项目估算成本为 100 万元，项目结束时则花费了 189 万元。可见有效的成本管理在管理信息系统开发与实施过程中具有重要意义。

1. 管理信息系统成本管理特点

管理信息系统的成本在企业萌生开发意向并开始参观咨询时就产生了。从管理信息系统的开发、实施、应用，直到系统被替代的整个生命过程中，都伴随着成本的发生。同时，在管理信息系统的实施与应用过程中，企业管理发生了深刻的变革，企业全体员工都要采用和适应企业新的管理方式，因此，成本控制的范围和难度都比较大。管理信息系统的成本管理具有以下特点：

（1）计划性。任何管理信息系统项目都要做投资预算，形成系统投资计划书，然后建立特定的管理机制，将成本落实到各个成本责任主体，进行分级归口管理，使责任单位明确责任范围，及时发现成本差异，分析成本节约或超支原因，分析其合理性，对不合理的情况采取措施予以纠正。

（2）阶段性。管理信息系统具有生命周期的属性，在周期的不同阶段，成本费用的特点各不相同，管理方法也随之有差异。采用阶段性管理的方法能更有效地进行成本的管理与控制。

（3）全员性。管理信息系统成本管理几乎涉及全体员工，每个员工都需要接受培训并适应新的管理方式，采取措施提高每个员工的成本意识可以减少成本的支出。

（4）例外性。与一般项目的成本管理相似，在管理信息系统项目成本管理过程中也会有许多例外和超常支出，对这类支出要给以特别关注，并对其追根溯源，查明原因，以便采取措施予以纠正。

2. 管理信息系统成本管理过程

成本管理过程由资源计划过程、费用估算过程、投资预算过程以及成本控制过程组成，要在预算控制下完成整个信息系统项目，这些过程是必不可少的。

（1）资源计划过程：决定完成管理信息系统各项活动需要哪些资源（人、设备、材料等）以及每种资源的需求量。在决定资源需求时，可以参考由行业专家提供的资源需求清单。

（2）费用估算过程：估算完成管理信息系统各种活动所需每种资源成本的近似值。通常会使用项目分解法将复杂的管理信息系统工作分解成若干简单的工作，再对这些简单的工作进行估算，最后汇总，形成一个总体的估计值。

（3）投资预算过程：是把前期估算的总成本分配到各项具体工作中去，通常先把完成系统的全部工作进行分解，包括按工作任务分解和按进度分解，然后参考费用估算值，详细计算各项工作和各阶段的基准成本，并制定费用使用计划。

（4）成本控制过程：包括控制项目预算的改变、监控成本执行、评审变更并向信息系统各项工作负责人及管理人员通报与成本有关的变更和执行状况。一个满意的控制系统具有四项基本活动：掌握计划执行要求；观察实际执行情况；比较计划要求与实际执行情况；进行必要的调整。其中前两项是对计划与执行情况的了解过程；第三项比较重要，通过比较得出计划执行效果结论，该结论直接影响第四项对执行情况的调整，因此，第三项在成本管理过程中非常重要；第四项的主要任务是修正成本估算、更新预算、纠正行为、完工估算和经验总结。

当项目计划执行要求可以量化时，可以计算实际执行情况与计划之间的量差，这个量差被称为偏差。通过计算偏差可以对实际执行情况进行评价；当计划执行要求不能量化时，比较执行情况与计划的要求就变得非常困难。管理信息系统的成本管理一般是由可量化的指标构成。下面重点介绍成本控制分析方法。

3. 管理信息系统成本控制分析方法

在成本控制过程中，对执行情况的分析比较是成本控制的重要一环，它是调整成本预算、纠正执行偏差的依据。传统的比较成本执行情况的方法是偏差法，即用相对应的一个量减去另一个量所得出的正或负的偏差来反映相应指标执行的好坏。用这种方法评价信息系统成本具有局限性，有时甚至是错误的。比如一个项目，目前已支出 105 万元，而计划支出是 100 万元，产生了–5 万元的偏差，它只表明按时间进度目前超支了 5 万元，并不能反映项目进展情况：是超前还是拖后、项目完成百分比是多少、系统全部完成的可能成本是多少……因此，这样单纯的偏差计算结果不能直接用于对系统成本控制的度量。

对任何需要长期执行的项目来说，成本与进度之间的关系比较紧密。成本支出、资金消耗量的大小与工作进度的快慢、提前或滞后有直接的关系。一般来说，累计成本支出与工作进度成正比。所以，只观察成本偏差的大小并不能对成本趋势、进度状态做出准确有效的估计。因此，在成本控制阶段，对成本的监控要连续监督系统工作中花费的资金量与工作进度之间的对应关系，也就是说，要使用成本/进度综合控制的指标和方法来监督成本的支出。目前，在项目管理中使用“项目成本与项目工期综合指数”的方法，可以对管理信息系统的开发与实施过程的成本控制进行评估与计算。在成本/工期综合评估方法中，美国国防部使用的“成本/工期控制系统标准”（cost/schedule control systems criteria，C/SCSC）为后来的项目成本控制体系的研究奠定了重要的基础。

为了有效地评价项目成本执行状况，很多学者相继使用了一个量化指标，即“项目实际完成工作量的预算成本价值（budget cost of work performed，BCWP）”。这个指标的引入对成本/进度评估分析方法具有重要意义。

（1）成本/进度分析法的主要因素

在成本/进度分析法中，涉及三个主要因素：计划工作的预算成本、已实施工作的预算成本和已实施工作的实际成本。

①计划工作的预算成本（budgeted cost of work scheduled，BCWS）：BCWS 是分时间段预算方法的应用，它通常在积累的基础上由每个单独的成本时间段来确定，对于任何给定的时间段，计划工作的预算成本在成本账目上是通过把该时间段内尚未开始的所有计划工作的全部预算汇总，然后再加上正在进行的计划工作的预算和这期间的管理费用的预算来确定。

②已实施工作的预算成本（budgeted cost of work performed，BCWP）：BCWP 包括在任何给定期间所有实际完成工作的预算成本。该成本可以在积累的基础上由单个时间段来确定。在成本账目上，已实施工作的预算成本量等于实际完成工作的预算汇总，再

加上适用于正在进行的工作的过程中已完成计划部分的预算和管理费用的预算。

③已实施工作的实际成本（actual cost of work performed，ACWP）：ACWP 是指在一个特定的时间段内完成已实施工作的实际成本，也就是在该时间段内，完成已实施工作的过程中实际发生并被记录的成本。

（2）成本/进度分析法的主要评价指标

“项目实际完成工作量的预算成本价值”这一指标概念的引入推进了项目成本控制评价的有效性和科学性，很多评价体系都较好地反映了系统成本的执行情况，下面介绍成本/进度评价体系中所涉及的主要的评价指标及其含义。

①成本偏差：

成本偏差＝已实施工作的预算成本（BCWP）–已实施工作的实际成本（ACWP）

它可以表示已完成工作的成本高于还是低于该项工作的预算：

成本偏差＞0，成本低于预算；

成本偏差＝0，成本等于预算；

成本偏差＜0，成本高于预算。

②进度偏差：进度偏差是指在成本条件下的偏差。

进度偏差＝已实施工作的预算成本（BCWP）–计划工作的预算成本（BCWS）

它可以表示已完成工作的进度是超前还是落后于计划进度：

进度偏差＞0，进度超前于计划；

进度偏差＝0，进度与计划相同；

进度偏差＜0，进度落后于计划。

③成本绩效指数（cost performance index，CPI）：

$$CPI = BCWP/ACWP$$

从这个公式中可以看出，如果发生了相同的成本偏差，但 BCWP 不同，CPI 的值也不同，所反映的重要程度也不同：

CPI＞1，目前成本低于预算，运作良好；

CPI＝1，目前成本与预算相同；

CPI＜1，目前成本超出预算，运作情况不佳。

④进度绩效指数（schedule performance index，SPI）：

$$SPI = BCWP/BCWS$$

SPI＞1，目前进度超前于计划，运作良好；

SPI＝1，目前进度与计划相同；

SPI＜1，目前进度落后于计划，运作情况不佳。

⑤项目未完成部分的估算（estimate to complete，ETC）：

$$ETC = (BAC - BCWP)/CPI$$

其中，BAC（budget at completion）指的是全部工作完成时的预算。

⑥完成项目总成本的估算（EAC）：

$$EAC = ETC + ACWP$$

其中，ETC 是项目未完成部分的估算，ACWP 是项目已完成工作的实际成本。

（3）成本/进度分析法应用

①成本/进度偏差分析法：在对信息系统的有关成本与进度的几项指标完成计算后，可以用成本/进度偏差表来反映系统的项目进展情况。例如，如果一个项目每个阶段计划工作的预算成本（BCWS）有固定不变的值为 70，已实施工作的实际成本（ACWP）及已实施工作的预算成本（BCWP）在各种情况下都有相应的变化，则成本与进度偏差表及情况分析如表 13-1 所示。

表 13-1　成本与进度偏差分析表

BCWS	BCWP	ACWP	成本偏差	进度偏差	对成本分析	对进度分析
70	70	70	0	0	成本等本预算	与计划相同
70	70	67	3	0	成本低于预算	与计划相同
70	70	73	–3	0	成本高于预算	与计划相同
70	68	70	–2	–2	成本高于预算	落后于计划
70	68	69	–1	–2	成本等于预算	落后于计划
70	69	71	–2	–1	成本高于预算	落后于计划
70	71	70	1	1	成本低于预算	比计划超前
70	71	71	0	1	成本等于预算	比计划超前

②成本/进度绩效分析法：成本进度绩效分析法主要涉及两个重要指标——CPI 与 SPI。利用这两个值对上面的结果进行分析，分析结果如表 13-2。

表 13-2　成本进度绩效分析表

BCWS	BCWP	ACWP	CPI	SPI	分析
70	70	70	1	1	CPI＝1，SPI＝1　成本、进度等于计划
70	70	67	1.04	1	CPI＞1，SPI＝1　成本低于预算，进度等于计划
70	70	73	0.96	1	CPI＜1，SPI＝1　成本高于预算，进度等于计划
70	68	70	0.97	0.97	CPI＜1，SPI＜1　成本高于预算，进度拖后
70	68	69	0.99	0.97	CPI＝1，SPI＜1　成本等于预算，进度拖后
70	69	71	0.97	0.99	CPI＜1，SPI＜1　成本高于预算，进度拖后
70	71	70	1.01	1.01	CPI＞1，SPI＞1　成本低于预算，进度超前
70	71	71	1	1.01	CPI＝1，SPI＞1　成本等于预算，进度超前

4. 管理信息系统项目成本控制的一般策略

除上述通过量化指标对管理信息系统成本进行控制外，在管理信息系统开发实施过程中，还有一些非量化的方法可以采用，这些方法对控制管理信息系统成本具有一定的成效。

（1）硬件成本控制方法

硬件是信息系统的重要组成部分。在信息系统建设时，如果企业没有一定的硬件基础，就需要在硬件上大量投资。硬件的投资预算差异较大，各种计算机不仅配置、功能、外观、价格等方面不同，而且与网络设备、网络操作系统以及应用软件相联系，一旦购置，就会长期使用，因此，对计算机选型需要充分论证，制定科学合理的计算机选型方案。选择硬件时应注意以下问题：

①关注计算机的性价比。计算机硬件更新速度快，最新的计算机价格很高，但持续时间一般不长，过于追求计算机的高性能会大大提高硬件的投入。最好的办法是充分考虑企业的业务需求，比如办公室的业务很多是文字处理，购买高档计算机容易造成资源浪费。

②硬件设备与网络设备统一考虑。计算机与网络紧密相关，网络又与企业组织结构及工作流程环境密切联系。统一考虑，形成综合解决方案，有利于使计算机发挥最大作用。

（2）软件成本控制方法

软件可以自行开发也可以直接购买，从发展趋势看，购买商品软件的企业会越来越多。商品软件具有通用性，功能比较全面，但与具体企业的业务要求会有偏差，有的软件可能还存在故障隐患。因此，商品软件的功能可能需要修改或扩展。在选择信息系统软件时，需要注意以下问题：

①通用商品软件功能较多，但有些功能不适用于具体企业，企业可以只选择适用的功能模块，以便降低成本，同时也减少使用上的困难。

②某些企业所需要的特殊功能在商品软件中可能没有，需要进行二次开发，因此存在二次开发成本。

③充分考虑新的信息系统软件与企业原有信息系统精华部分的结合问题，利用原系统可以降低成本，同时也可以保持企业部分业务数据的连续性。

（3）其他成本控制方法

系统开发与实施过程中会产生许多其他费用，对这些费用的控制方法通常是，在系统开发前期将系统中需要发生的费用进行合理预算，制定执行计划。在开发实施过程中，采取各种管理方法控制成本，如项目成本责任制、目标成本法等。与此同时，坚持早期测试、早期发现、早期改止的原则很重要。很多企业为节省资金，在系统开发早期不愿花费太多时间和精力进行测试。实践表明，早期投入的资金越少，后期投入的补充改正成本越大。例如，花费资金进行用户需求分析和 IT 项目早期测试，比等到项目完成后出现问题再解决，在资金利用上更为有效。如果在系统开发实施的用户需求分析阶段发现一个软件缺陷并弥补了它，对信息系统总成本而言，可能只需要增加几百元或几千元，而如果到系统完成之后再弥补相同的缺陷，在系统总成本中可能需要增加几万元甚至更多。

当前，IT 方面的投资已经成为企业的一个沉重负担。为了减轻 IT 成本压力，一些公司的高级主管把目光转向了第三方供应商。一方面，由于竞争加剧，很多公司从原来的多元化经营战略转向核心竞争力战略，很多企业的高管们通常认为 IT 是一个非核心的活动而加以外包；另一方面，随着信息产业的发展，原来的硬件和软件行业利润已经下降，一些供应商为了弥补这种损失，把目光转向了 IT 服务业，它们的雄厚实力和先进营销理念有力地促使公司考虑与供应商签订外包合同、建立战略伙伴关系。IT 供应商能以更低的成本运作 IT，因为它们具有规模经济性和更严格的成本控制，能够获取相对廉价的人力，更有能力保证一些削减成本措施的实施。通过 IT 外包，能够削减企业在非核心竞争力方面的投资，从而能够保证在核心活动上的资金投入，所以 IT 外包能够改善公司的财务业绩。

13.2.3.2　管理信息系统项目的质量管理

管理信息系统的质量管理是贯穿于管理信息系统生命周期全过程的全面质量管理，包括系统分析、系统设计、系统实施的软件、文档、开发人员和用户培训的质量管理。

1. 管理信息系统质量管理的意义

管理信息系统的质量对用户和开发者都是至关重要的。管理信息系统不同于一般的软件系统，它是一种管理软件，涉及许多复杂的管理过程和众多的人为因素，因此，信息系统的质量管理和质量保证难度更大。

由于用户在建设管理信息系统过程中需要投入大量的人力和金钱，系统质量的好坏将直接影响项目的经济效益。开发过程中的任何疏忽都会给系统带来影响，而导致系统开发的失败，甚至影响用户（企业）的经营发展。

在软件市场日益成熟的今天，用户不再接受对产品表面价值的说明，而是希望得到有质量保证的软件系统。软件开发者只有保证软件产品符合一定的国际质量标准，才有机会占领市场，否则必将失去竞争优势。

2. 管理信息系统开发项目的质量保证

管理信息系统开发项目的质量保证任务是及时发现并解决影响系统开发质量的问题。问题发现越早，对整个项目的影响就越小，项目成功的把握也就越大。软件质量保证的方法和措施主要有以下几种。

（1）软件质量保证过程。通过监控软件开发过程来保证软件质量，保证生产的软件产品及软件开发过程符合相应的标准和规范。软件质量保证手段主要有审计、评审等。审计包括对软件产品、软件工具和设备的审计，是为了评估软件产品及开发工具设备是否符合组织和项目的标准，鉴别偏差以便跟踪评价；评审是指对软件开发过程中的活动进行评审，保证软件定义在开发过程中得到遵循；对于审计和评审过程中所发现的不符合标准之处，软件质量保证人员要进行跟踪和处理，直到问题得到解决。

（2）同行评审。同行评审是由同行进行软件产品验证的活动，以便尽早从软件产品中识别并消除缺陷。与一般评审流程相似，同行评审包括策划、准备和实施 3 个阶段。同行评审的重点是确定产品的缺陷，而不是如何解决问题。在评审结束后，软件产品的开发者应该依据评审记录，修正软件产品中的缺陷，然后向同行评审负责人确认缺陷的修正。

在系统开发前期引入同行评审，可以加大软件开发前期工作质量保证的力度，提高对前期产品质量的保证，降低软件开发的成本，提高软件产品的整体质量。

（3）软件质量管理。软件质量管理的目的是建立对软件产品质量的定量控制，以便实现特定的质量目标。例如，在流程、时间表、功能、性能、接口和界面上的特定需求目标。对管理信息系统中所描述的软件部分实施内容丰富的测量计划，进行定量的质量管理。

（4）缺陷预防。缺陷预防的目的是鉴别缺陷产生的原因，并防止其再次发生。具体预防方法是建立项目缺陷分析的数据库，将分析结果尤其是具有普遍价值的分析过程与结果存储在数据库中，并通知组织中的其他软件项目组，避免产生类似的更复杂的缺陷。

（5）其他措施。为了提高系统质量，加强系统质量管理，系统的高层经理和项目经理应大力提倡并严格执行"七化原则"，即在软件质量管理中做到：行为规范化、报告制度化、报表统一化、数据标准化、信息网络化、管理可视化和措施及时化。

3. 管理信息系统质量控制点

在系统开发过程中可以通过对管理信息系统开发各阶段的一些质量控制点的质量控制，提高管理信息系统的质量。

系统规划阶段的质量控制点有：系统的目标和实现方法是否正确合理？系统的结构是否合理？系统的资源是否得到有效的应用？系统开发的基础条件是否具备？系统开发的计划是否可行？

系统分析阶段的质量控制点有：现行系统的描述是否正确？新系统功能是否明确？新系统逻辑模型是否合理？子系统的划分是否合理？

系统设计阶段的质量控制点有：系统结构的划分是否合理？数据存储的设计是否正确？系统的代码是否适合信息的处理？

系统实施阶段的质量控制点有：系统的结构化程度如何？程序测试过程中的错误是否得到纠正？系统的运行速度等性能指标是否实现？

4. 管理信息系统质量的指标体系

ISO9000 系列国际标准作为企业建立质量体系、提供质量保证的模式，被业界普遍接受。ISO9000 系列标准自从 1987 年发布以来，已经陆续发布了十几个相关的标准和指南，形成了质量管理和质量保证的标准体系，目前已被世界各国普遍采用。1994 年，我国在 ISO9000 系列标准的基础上发布了更适合我国特点的 GB/T 19000—1994 系列标准，为我国企业与国际接轨奠定了基础，被我国企业广泛采用。ISO9000 系列标准包含了综合的质量管理概念和指南，是现代质量管理和质量保证理论的结晶，也是质量管理实践经验的总结。

在 ISO9000 系列中，ISO9001 是一个可以适用于几乎所有行业的质量管理标准，尤其是 2008 版的 ISO9001，将产品的实现过程流程化，并以模块化的形式对生产组织的管理体系、管理职责、资源、产品实现、测量与改进等提出了质量管理的要求，更加适合管理信息系统开发和维护过程的质量管理。

软件产品不同于一般的物质产品，软件产品的质量问题经常是不可见的，只有在使用后才能发现。因此，对于软件产品的质量管理主要从技术和管理两方面进行。

从管理上，保证软件质量就是要加强软件开发过程中的质量管理。通过质量管理相对净化系统开发环境，使开发过程尽可能少产生差错或缺陷，从而减少查错和排错的工作量，提高软件质量。这就是ISO9000质量管理和质量保证标准的基本思想，它把与质量相关的问题集中到管理职责、质量体系、合同评审、设计控制、采购、检验、交付、培训及服务等20个要素中，要求明确，具有很好的可操作性。在遵循这些要求的基础上，可以结合管理信息系统本身的具体特点，建立相应的质量保证体系，贯彻实施这些质量要求，从而取得较好的质量管理效果。

在管理信息系统开发过程中推行ISO9000标准的步骤主要有：

- 识别原系统的开发质量控制体系，找出缺陷；
- 任命管理者代表，组建在系统开发过程中推行ISO9000标准的机构；
- 制定出系统开发的质量目标；
- 对各级人员进行必要的管理意识和质量意识训练，特别是ISO9001标准的培训；
- 编写系统开发质量体系文件；
- 在整个开发组织内部宣传系统开发质量体系文件，正式发布、培训和试运行；
- 进行若干次内部系统开发质量体系评审；
- 在内审的基础上对管理者进行评审；
- 完善和改进开发组织的质量管理体系。

5. 软件能力成熟度模型

（1）CMM概述

软件能力成熟度模型（capacity maturity model，CMM）是一个行业标准模型，用来定义和评价软件企业开发过程的成熟度，提供提高软件质量的指导。它是美国卡内基梅隆大学软件工程研究院（SEI）为了满足美国联邦政府评估软件供应商能力的要求，于1986年开始研究的模型，并于1991年正式推出CMM 1.0版，1993年推出1.1版。CMM自问世以来备受关注，在一些发达国家和地区得到了广泛应用，成为衡量软件公司软件开发管理水平的重要参考因素和改进软件开发过程的事实工业标准。

CMM为软件开发过程能力提供了一个阶梯式的改进框架，阶梯共有五级，每一级定义了一组过程能力目标，并描述了要达到这些目标应该采取的关键实践活动。软件组织通过努力一步步达到这些预定目标，从而改进软件开发过程，实现高效率、低成本交付高质量软件产品的战略目标。第一级实际上是一个起点，任何准备按CMM进行质量管理的企业一般都处于这个起点。除第一级外，每一级都设定了一组目标，如果达到了这组目标，则表明达到了成熟级别，可以向更高的一个级别迈进。CMM不主张跨越级别的进化，因为从第二级起，每一个低级别目标均是实现高级别的基础。

CMM五级成熟度分为初始级、可重复级、已定义级、定量管理级和优化级。

CMM为软件企业提供了控制开发和维护软件过程、培养优秀的软件工程和管理文化等方面的指导，为企业不断提高软件开发能力和管理水平指明了方向，最终也为管理信息系统开发质量的提高提供了努力方向。

为了整合不同模型中的最佳实践，建立统一模型，覆盖不同领域，供企业进行整个组织的全面过程改进，SEI 于 2001 年 12 月正式发布了能力成熟度集成模型（capability maturity model integration，CMMI）1.1 版本，这次发布标志着 CMMI 的正式使用。随后在 2006 年 8 月发布了 1.2 版本，2010 年 11 月发布了 1.3 版本。CMMI 模型最终取代了 CMM 模型。当前国内普遍使用的最新版本是 2018 年 7 月发布的 CMMI2.0 中文版。

（2）CMM 与 ISO9000 的比较

国际标准化组织的质量管理标准 ISO9000 与 CMM 均可作为软件企业的过程改善框架。CMM 仅仅适用于软件行业，而 ISO9000 的适用面更广，但绝不是说 ISO9000 不适合软件企业。实际上 ISO9000：2000 版标准和 CMM 遵循共同的管理思想，ISO9000：2000 版（ISO9001）标准已经彻底解决 1994 版的制造业痕迹较重、标准按要素描述难以在软件行业实施的问题。就目前软件企业实施 ISO9000 失败的原因来看，主要是未考虑软件行业特点和企业公司特点，盲目照搬其他行业和公司的模式，同时领导的重视程度和推行力度也不够。这些问题不解决，实施 CMM 同样会失败。

就内容来讲，ISO9001 不覆盖 CMM，也不完全覆盖 ISO9000。一般而言，通过 ISO9001 认证的企业可达到 CMM 二级或略高的程度，通过 CMM 三级的企业只要稍做补充，就可较容易地通过 ISO9001 认证。

ISO9001 与 CMM 均可作为软件企业的过程改进框架，其不同之处是，前者是“泛用”，后者是“专用”。ISO9001 标准面向合同环境，站在用户立场，要求对质量要素进行控制，规定了质量体系的最低标准。而 CMM 标准则强调软件开发过程的成熟度，即内部过程的不断改进和提高。在形式上，ISO9001 审核只有“通过”和“不通过”两个结论，而 CMM 评定则是一个动态过程，软件组织在通过低级别评估后，可根据高级别的要求确定改进方案。

13.2.4　项目人员管理

1. 组织管理

要想保证管理信息系统开发工作顺利启动，首先要建立项目的组织机构——项目组。项目组可以由负责项目管理和开发的不同方面的人员组成，项目组由项目组长或项目经理来领导。一般来说可以根据项目经费的多少和系统的大小来确定相应的项目组。项目组根据工作需要可设若干小组，小组的数目和每个小组的任务可以根据项目规模、复杂程度和周期长短来确定，可以设立的小组有：过程管理小组、项目支持小组、质量保证小组、系统工程小组、系统开发与测试小组、系统集成与安装调试小组等。一个好的项目组不一定能保证项目的成功，但一个差的管理组肯定会导致项目的失败。因此，在建立项目组时要充分利用项目组每个成员的特长，坚持将正确的开发方法贯穿始终。

在管理信息系统的开发过程中，下述各组织是必需的，但工作的划分不是绝对的。

（1）项目组长：项目组长是整个项目的领导者，其任务是保证整个开发项目的顺利进行，负责协调开发人员之间、各级最终用户之间、开发人员和广大用户之间的关系。同时他拥有资金的支配权，可以把资金作为强有力的工具来进行项目管理，对项目经理的资金运用情况可采用定期向上级汇报等方法进行合理监督。

（2）过程管理小组：过程管理小组的任务是负责整个项目的成本及进度控制，进行配置管理、安装调试、技术报告的出版、培训支持等任务，这是一个综合性的机构，用以保证整个开发项目的顺利进行。

（3）项目支持小组：项目支持小组的任务是保障后勤支持，它要及时提供系统开发所需要的设备、材料；负责进行项目开发的成本核算；负责合同管理、安全保证等，特别是对大型项目而言，由于其涉及的资金巨大、开发人员众多、材料消耗也多，尤其要进行科学的管理。

（4）质量保证小组：质量保证小组的任务是及时发现影响系统开发质量的问题并给予解决。问题发现越早，对整个项目的影响越小，项目成功的把握就越大。

（5）系统工程小组：由于信息系统开发是一项系统工程，因此可以按照工程的一般特性，用系统的观点制定出系统开发各个阶段的任务，这是系统工程小组的工作职责，即将整个开发过程按阶段划分出若干个任务，规定好每个任务的负责人、目标、检验标准、完成时间等。只有明确每一项任务的责、权、利，才能使得开发工作顺利进行。

（6）系统开发与测试小组：开发与测试小组的任务是充分利用系统开发的关键技术、开发模型以及成熟的商品软件从事各子系统的开发与集成，并对各系统进行测试。这是整个开发项目的关键，因此要组织好该小组的成员，并采用统一的方法和标准进行工作。

（7）系统集成与安装调试小组：系统集成是对整个信息系统进行综合的过程，该小组成员在充分注意软件、硬件产品与所开发的信息系统之间的结合，注意最大限度地保证系统可靠性及发挥系统的最高效率的前提下完成信息系统的软件、硬件等各方面的集成，并做好整个系统的测试与安装调试工作。

2. 人员管理

人员管理的任务主要是确定各类专业人员需求计划，对人员进行合理组织和使用，特别是进行人员培训。

对系统使用人员和系统维护人员的培训是系统投入应用的重要前提。需要进行培训的系统人员包括：系统操作人员、硬件及软件系统维护人员、管理决策人员、档案管理员等。对于尚未掌握计算机基本知识的人员，还要进行计算机基本知识方面的培训。

对人员的培训，总体包括下列内容：

（1）系统的总体方案及功能结构；

（2）系统网络及计算机的操作使用；

（3）数据库系统、开发工具等系统软件；

（4）系统事务型业务功能、维护型功能及统计分析型功能的操作和使用方法；

（5）系统的参数设置；

（6）系统初始数据输入功能的操作和使用方法；

（7）可能出现的问题及解决方法；

（8）汉字的输入方法；

（9）系统的使用权限与责任；

（10）系统的文档管理规范。

并不是系统的所有使用人员都要进行上述全部内容的培训。根据工作岗位的不同选择不同的内容进行培训，既可以节省宝贵的时间，也便于系统的安全与管理，可以参考表 13-3 中的建议进行培训内容的选择。

表 13-3　工作岗位与培训内容

培训内容	操作人员	维护人员	管理决策人员	归档人员
系统的总体方案	√	√	√	√
系统网络的操作与使用		√		
系统的功能结构		√	√	
计算机的基本操作与使用	√		√	
数据库、开发工具等系统软件		√		
系统事务型业务功能的操作和使用	√	√		
系统维护型功能的操作和使用		√		
系统统计分析型功能的操作和使用		√	√	
系统的参数设置		√		
系统初始数据输入功能的操作和使用	√	√		
可能出现的问题及解决方法	√	√		
汉字的输入方法	√			
系统的使用权限与责任	√	√	√	
系统的文档管理规范		√		√

维护人员应该具有丰富的计算机知识，否则他们将不能胜任系统维护的工作。管理决策人员的主要工作是分析决策，制定未来的发展战略，他们一般不需要进行具体业务的操作，关心的是综合性的统计信息。因此，管理决策人员除了要了解系统的业务功能结构，更要重点掌握统计分析功能的操作和使用方法。

13.2.5　项目风险管理

风险是由于存在不能预先确定的来自内部和外部的各种干扰因素，使管理信息系统开发项目的结果存在不确定性。项目风险主要来自三个方面：项目规模、使用技术的经验和项目结构。项目的投入越多，时间消耗越多，风险也就越大。

项目风险管理是对项目潜在的意外损失进行规划、识别、估计、评价、应对和监控的过程，是对项目目标的主动控制手段。采取主动行动，创造条件，尽量减少风险的有利结果，以最小的成本保证项目目标能够安全、可靠地实现。

1. 风险管理内容

项目风险管理的内容包括风险辨识、风险分析和风险跟踪。

（1）风险辨识。风险辨识就是找出潜在的风险源，在管理信息系统的开发中，风险源主要有：

①在总体规划和系统分析阶段进行的需求分析不完整、不稳定或不可行，最终影响

到系统的开发，从而使项目不能达到预定目标要求；

②在管理信息系统的设计过程中，设计结果的可用性、可实施性、可测试性较差，影响系统的具体实施，使开发出来的系统技术性能达不到预期目标；

③在系统的程序设计过程中，可能出现的不一致性或系统的支持较差或所选的软硬件不匹配；

④在项目的管理过程中，计划的准确性、可控性、经费运用分配的合理性等都会给整个开发工作带来风险。

（2）风险分析。辨识出风险后，就需要对风险做进一步的分析，制定规避风险的措施，将风险带来的影响降低到最低。

（3）风险跟踪。对辨识出的风险在系统开发过程中要进行严密的跟踪管理，随时确定风险的变化趋势，并及时调整计划。具体风险跟踪方法包括：

①加强对重大风险跟踪监控；

②定期对风险进行跟踪分析；

③风险跟踪应与项目管理中各阶段、各环节的管理活动相一致；

④风险的内容和对项目开发的影响应随时间的不同而有相应的变化。

因此，在项目管理过程中，随时研究项目风险并及时制定相应的风险应对策略是项目管理中不可缺少的工作内容。

2. 风险因素

影响项目风险的因素主要有三个：项目规模、决策的结构化程度和项目的技术难度。

（1）项目规模。项目规模越大，内容越多，所涉及的人员就越多，投入也越大，项目周期也就越长，从而项目风险也越大。项目规模的大小是项目管理者无法控制的，因此，对于大型项目的管理，在风险管理方面要做更多的投入，在编制项目计划时，要充分考虑大项目的风险，为项目的安全开发提供必要的保证。

（2）决策的结构化程度。如果某项管理决策的目标明确，有确定的信息需求，解决问题过程有规律可循，则称这类决策为结构化决策；反之，如果管理决策的目标本身含糊不清或多个目标混淆并且相互冲突，信息不全，无固定的规则和程序来解决问题，解决问题时主要依靠决策人员的智力、知识和经验，则这类决策称为非结构化决策。如果管理信息系统开发项目所涉及的决策多是结构化决策，则项目风险就小，因为其问题明确、有章可循、不可预见因素少，用户需求明确，项目计划就会更加准确。如果项目所涉及决策的结构化程度低，不确定因素多，且多涉及组织的中高层管理，用户需求难以确定，项目风险就大得多。

（3）项目的技术难度。如果开发项目所采用的技术相当成熟且开发人员十分熟悉，则项目的技术难度相对较低，风险也就相对较小。如果所采用的技术不成熟，或者开发人员对相应的硬件、操作系统、数据库管理系统等不熟悉，或缺乏相应环境下的开发经验，在这种情况下开发项目，项目风险必然加大。

3. 风险评价

要控制风险，首先要对风险进行评价，针对不同危害性的风险采取对应的管理措施。风险的评价内容主要有识别风险、分析风险，然后确定风险的等级。对于一个项目来说，任何可能发生并危害项目成功的条件、形势或事件都会构成风险。为了控制风险，先要识别风险。将识别出的风险汇总，形成项目中可能发生的风险表。这个表是控制项目风险的起点，可以帮助项目经理识别出当前项目可能存在的风险。

已经识别出的项目风险只是给出了可能危害项目达到其目标的事件，但是这些风险可能造成的危害大小、可能出现的概率大小是不同的。因此，在进行风险管理之前，必须先确定风险的危害等级，这样可以将管理力度集中到危害等级较高的风险上，以便利用有限的风险控制资源获取尽可能大的风险管理收益。

确定风险优先级的基本步骤如下所述：

（1）对于每个项目风险，可以将风险发生的可能性划分为低、中、高三个级别。如果风险数量较多，可以根据需要，在每个给定级别的范围内分配可能性数值：0.1、0.2、0.3，直至 1.0。

（2）根据每个风险对项目的危害程度评价为低、中、高或非常高风险等级。如果需要，为危害后果的级别按照 0.1～1.0 分别分配权重。

（3）综合风险发生的概率和风险发生后所带来的危害程度划分风险的综合等级。显然，那些高概率、高危害性的风险项目所具有的风险等级应该比那些低概率、低危害性的项目更高。

（4）选择具有高等级的风险项目进行跟踪和管理控制。

对各种风险项目进行评价的主要目的在于确定最高的几个风险项，然后重点关注这些风险项，而并不是对所有的风险项进行管理控制。一般情况下，具有高概率和严重危害性的风险是具有高代价的风险，对风险管理来说，这些风险项目应该优先管理。但是这种评价对风险管理控制中的成本-收益分析却不起作用。如果要实现真正有效的风险管理，需要从风险管理控制的成本-收益角度来考虑风险所带来的经济损失与控制该风险所需要付出的代价之比，在成本高过效益的情况下甚至可能放弃对风险的管理控制。

4. 风险管理措施

确定了风险及其危害等级后，问题就变成如何将风险带来的危害降到最低。首先需要制定风险缓解计划，然后执行风险缓解计划并监督风险的控制状况。

风险缓解计划实质上是列出有针对性的缓解风险的各种对策，将这些对策汇总形成一个缓解风险步骤计划，以帮助项目管理人员选择合适的风险缓解控制步骤。一般的风险类型及对应缓解风险的方法有以下几种情况：

（1）缺乏培训过的技术人力。估计项目开发需要多少经过培训的技术人力、经过培训的现有技术人力及两者之间的差额。弄清为补充这一差额需要多少人员参加培训，需要多少培训时间，准备进行哪些特定培训活动，这些培训活动所需要的资源有哪些。

（2）过多的需求变更。要求用户对最初需求说明的确认；使用户明白需求的变化会严重影响到项目实现的进度；建立用户需求变更的处理程序；要求用户对需求变更所引发的工作量额外付费。

（3）不清楚用户需求、不了解用户业务知识。增加与用户的交流，并确保能够从用户那里获取足够的业务知识；加强对开发团队的用户业务知识培训；使用系统开发的经验和逻辑来制定一些假设前提，模拟用户业务事务或为用户建立原型，并获得用户的确认。

（4）人力短缺。确保关键项目有多种资源支持；建立合适的团队、保持团队的积极活动；为团队成员提供工作轮换机会，使团队成员能够熟悉各种岗位的工作，随时补充各种可能出现的不同岗位的人力短缺；及时、正确地维护每个团队成员工作的文档，便于其他成员的接替、补充。

（5）强加于项目的外部驱动决策。用所支持的事实或数据来列出外部决策的缺点，并与强加决策人进行协商；如果这些外部决策不可避免，需要认真分析可能带来的实际风险并制定相应的缓解计划。

（6）系统没有满足性能需求。清晰地定义性能准则，并交给用户评审；定义必须遵守的标准来支持性能准则；实施能够满足性能准则的设计，并由专家对其进行评审；模拟关键处理行为的性能或为其建立原型；在可能的位置，用有代表性的大量数据进行测试。

（7）无法完成的进度计划。与用户商讨一个更好的、实际的进度；确定可以并行的任务；及早准备所需要的资源；确定可以自动完成的领域；如果无法通过关键路径问题的解决实现进度计划，需要与客户进行协商，按照实际工作进度重新调整进度计划。

风险贯穿于项目全过程。在一定程度上，细节的风险管理已经突破项目管理的范畴，如开发团队中的人员流动率。在风险管理中需要注意将风险管理包含在项目规划中，项目预算必须包含解决风险所需的经费。在管理信息系统项目开发中，风险是必然存在的，想彻底消除风险是不可能的。因此，如何采取合适的措施来降低风险、减少风险带来的损失是风险管理的重点。

第 14 章　信息系统安全管理

管理信息系统对任何一个组织，尤其是企业来说，在日常运行和管理、提高生产运营效率等方面都起着至关重要的作用。然而，当我们享受信息技术带来的便利和效益的同时，也要看到管理信息系统所处的网络环境，以及技术的复杂性使得保护信息资产和信息系统面临着前所未有的挑战，信息安全问题日益突出。

14.1　信息系统安全风险

近年来发生的信息系统遭遇安全风险、蒙受巨大损失的案例不胜枚举。由于管理信息系统面临的安全风险数量众多并且层出不穷，为了能更好地理解遍及信息世界的各种信息系统安全风险，Whitman 等把信息系统安全风险分为 12 大类，见表 14-1。

表 14-1　常见的信息系统安全风险及其所属类别

类别	信息系统安全风险
1. 人为过失或失败行为	用户意外操作
2. 对知识产权的侵犯	盗版软件
3. 间谍或蓄意入侵行为	黑客 口令攻击 信息窃听 用户网上行为被记录
4. 蓄意信息敲诈行为	数据勒索
5. 蓄意破坏行为	拒绝服务攻击
6. 蓄意窃取行为	计算机被盗 网络钓鱼
7. 蓄意软件攻击	计算机病毒 蠕虫 木马程序 僵尸电脑 流氓软件 垃圾软件
8. 自然灾害	自然灾害
9. 服务质量差	网络服务质量不稳
10. 技术硬件故障或错误	硬件故障
11. 技术软件故障或错误	后门程序
12. 技术淘汰	软件错误

面对如此众多的信息系统安全风险，想完全规避它们几乎是不可能的。但稍作观察就会发现，其中大多数安全风险来自人为的恶意侵害，其发生频率、危害性也是相对最大的。有鉴于此，人们投入了大量的物力、人力、财力，开展了信息系统安全管理。

14.2　信息系统安全技术与管理体系

14.2.1　信息系统安全技术体系

信息系统安全技术体系是实现安全信息系统所采用的安全技术的构建框架，包括：信息系统安全的基本属性、信息系统安全的组成与相互关系、信息系统安全等级划分、信息系统安全保障的基本框架、信息系统风险控制手段及其技术支持等。

从具体的应用软件构建划分，信息系统安全技术体系分为传输安全、系统安全、应用程序安全和软件安全。根据所涉及技术的不同，可将信息系统安全技术体系粗略地分为以下几项技术：

（1）信息系统硬件安全技术；

（2）操作系统安全技术；

（3）密码算法技术；

（4）安全协议技术；

（5）访问控制管理技术；

（6）安全通信技术；

（7）应用程序安全技术；

（8）身份识别和认证管理技术；

（9）入侵监测技术；

（10）防火墙技术等安全信息系统的构建技术。

这些技术都是构建安全信息系统的必要模块，而且必须合理有序地连接起来，形成一个支撑安全信息系统的技术平台。

14.2.2　信息系统安全管理体系

一个组织机构的信息系统安全管理体系，是从机构的安全目标出发，利用机构体系结构这一工具分析，理解机构自身的管理运行架构，并纳入安全管理理念，对实现信息系统安全所采用的安全管理措施进行描述，包括信息系统的安全目标、安全需求、风险评估、工程管理、运行控制和管理、系统监督检查和管理等方面，以期在整个信息系统开发生命周期内实现机构的全面可持续的安全目标。

信息系统安全管理体系范围广阔，主要包括以下内容：

（1）安全目标确定；

（2）安全需求获取与分类；

（3）风险分析与评估；

（4）风险管理与控制；

（5）安全计划制定；

（6）安全策略与机制实现；

（7）安全措施实施。

信息系统的构建主要基于安全目标和风险。因为作为一套为机构业务提供服务的信息系统，在它的构建过程中，工程人员首先要考虑信息系统在安全方面需要满足哪些安全目标，然后再分析评估所面临的风险。因此，信息系统安全管理体系要建构在安全目标和风险管理的基础之上。

信息系统安全管理体系各组成部分的关系具体如下：

（1）信息系统的安全目标由与国家安全相关的法律法规、机构组织结构、机构的业务需求等因素确定；

（2）将安全目标细化、规范化为安全需求，安全需求再按照信息资产（如业务功能、数据）的不同安全属性和重要性进行分类；

（3）安全需求分类后，要分析系统可能受到的安全威胁和面临的各种风险，并对风险的可能性和影响进行评估，得出风险评估结果；

（4）根据风险评估结果，选择不同的应对措施和策略，以便管理和控制风险；

（5）制定安全计划；

（6）设定安全策略和相应的实现策略的机制；

（7）实施安全措施。

很明显，在信息系统安全管理体系的组成部分里，有很多的管理概念与管理过程并不属于技术的范畴，但同时却是选择技术手段的依据。例如，信息资产的重要性、风险影响的评估、应对措施的选择等问题，都需要机构的最高管理层对机构的治理、业务的需要、信息化的成本效益、开发过程管理等问题上做出管理决策。所以，从机构目标的角度看，信息安全管理并不是单纯的技术管理，它也涉及整个机构长远发展的管理。

14.3　技术防护措施

14.3.1　防火墙

防火墙是设置在被保护网络和外部网络之间的一道屏障，以防发生不可预测的、潜在的破坏性侵入。它可通过监测、限制或更改跨越防火墙的数据流，尽可能地对外部屏蔽网络内部的信息、结构和运行状况，以此来实现网络的安全保护。

防火墙可以是计算机硬件或软件，具有的特征包括由内到外和由外到内的所有数据访问都必须通过它；只有本地安全策略所定义的合法访问才被允许通过它；防火墙本身无法被穿透。

通常意义上讲的硬防火墙为硬件防火墙，它是通过硬件和软件的结合来达到隔离内外部网络的目的，价格较贵，但效果较好，一般小型企业和个人很难实现；软件防火墙是通过软件的方式来达到，价格很便宜，但这类防火墙只能通过一定的规则来达到限制一些非法用户访问内部网的目的。

1. 防火墙的功能

（1）保护那些易受攻击的服务。防火墙能过滤那些不安全的服务，只有预先被允许的服务才能通过防火墙。这样降低了受到非法攻击的风险性，大大地提高了企业内部网的安全性。

（2）控制对特殊站点的访问。防火墙能控制对特殊站点的访问。如有些主机能被外部网访问而有些则要被保护起来，防止不必要的访问。通常会有这样一种情况，在内部网中只有 Mail 服务器、FTP 服务器和 WWW 服务器能被外部网访问，而其他访问则被防火墙禁止。

（3）集中化的安全管理。对于一个企业而言，使用防火墙比不使用防火墙可能更加经济一些。这是因为如果使用了防火墙，就可以将所有修改过的软件和附加的安全软件都放在防火墙上集中管理；而不使用防火墙，就必须将所有软件分散到各个主机上。

（4）对网络访问进行记录和统计。如果所有对 Internet 的访问都经过防火墙，那么防火墙就能记录下这些访问，并能提供网络使用情况的统计数据。当发生可疑操作时，防火墙能够报警并提供网络是否受到监测和攻击的详细信息。

2. 防火墙的类型

防火墙大致可以划分为包过滤防火墙、代理服务器防火墙、状态监视器防火墙三类。

（1）包过滤防火墙。包过滤防火墙是最简单的防火墙，通常只包括对源和目的 IP 地址及端口的检查。

①包过滤防火墙的工作原理。采用这种技术的防火墙产品，通过在网络中的适当位置对数据包进行过滤，根据检查数据流中每个数据包的源地址、目的地址、所有的 TCP 端口号和 TCP 链路状态等要素，然后依据一组预定义的规则，以允许合乎逻辑的数据包通过防火墙进入到内部网络，而将不合乎逻辑的数据包删除。

在 Internet 这样的分组交换网络上，所有往来的信息都被分割成许许多多一定长度的数据包（通常简称包），包中有发送者的 IP 地址和接收者的 IP 地址。当这些包被送上 Internet 时，路由器会读取接收者的 IP 地址并选择一条物理上的线路将其发送出去，数据包可能以不同的路线抵达目的地，当所有的包抵达后会在目的地被重新组装还原。包过滤式的防火墙会检查所有通过的数据包里的 IP 地址，并按照系统管理员所给定的过滤规则过滤数据包。如果防火墙设定某一 IP 地址为危险，从这个地址来的所有信息都会被防火墙屏蔽掉。

②包过滤防火墙的优缺点。包过滤防火墙最大的优点是价格较低；对用户透明；对网络性能的影响很小；速度快；易于维护。但它也有一些缺点：包过滤配置起来比较复杂，通常需要具备网络、数据传输方面的细节知识，有时甚至需要应用协议方面的知识；它对 IP 欺骗式攻击比较敏感（IP 欺骗式攻击是指黑客修改数据包头中的 Internet 协议地址，把 IP 地址改成可被接受的地址，以此骗取对企业内部网的访问）；它没有用户的使用记录，这样就不能从访问记录中发现黑客的攻击记录。攻击一个单纯的、包过滤式的防火墙对黑客来说是比较容易的，他们在这一方面已经积累了大量的经验。

（2）代理服务器防火墙。代理服务器防火墙使用一个客户程序与特定的中间节点（防火墙）连接，然后中间节点与服务器进行实际连接。代理服务器技术是防火墙技术中最受推崇的一种安全技术措施，它可以将被保护的网络内部结构屏蔽起来，增强网络的安全性能，同时可以用于实施较强的数据流监控、过滤、记录和报告等功能。

①代理服务器防火墙的工作原理。代理服务器运行在两个网络之间，它对于客户来说像一台真服务器一样，而对于外界的服务器来说，它又是一台客户机。当代理服务器接收到用户的请求后，会检查用户请求的站点是否符合公司的要求，如果公司允许用户访问该站点，代理服务器会像一个客户一样，去那个站点取回所需信息再转发给客户。

代理服务器通常都拥有一个高速缓存，这个缓存存有用户经常访问的站点内容，在下一个用户要访问同样站点时，代理服务器就用不着重复查取同样的内容，这样做既节约了时间，也节约了网络资源。代理服务器会像一堵墙那样挡在内部用户和外界之间，从外面只能看到代理服务器而看不到任何的内部资源，诸如用户的 IP 地址等。

②代理服务器防火墙的优缺点。代理服务器防火墙的优点：可以将被保护的网络内部结构屏蔽起来，增强网络的安全性；可用于实施较强的数据流监控、过滤、记录和报告等。代理服务器防火墙的缺点：访问速度变慢，因为它不允许用户直接访问网络；应用级网关需要针对每一个特定的 Internet 服务安装相应的代理服务器软件，用户不能使用未被服务器支持的服务，这就意味着用户可能会花费一定的时间等待新服务器软件的安装；并不是所有的 Internet 应用软件都可以使用代理服务器。

（3）状态监视器防火墙。

①状态监视器防火墙的工作原理。这种防火墙的安全特性是非常好的，它采用了一个在网关上执行网络安全策略的软件引擎，称之为检测模块。检测模块在不影响网络正常工作的前提下，采用抽取相关数据的方法对网络通信各层实施监测，抽取部分数据，即状态信息，并动态地保存起来，作为以后制定安全决策的参考。当用户访问到达网关的操作系统前，状态监视器要抽取有关数据进行分析，结合网络配置和安全规定做出接纳、拒绝、鉴定或给该通信加密等决定。一旦某个访问违反安全规定，安全报警器就会拒绝该访问，并被记录，向系统管理器报告网络状态。

②状态监视器防火墙的优缺点。状态监视器的优点：检测模块支持多种协议和应用程序，并可以很容易地实现应用和服务的扩充；它会监测 RPC 和 UDP 之类的端口信息，而包过滤和代理网关都不支持此类端口性能检测。状态监视器的缺点：配置非常复杂；会降低网络的速度。

14.3.2　病毒防护

计算机病毒是一组程序，一段可执行代码，是一种隐藏在信息系统的可存取信息资源中，利用系统信息资源进行繁殖并且生存，能影响计算机系统正常运行，并通过系统信息关系和途径进行传染的、可执行的编码集合。

1. 网络病毒的特点

管理信息系统的网络化使多台计算机能够共享数据资料和外部资源，然而也给计算机病毒带来了更为有利的生存和传播环境。在网络环境下，病毒可以按指数增长模式进行传染，病毒一旦侵入计算机网络，会导致计算机效率急剧下降、系统资源遭到严重破坏，并在短时间内造成网络系统的瘫痪。所以网络病毒除具有单机病毒的特点外，还具有以下几个特点：

（1）传染方式多。病毒入侵网络系统的主要途径是通过工作站传播到服务器硬盘，再由服务器的共享目录传播到其他工作站。

（2）传播速度快。在网络中病毒可通过网络通信机制，借助于高速电缆迅速扩散。由于病毒在网络中的传播速度非常快，故其扩散范围很大，不但能迅速传染局域网内所有计算机，还能通过远程工作站在一瞬间内传播到千里之外。

（3）清除难度大。在单机上，再顽固的病毒也可通过删除带毒文件、重装硬盘等措施将病毒清除，而网络中只要有一台工作站未消毒干净，就可使整个网络全部被病毒重新感染，甚至刚刚完成消毒工作的一台工作站也有可能被网上另一台工作站的带毒程序所传染，因此，仅对工作站进行杀毒处理并不能彻底解决网络病毒问题。

（4）破坏性强。网络上的病毒将直接影响网络的工作，轻则降低速度，影响工作效率，重则造成网络系统的瘫痪，破坏服务器系统资源，使众多工作毁于一旦。

2. 网络病毒的防治

网络病毒的防治方法主要分为基于工作站和基于服务器两种防治方法。

（1）基于工作站的防治方法。工作站是网络的门户，只要将这扇门关好，就能有效地防止病毒的入侵。单机反病毒手段，如单机反病毒软件、防病毒卡等同样可保护工作站内存和硬盘的清洁，因而这些手段在网络反病毒大战仍然大有用武之地，在一定程度上可以有效阻止病毒在网络中的传播。

由于受硬件防毒技术的影响，反病毒专家还推出了另一种基于工作站的病毒防治方法，这就是工作站病毒防护芯片。这种方法是将防病毒功能集成在一个芯片上，安装于网络工作站，以便经常性地保护工作站及其通往服务器的途径。其基本原理是基于网络上的每个工作站都要求安装网络接口卡，而网络接口上有一个 Boot ROM 芯片，因为多数网卡的 Boot ROM 并没有充分利用，都会剩余一些使用空间，所以如果防毒程序够小的话，就可以安装在 Boot ROM 的剩余空间内，而不必另插一块芯片。这样，将工作站存取控制与病毒保护能力合二为一地插在网卡的 EPROM 槽内，用户可以免去许多烦琐的管理工作。

（2）基于服务器的防治方法。服务器是网络的核心，一旦服务器被病毒感染，就会使服务器无法启动，整个网络陷于瘫痪，造成灾难性后果。基于网络服务器的、实时扫描病毒的防护技术一般具有如下功能：

①扫描范围广。采用此技术，可随时对服务器中的所有文件实施扫描，并且可对所有文件集中检查是否带毒。若有带毒文件，则向网络管理员提供几种处理方法，允许用户清除病毒，或删除带毒文件，或更改带毒文件名成为不可执行文件名，并隔离到一个特定的病毒文件目录。

②实时在线扫描。网络病毒技术必须保持全天 24 小时监控网络中是否有带毒文件进

入服务器。为了保证病毒监测的实时性，通常采用多线索的设计方法，让检测程序作为一个随时可以激活的功能模块。实时在线扫描能及时追踪病毒的活动，及时报告网络管理人员和工作站用户。

③服务器扫描选择。该功能允许网络管理员定期检查服务器中是否带毒，例如，可按每月、每星期、每天集中扫描一下网络服务器，这样网络用户拥有极大的操作选择余地。

④自动报告功能及病毒存档。当网络用户将带毒文件有意或无意拷入服务器中时，网络防病毒系统必须立即通知网络管理员，同时记入档案。病毒档案一般包括病毒类型、病毒名称、带毒文件所存的目录及工作站标识等，另外还要登记对病毒的处理方法。

⑤工作站扫描。基于服务器的防病毒软件不能保护本地工作站硬盘，可以在服务器上安装防毒软件，同时在网上的工作站内存中调入一个常驻扫描程序，实时检测在工作站中运行的程序。

⑥对用户开放的病毒特征接口。如何使防病毒系统能对付不断出现的新病毒，就要求开发商能够使自己的产品具有自动升级功能，典型做法是开放病毒特征数据库。用户随时将遇到的带毒文件，经过病毒特征分析程序，自动将病毒特征加入特征库，以随时增强抗毒能力。

基于网络服务器的防治病毒方法的优点主要表现在：不占用工作站的内存，可以集中扫毒，能实现实时扫描功能，软件安装和升级都方便。特别是联网计算机如果很多，利用这种方法比为每台工作站都安装防病毒产品要节省成本。

14.3.3　入侵检测

传统的网络安全机制策略和工具如防火墙、VPN（虚拟专用网）、访问控制等只能被动地防御入侵行为，它们对入侵行为的反应非常迟钝，不能对未知的攻击行为进行预防，不能根据网络行为的变化及时调整系统的安全策略。为此，人们提出了入侵检测技术。入侵检测是根据网络攻击行为而设计的，它不仅能够发现已知入侵行为，而且有能力发现未知的入侵行为，并可以通过学习和分析入侵手段，及时调整系统策略以加强系统的安全性。目前入侵检测技术已经成为人们关注的热点，并被寄予厚望，可以真正保障系统安全。

14.3.3.1　入侵检测简介

1. 入侵检测的概念

入侵检测系统（intrusion detection system，IDS）依照一定的安全策略，对网络、系统的运行情况进行监视，尽可能发现各种攻击企图、攻击行为或攻击结果，以保证网络系统资源的机密性、完整性和可用性。入侵检测就是对计算机和网络资源上的恶意使用行为进行识别和响应的过程，不仅检测来自本身网络外部的入侵行为，而且也监督内部用户的未授权活动。这就像人们的房间里安装了摄像机，可以监视进入房间的是什么人及发生的各种活动。

入侵检测系统是一种积极主动的安全防护工具。它从计算机网络系统中的若干关键点收集信息，并分析这些信息，检查网络中是否有违反安全策略的行为和遭到袭击的迹象。入侵检测被认为是防火墙之后的第二道安全闸门，在不影响网络性能的情况下能对网络进行监测和保护。

入侵检测的优点主要体现在两个方面：一是它可以通过“学习”对未知攻击进行防御；二是它可以对内部攻击进行防御。

2. 入侵检测系统的功能和组成

（1）入侵检测系统的功能：入侵检测是防火墙的合理补充，可以有效地应对网络攻击，扩展了系统管理员的安全管理能力，提高了信息安全基础结构的完整性。入侵检测系统能够捕获并记录网络上的所有数据，同时能够分析网络数据并提炼出可疑的、异常的网络数据，能够穿透一些巧妙的伪装，抓住实际的内容，对入侵行为自动地进行反击，例如阻断连接。通常入侵检测系统的功能如下。

①发现：检测入侵者的攻击、探测行为，监视用户和系统的运行状况，发现越权操作；

②响应：提供入侵响应机制，包括报警、切断连接等；

③报告：报告计算机系统或网络中存在的安全威胁；

④审计：审计系统配置和漏洞，提供有关攻击的信息，帮助管理员诊断网络中存在的安全弱点，利于其进行改进；

⑤评估：评估关键系统和数据的完整性；

⑥学习：提高网络安全管理的质量；

⑦记录：通过检测并且记录网络中的安全违规行为，惩罚网络犯罪，防止网络入侵事件的发生。

（2）入侵检测系统的组成：入侵检测系统分为事件发生器、事件分析器、响应单元、事件数据库四个组件。事件发生器的目的是从整个计算机环境中获得事件，并向系统的其他部分提供此事件。事件分析器分析得到的数据，并产生分析结果。响应单元则是对分析结果做出反应的功能单元，它可以只简单地报警，也可以做出切断连接、改变文件属性等强烈反应。事件数据库是存放各种中间和最终数据的地方，它可以是简单的文本文件，也可以是复杂的数据库。

3. 入侵的途径

入侵者进入系统通常采用下面几种主要途径：

（1）物理入侵。这包括两个方面的内容，一是未经授权的对网络硬件的连接；二是未经授权的对物理资源的访问。入侵者可直接接触主机等物理设备，从而对物理设备进行攻击。

（2）系统入侵。这类入侵表现为入侵者已经在系统中拥有较低的权限，利用漏洞非法提升其权限，直至获得系统管理员权限。

（3）网络入侵。网络入侵指入侵者通过网络远程进入系统。入侵者本不是系统的用户，没有任何用户权限，入侵者利用系统或程序的漏洞进入系统并获得用户权限，进而提升到管理员权限，并在系统中设置后门。

网络入侵是入侵者常采用的入侵方式。其实，只要用户的网络连接入 Internet，就面临着网络入侵的威胁。网络入侵通常分为 3 个不同的阶段：

第一个阶段是确定入侵目标。动机是发泄不满、取得关键文件或数据、提升用户权限、破坏系统资源的可用性、控制系统实现对其他系统的攻击等。

第二个阶段是侦测目标系统并获取信息。此阶段入侵者通过各种手段获得所需信息，常用的有系统扫描和探测、收集公共数据信息等。

第三个阶段是实施攻击。入侵者利用第二个阶段发现的系统漏洞，采用攻击工具，进入系统以取得网络的访问权。然后，入侵者会去提升其访问权限，以获得管理员权限，这样就可以控制系统的资源，安装后门程序，或是利用它攻击其他目标等。

14.3.3.2 入侵检测的分类和方法

1. 入侵检测系统的分类和特性

（1）入侵检测系统的分类

①按照数据来源可以将入侵检测系统分为基于主机的入侵检测系统、基于网络的入侵检测系统和混合型入侵检测系统。基于主机的系统获取数据的来源是系统运行所在的主机，保护的目标也是系统运行所在的主机。基于网络的系统获取的数据是网络传输的数据包，保护的目标是网络的运行。混合型入侵检测系统综合了两种入侵检测技术的优点，实现对网络和主机的全面检测。

②根据分析数据时采用的检测方法，可将入侵检测系统分为两类：基于误用的入侵检测系统和基于异常情况的入侵检测系统。基于误用的入侵检测系统是通过预先精确定义的入侵签名，对观察到的用户和资源使用情况进行检测；基于异常情况的入侵检测系统是从审计记录中抽取一些相关量进行统计，为每个用户建立一个用户扼要描述文件，当用户行为与以前的差异超过设定的值时，就认为有可能有入侵行为发生。

③按系统各模块的运行方式可以将入侵检测系统分为集中式入侵检测系统和分布式入侵检测系统。集中式入侵检测系统的各个模块集中在一台主机上运行，分布式入侵检测系统的各个模块分布在不同的计算机和设备上。

④根据时效性可以将入侵检测分为脱机分析入侵检测和在线分析入侵检测。脱机分析入侵检测是在行为发生后，对产生的数据进行分析；联机分析入侵检测是在数据产生的同时或者发生改变时进行分析。

（2）入侵检测系统的特性

①自治性：能够持续运行而不需要人为的干预。

②容错性：系统崩溃后能够自动恢复。

③抗攻击：入侵检测系统本身应该是健壮的，它能够发现自身是否被攻击者修改。

④可配置：能够根据系统安全策略的调整而改变自身的配置。

⑤可扩展性：被监控的主机数目大量增加时，仍能快速准确地运行。

⑥可靠性：如果系统中的某些组件因故终止，其他组件仍正常运行，并尽可能减少

故障带来的损失。

2. 入侵检测方法

常用的入侵检测方法有三种：静态配置分析、异常性检测方法和基于行为的检测方法。

（1）静态配置分析：通过检查系统的配置（如系统文件的内容）来了解系统是否已经或者可能会遭到破坏。静态是指检查系统的静态特征（如系统配置信息）。采用静态分析方法是因为入侵者对系统攻击时可能会留下痕迹，可通过检查系统的状态检测出来。

另外，系统在遭受攻击后，入侵者也可能在系统中安装一些安全性后门以便于以后对系统进行进一步攻击。对系统的配置信息进行静态分析，可及早发现系统中潜在的安全性问题，并采取相应的措施来补救。但这种方法需要对系统的缺陷尽可能地了解，否则，入侵者只需要简单地利用系统中那些检查者未知的缺陷就可以避开检测。

（2）异常性检测方法：是一种在不需要操作系统及其安全性缺陷的专门知识的情况下，就可以检测入侵者的方法，同时它也是检测冒充合法用户的入侵者的有效方法。但是，在许多环境中，为用户建立正常行为模式的特征轮廓及对用户活动的异常性进行报警的门限值的确定都是比较困难的。因为并不是所有入侵者的行为都能够产生明显的异常性，所以在入侵检测系统中，仅使用异常性检测技术不可能检测出所有的入侵行为。有经验的入侵者还可以通过缓慢地改变他的行为，改变入侵检测系统中的用户正常行为模式，使其入侵行为逐步变为合法，这样就可以避开使用异常性检测技术的入侵检测系统的检测。

（3）基于行为的检测方法：通过检测用户行为中的那些与某些已知的入侵行为模式类似的行为，以及那些利用系统中的缺陷或者间接地违背系统安全规则的行为，来检测系统中的入侵活动。

基于入侵行为的入侵检测技术的优势在于，如果检测器的入侵特征模式库中包含一个已知入侵行为的特征模式，就可以保证系统在受到这种入侵行为攻击时能够把它检测出来。目前主要是从已知的入侵行为及已知的系统缺陷来提取入侵行为的特征模式，加入到检测器入侵行为特征模式库中，避免系统以后再遭受同样的入侵攻击。但是，对于一种入侵行为的变种却不一定能够检测出来。这种入侵检测技术的主要局限在于，它只是根据已知的入侵序列和系统缺陷的模式来检测系统中的可疑行为，而不能实现对新的入侵攻击行为及未知的、潜在的系统缺陷的检测。

基于行为的检测主要可以分成三类：基于专家系统、状态迁移分析技术和模式匹配的入侵检测系统。

①专家系统。早期的入侵检测系统多数采用专家系统来检测系统中的入侵行为。NIDES、W&S、NADIR 等系统的异常性检测器中都有一个专家系统模块；在这些系统中，入侵行为编码成专家系统的规则。每个规则具有“IF 条件-THEN 动作”的形式，其中条件为审计记录中某个域上的限制条件；动作表示规则被触发时入侵检测系统所采取的处理动作，可以是一些新事实的断言或者是提高某个用户行为的可疑度。这些规则可以识别单个审计事件，也可以识别表示一个入侵行为的一系列事件。专家系统可以自动

地解释系统的审计记录并判断是否满足描述入侵行为的规则。

但是，使用专家系统规则表示一系列的活动不具有直观性，除非由专业的知识库程序员来做专家系统的升级，否则规则的更新很困难，而且使用专家系统分析系统的审计数据也很低效。另外，使用专家系统规则很难检测出对系统的协同攻击。

②状态迁移分析技术。一个入侵行为就是由攻击者执行的一系列的操作，这些操作可以使系统从某些初始状态迁移到一个可以威胁系统安全的状态。这里的状态指系统某一时刻的特征（由一系列系统属性来描述）。初始状态对应于入侵开始时的系统状态，危及系统安全的状态对应于已成功入侵时刻的系统状态，在这两个状态之间则可能有一个或多个中间状态的迁移。在识别出初始状态、威胁系统安全的状态后，主要应分析在这两个状态之间进行状态迁移的关键活动，这些迁移信息可以用状态迁移图描述或者用于生成专家系统的规则，从而用于检测系统的入侵活动。

③模式匹配的方法。模式识别入侵检测方法可以处理四种类型的入侵行为：

• 通过审计某个事件的存在性即可确定的入侵行为。
• 根据审计某一事件序列的顺序出现即可识别的入侵行为。
• 根据审计某一具有偏序关系的事件序列的出现即可识别的入侵行为。
• 审计的事件序列发生在某一确定的时间间隔或者持续的时间在一定的范围，根据这些条件就可以确定的入侵行为。

3. 入侵检测的步骤

入侵检测系统的作用是实时地监控计算机系统的活动，发现可疑的攻击行为，以避免攻击的发生或减少攻击造成的危害。由此也划分了入侵检测的 3 个步骤：信息收集、数据分析和响应。

（1）信息收集。入侵检测的第一步就是信息收集，收集的内容包括整个计算机网络中系统、网络、数据及用户活动的状态和行为。

入侵检测在很大程度上依赖于收集信息的可靠性、正确性和完备性。因此，要确保采集、报告这些信息的软件工具的可靠性，这些软件本身应具有相当强的坚固性，能够防止被篡改而收集到错误的信息。否则，黑客对系统的修改可能使入侵检测系统功能失常，但看起来却跟正常的系统一样。

（2）数据分析。数据分析是入侵检测系统的核心，它的效率高低直接决定了整个入侵检测系统的性能高低。根据数据分析的不同方式，可将入侵检测系统分为异常入侵检测与滥用入侵检测两类。

①异常入侵检测：异常入侵检测也称为基于统计行为的入侵检测。它首先建立一个检测系统认为是正常行为的参考库，并把用户当前行为的统计报告与参考库进行比较，寻找偏离正常值的异常行为。

如果报告表明当前行为背离正常值超过了一定限度，那么检测系统就会将这样的活动视为入侵。它根据使用者的行为或资源使用状况的正常程度来判断是否发生入侵，而不依赖于具体行为是否出现来检测。例如，一般在白天使用计算机的用户，如果突然在午夜注册登录，则被认为是异常行为，有可能是某入侵者在使用。

②滥用入侵检测：滥用入侵检测又称为基于规则和知识的入侵检测。它运用已知攻击方法及根据已定义好的入侵模式，把当前模式与这些入侵模式相匹配来判断是否出现了入侵。因为很大一部分入侵是利用了系统的脆弱性，通过分析入侵过程的特征、条件、排列及事件间的关系，具体描述入侵行为的迹象。这些迹象不仅对分析已经发生的入侵行为有帮助，而且对即将发生的入侵也有警诫作用，因为只要部分满足这些入侵迹象就意味着可能有入侵发生。

③异常入侵检测与滥用入侵检测的优缺点：异常分析方式的优点是它可以检测到未知的入侵，缺点则是漏报、误报率高。异常分析一般具有自适应功能，入侵者可以逐渐改变自己的行为模式来逃避检测，而合法用户正常行为的突然改变也会造成误报。在实际系统中，统计算法的计算量庞大，效率很低，统计点的选取和参考库的建立也比较困难。与之相对应，滥用入侵检测的优点是准确率和效率都非常高，缺点是只能检测出模式库中已有的类型攻击，随着新攻击类型的出现，模式库需要不断更新。

攻击技术是不断发展的，在其攻击模式添加到模式库以前，新类型的攻击就可能会对系统造成很大的危害。所以，入侵检测系统只有同时使用这两种入侵检测技术，才能避免不足。这两种方法通常与人工智能相结合，以使入侵检测系统有自学习的能力。

（3）响应。数据分析发现入侵迹象后，入侵检测系统的下一步工作就是响应，而响应并不局限于对可疑的攻击者。目前的入侵检测系统一般采取下列响应：

①将分析结果记录在日志文件中，并产生相应的报告。

②触发警报，如在系统管理员的桌面上产生一个报警标志位，向系统管理员发送传呼或电子邮件等。

③修改入侵检测系统或目标系统，如终止进程、切断攻击者的网络连接或更改防火墙配置等。

14.3.4　加密技术

加密就是将明文数据进行某种变换，使其成为一种不可理解的形式。这种不可理解的形式称为密文。解密是加密的逆过程，即将密文还原成明文。加密和解密必须依赖两个要素，这两个要素就是算法和密钥。算法是加密和解密的计算方法；密钥是加密和解密必需的一串数字。

加密技术分为对称加密技术和非对称加密技术两大类。对称加密技术的特点是加密和解密使用相同的密钥。该方法最大的优点是使用简单快捷，常见的对称加密算法有数据加密标准（DES），还有国际数据加密算法（IDEA）。但是，对称加密技术也存在以下缺点：首次通信时，双方必须以特殊的方式传递统一的密钥；当通信对象增多时，需要相应更多数量的密钥；对称加密技术要求双方共同保守秘密，在管理和分发密钥过程中，有任何一方泄露密钥都会造成泄密，存在潜在的危险和管理上的复杂性，泄密后也难以分清责任。

非对称加密技术，也称为公私钥加密技术。它克服了对称加密技术密钥管理和分发上的难题，加密和解密使用两把密钥，一把公有密钥（公钥），另一把私有密钥（私钥），它们实际上是两个很大的质数，用其中的一个质数与明文相乘可以得到密文，用另一个质数与密文相乘可以解密得到明文，但是不能用一个质数得到另一个质数。公有密钥与私有密钥是配对使用的，若用公有密钥对数据进行加密，则用对应的私有密钥才能解密；若用私有密钥对数据进行加密，那么只有用对应的公有密钥才能解密。常用的非对称加密方法是，发送方用接收方的公钥加密，接收方自己用自己的私钥解密，从而保证第三方在没有接收方私钥的情况下绝不可能得到明文。该方法将加密算法和公钥对外公开，比如可以放在网页上供人们下载，也可以公开传送给任何需要通信的人，而私钥只有自己知道，严格保管，这样既解决了信息保密性问题，又克服了对称加密中密钥管理与分发传递问题。常用的非对称加密技术采用 RSA 算法。

显然，加密技术可以保证信息的保密性。即使管理信息系统被非法入侵者侵入或传输中被第三方截获，也能最大限度地保证信息不被泄密，从而不会丢失或被盗用。

14.3.5 身份认证和数字签名

14.3.5.1　身份认证

身份认证（身份鉴别）指的是证实某人或某物（消息、文件、网站等）的真实身份与其所声称的身份是否相符的过程，目的是防止假冒和欺诈。身份认证一般在用户登录某个计算机系统或者访问某个资源时进行，在传送一些重要数据时（如网上支付）也需要进行身份认证，下文将介绍的数字签名就是身份认证的一种方法。

身份认证必须准确快速地分辨出真伪。常用的方法分成三类：①依据某些只有被鉴别对象本人才知道的信息来进行鉴别，例如口令、私有密钥、个人身份证号码等；②依据某些只有被鉴别对象本人才具有的信物（令牌）来进行鉴别，例如磁卡、IC 卡、U 盾等；③依据某些只有被鉴别对象本人才具有的生理和行为特征来进行鉴别，例如指纹、手纹、笔迹、说话声音或人脸图像等。

最简单也是使用最普遍的身份认证方法是口令（密码）。早期口令的长度一般为 6～8 个字符，现在一般建议 12 个字符以上，视系统的安全需求和保密等级而定，选择的原则是易记、难猜、抗分析能力强。采用口令进行身份认证的安全性并不高，因为它容易泄露、容易被猜中、容易被窃听、容易从计算机中被分析出来。

因此在使用口令作为身份认证时，应采取一些防范措施，如严格限制非法登录的次数，要求口令中既有字母又有数字长度 12 位以上，在口令验证中插入实时延迟，不要使用与用户特征相关的口令（如生日、电话号码等），要求口令定期修改……

采用令牌进行身份认证的缺点是丢失令牌将导致他人能轻易进行假冒。

借助生理特征（如指纹、声纹、人脸）进行身份认证的做法现在在智能设备上比较流行，特别是指纹识别、人脸识别已经得到很多用户的认可。

目前在安全性要求较高的应用中，流行“双因素”认证，即把第①和第②种做法结合起来。例如，银行的 ATM 柜员机就是将 IC 卡或磁卡和一个 6 位数的口令结合起来进行身份认证。网上银行则采用 USB 钥匙（U 盾）与口令相结合的方法进行身份认证。手机支付、手机银行等应用中，除了口令之外，还需要输入对方所发短信中的一个（随机数）验证码，这种方法也比较安全可靠，但前提是手机不被“盗号”（由于服务密码泄露或 Key Identifier 码被破解等原因导致手机 SIM 卡被非法复制）。

14.3.5.2　数字签名

1. 数字签名概述

（1）数字签名的概念

有许多种技术可以保证信息的安全不受侵犯，如加密技术、访问控制技术、认证技术以及安全审计技术等，但这些技术大多数是用来预防的，信息一旦被攻破，不能保证信息的完整性。

对文件进行加密只解决了传送信息的保密问题，而防止他人对传输的文件进行破坏，以及如何确定发信人的身份还需要采取其他手段，这一手段就是数字签名。在管理信息系统安全保密系统中，数字签名技术占有特别重要的地位，在管理信息系统安全服务中的源鉴别、完整性服务、不可抵赖服务中，都要用到数字签名技术。在管理信息系统中，完善的数字签名应具备签字方不能抵赖、他人不能伪造、在公证人面前能够验证真伪的功能。

在数字签名技术出现之前，曾经出现过一种“数字化签名”技术，简单地说就是在手写板上签名，然后将图像传输到电子文档中，这种“数字化签名”可以被剪切，然后粘贴到任意文档上，这样非法复制非常容易实现，所以这种签名的方式是不安全的。

数字签名技术与数字化签名技术是两种截然不同的安全技术，数字签名与用户的姓名和手写签名形式毫无关系，它实际使用了信息发送者的私有密钥变换所需传输的信息。对于不同的文档信息，发送者的数字签名并不相同。没有私有密钥，任何人都无法完成非法复制。

从这个意义上来说，数字签名的含义是，通过一个单向函数对要传送的报文进行处理得到的，用以认证报文来源并核实报文是否发生变化的一个字母数字串。

数字签名的作用就是为了鉴别文件或书信的真伪，传统的做法是相关人员在文件或书信上亲笔签名或盖印章。签名起到认证、核准、生效的作用。数字签名用来保证信息传输过程中信息的完整和提供信息发送者的身份确认。

（2）数字签名原理

数字签名技术在具体工作时，首先由发送方对信息施以数学变换，所得的信息与原信息唯一对应；接收方进行逆变换，得到原始信息。只要数学变换方法优良，变换后的信息在传输中就具有很强的安全性，很难被破译、篡改。这一过程称为加密，对应的反变换过程称为解密。

前文已有介绍，当前两类不同的加密技术，一类是对称加密，另一类是非对称加密，目前的数字签名建立在非对称密钥体制基础上，它是公用密钥加密技术的另一类应用。它的主要方式是，报文的发送方从报文文本中生成一个 128 位的散列值（或报文摘要）。发送方用自己的私有密钥对这个散列值进行加密来形成发送方的数字签名。然后，这个数字签名将作为报文的附件和报文一起发送给接收方。报文的接收方首先从接收到的原始报文中计算出 128 位的散列值（或报文摘要），再用发送方的公有密钥来对报文附加的数字签名进行解密。如果两个散列值相同、那么接收方就能确认该数字签名是发送方的。通过数字签名能够实现对原始报文的鉴别。

在书面文件上签名是确认文件的一种手段，其作用有两点：第一，因为自己的签名难以否认，从而确认了文件已签署这一事实；第二，因为签名不易仿冒，从而确定了文件是真的这一事实。

数字签名与书面文件签名有相同之处，采用数字签名，也能确认以下两点：第一，信息是由签名者发送的；第二，信息自签发后到收到为止未曾做过任何修改。这样数字签名就可用来防止电子信息因易被修改而有人作伪，或冒用别人名义发送信息，或发出（收到）信件后又加以否认等情况发生。

应用广泛的数字签名方法主要有三种，即 RSA 签名、DSS 签名和 Hash 签名。这三种算法可单独使用，也可综合在一起使用。数字签名是通过密码算法对数据进行加密、解密变换实现的，用 DES 算法、RSA 算法都可实现数字签名。但三种技术或多或少都有缺陷，或者没有成熟的标准。

数字签名的原理归纳如下。

①被发送文件采用 Hash 算法对原始报文进行运算，得到一个固定长度的数字串，称为报文摘要（message digest），不同的报文所得到的报文摘要也可能相同，但对相同的报文它的报文摘要是唯一的。

②发送方生成报文的报文摘要，用自己的私有密钥对报文摘要进行加密，形成发送方的数字签名。

③这个数字签名将作为报文的附件和报文一起发送给接收方。

④接收方首先从接收到的原始报文中用同样的算法计算出新的报文摘要，再用发送方的公有密钥对报文附件的数字签名进行解密，比较两个报文摘要，如果值相同，则接收方能确认该数字签名是发送方的。

（3）数字签名算法

①Hash 签名。Hash 签名不属于强计算密集型算法，应用较广泛。很多少量现金付款系统，如 DEC 的 Millicent 和 Cyber Cash 的 Cyber Coin 等都使用 Hash 签名。它可以降低服务器资源的消耗，减轻中心服务器的负荷。Hash 签名的主要局限是接收方必须持有用户密钥的副本以检验签名，因为双方都知道生成签名的密钥，所以较容易攻破，存在伪造签名的可能。

如果中心或用户计算机中有一个被攻破，那么其安全性就受到了威胁。

Hash 签名是最主要的数字签名方法，也称为数字摘要（digital digest）法或数字指纹（digital finger print）法。它与 RSA 数字签名是单独的签名不同，该数字签名方法是将数字签名与要发送的信息紧密联系在一起，更适合于管理信息系统业务活动。将一个商务合同的个体内容与签名结合在一起，与合同和签名分开传递相比，更增加了可信度和安全性。

数字摘要加密方法亦称安全 Hash 编码法（secure hash algorithm，SHA）或 MD5（md standard for message digest），由 RonRivest 所设计。该编码法采用单向 Hash 函数将需加密的明文“摘要”成一串 128 位的密文，这一串密文亦称为数字指纹，它有固定的长度，且不同的明文摘要必定一致。这样，这串摘要便可成为验证明文是否是“真身”的“指纹”了。

②DSS 和 RSA 签名。DSS 和 RSA 采用了公钥算法，不存在 Hash 的局限性。RSA 是最流行的一种加密标准，许多产品的内核中都有 RSA 的软件和类库。早在 Web 飞速发展之前，RSA 数据安全公司就负责数字签名软件与 Macintosh 操作系统的集成，在 Apple 的协作软件 PowerTalk 上还增加了签名拖放功能，用户只要把需要加密的数据拖到相应的图标上，就完成了电子形式的数字签名。RSA 与 Microsoft、IBM、Sun 和 Digital 都签订了许可协议，使在其生产线上加入了类似的签名特性。与 DSS 不同，RSA 既可以用来加密数据，也可以用于身份认证。和 Hash 签名相比，在公钥系统中，由于生成签名的密钥只存储于用户的计算机中，DSS 和 RSA 签名安全系数大一些。

RSA 或其他非对称密钥密码算法的最大方便是没有密钥分配问题（网络越复杂、网络用户越多，其优点越明显）。因为非对称密钥加密使用两个不同的密钥，其中有一个是公有的，另一个是私有的。公有密钥可以保存在系统目录内、未加密的 E-mail 信息中、电话黄页（商业电话）上或公告牌中，网上的任何用户都可获得公有密钥。而私有密钥是用户专用的，由用户本身持有，它可以对由公开密钥加密信息进行解密。

RSA 算法中数字签名技术实际上是通过一个 Hash 函数来实现的。数字签名的特点是它代表了文件的特征，文件如果发生改变，数字签名的值也将发生变化。不同的文件将得到不同的数字签名。一个最简单的 Hash 函数是把文件的二进制码相累加，取最后的若干位。Hash 函数对发送数据的双方都是公开的。

DSS 数字签名是由美国国家标准化研究院和国家安全局共同开发的。由于它是由美国政府颁布实施的，因此主要用于与美国政府有商务往来公司，其他公司则较少使用，它只是一个签名系统，而且美国政府不提倡使用任何削弱政府窃听能力的加密软件，认为这才符合美国的国家利益。

（4）数字签名功能

在传统的商业系统中，通常利用书面文件的亲笔签名或印章来规定契约性的责任，在管理信息系统中，传送的文件是通过数字签名证明当事人身份与数据真实性的，数据加密是保护数据的最基本方法。

数字签名可以解决否认、伪造、篡改及冒充等问题。具体要求：发送者事后不能否认发送的报文签名，接收者能够核实发送者发送的报文签名，接收者不能伪造发送者的报文签名，接收者不能对发送者的报文进行部分篡改，网络中的某一用户不能冒充另一用户作为发送者或接收者。数字签名的应用范围十分广泛，在保障电子数据交换（EDI）的安全性上是一个突破性的进展，凡是需要对用户的身份进行判断的情况都可以使用数字签名，如加密信件、商务信函、订货购买系统、远程金融交易、自动模式处理等。

2. 数字签名实现

实现数字签名有很多方法，目前数字签名采用较多的是非对称加密算法技术，如基于 RSA Date Security 公司的 PKCS（public key cryptography standards）、Digital Signature Algorithm、x.509、PGP（pretty good privacy）。1994 年，美国标准与技术协会公布了数

字签名标准（DSS），使公钥加密技术广泛应用。

（1）用非对称加密算法进行数字签名

非对称加密使用公有密钥和私有密钥两个密钥分别对数据进行加密和解密，即如果用公有密钥对数据进行加密，只有用对应的私有密钥才能进行解密；如果用私有密钥对数据进行加密，则只有用对应的公有密钥才能解密。签名和验证过程如下：

①发送方首先用公开的单向函数对报文进行一次变换，得到数字签名，然后利用私有密钥对数字签名进行加密后附在报文之后一同发出。

②接收方用发送方的公有密钥对数字签名进行解密变换，得到一个数字签名的明文。发送方的公钥是由一个可信赖的技术管理机构即验证机构（certification authority，CA）发布的。

③接收方将得到的明文通过单向函数进行计算，同样得到一个数字签名，再将两个数字签名进行对比，如果相同，则证明签名有效，否则无效。

这种方法使任何拥有发送方公有密钥的人都可以验证数字签名的正确性。由于发送方私有密钥的保密性，使得接收方既可以根据验证结果来拒收该报文，也能使其无法伪造报文签名及对报文进行修改，原因是数字签名是对整个报文进行的，是一组代表报文特征的定长代码，同一个人对不同的报文将产生不同的数字签名。这就解决了银行通过网络传送一张支票，而接收方可能对支票数额进行改动的问题，也避免了发送方逃避责任的可能性。

（2）用对称加密算法进行数字签名

对称加密算法所用的加密密钥和解密密钥通常是相同的，即使不同也可以很容易地由其中的任意一个推导出另一个。在此算法中，加密、解密双方所用的密钥都要保密。该算法由于计算速度快而广泛应用于对大量数据（如文件）的加密过程中，如 RD4 和 DES。

Lamport 发明了称为 Lamport-Dife 的对称加密算法：利用一组长度是报文的比特数（n）两倍的密钥 A，来产生对签名的验证信息，即随机选择 $2n$ 个数 B，由签名密钥对这 $2n$ 个数 B 进行一次加密变换，得到另一组 $2n$ 个数 C。签名和验证过程如下。

①发送方从报文分组 M 的第一位开始，依次检查 M 的第 i 位，当该位为 0 时，取密钥 A 的第 i 位；当为 1 时，取密钥 A 的第 i+1 位；直至报文全部检查完毕。所选取的 n 个密钥位形成了最后的签名。

②接收方对签名进行验证时，也是先从第一位开始依次检查报文 M，当 M 的第 i 位为 0 时，它就认为签名中的第 i 组信息是密钥 A 的第 i 位；当为 1 时，则为密钥 A 的第 i+1 位；直至报文全部验证完毕后，就得到了 n 个密钥，由于接收方具有发送方的验证信息 C，所以可以利用得到的 n 个密钥检验验证信息，从而确认报文是否由发送方所发送。

由于这种方法是逐位进行签名的，只要有一位被改动过，接收方就得不到正确的数字签名，因此安全性较好。其缺点是签名太长（对报文先进行压缩再签名，可以减少签名的长度）；签名密钥及相应的验证信息不能重复使用，否则极不安全。

（3）加入数字签名和验证

只有加入数字签名和验证才能真正实现在公开网络上的安全传输。加入数字签名和验证的文件传输过程如下。

①发送方首先用 Hash 函数从原文得到数字签名，然后采用非对称密钥体系，用发送方的私有密钥对数字签名进行加密，并把加密后的数字签名附加在要发送的原文后面。

②发送方选择一个私有密钥对文件进行加密，并把加密后的文件通过网络传输到接收方。

③发送方用接收方的公有密钥对私有密钥进行加密，并通过网络把加密后的私有密钥传输到接收方。

④接收方使用自己的私有密钥对密钥信息进行解密，得到私有密钥的明文。

⑤接收方用私有密钥对文件进行解密，得到经过加密的数字签名。

⑥接收方用发送方的公有密钥对数字签名进行解密，得到数字签名的明文。

⑦接收方用得到的明文和 Hash 函数重新计算数字签名，并与解密后的数字签名进行对比。如果两个数字签名是相同的，则说明文件在传输过程中没有被破坏。

如果第三方冒充发送方发出了一个文件，因为接收方在对数字签名进行解密时使用的是发送方的公有密钥，只要第三方不知道发送方的私有密钥，解密出来的数字签名和经过计算的数字签名必然是不相同的。这就提供了一个安全的、确认发送方身份的方法。

安全的数字签名使接收方可以得到保证：文件确实来自声称的发送方。鉴于签名私钥只有发送方自己保存，他人无法做一样的数字签名，因此发送方不能否认其参与了交易。

数字签名的加密、解密过程和私有密钥的加密、解密过程虽然都使用非对称密钥体系，但实现的过程正好相反，使用的密钥对也不同。数字签名使用的是发送方的密钥对，发送方用自己的私有密钥进行加密，接收方用发送方的公有密钥进行解密。这是一个一对多的关系，即任何拥有发送方公有密钥的人都可以验证数字签名的正确性，而私有密钥的加密、解密使用的则是接收方的密钥对，这是多对一的关系，即任何知道接收方公有密钥的人都可以向接收方发送加密信息，只有唯一拥有接收方私有密钥的人才能对信息解密。在使用过程中，通常一个用户拥有两个密钥对，一个密钥对用来对数字签名进行加密、解密，一个密钥对用来对私有密钥进行加密、解密。这种方式提供了更高的安全性。

14.4　安全法规、制度和人员防护措施

信息系统安全标准是我国信息系统安全保障体系的重要组成部分，是政府进行宏观管理的重要依据。虽然国际上有很多标准化组织在信息系统安全方面制定了许多标准，但是信息系统安全标准事关国家安全利益。每个国家在充分借鉴国际标准的前提下，都制定和扩展各自对信息安全的管理领域。因此，许多国家建立了自己的信息系统安全标准化组织，并制定了本国的信息系统安全标准。

我国信息系统安全标准化工作虽然起步较晚，但是近年来发展较快，从 20 世纪 80 年代开始，本着积极采用国际标准的原则，转化了一批国际信息系统安全基础技术标准，

制定了一批符合中国国情的信息系统安全标准。同时，一些重点行业还颁布了一批信息系统安全的行业标准，为我国信息系统安全技术的发展做出了重大贡献。

信息系统安全的行业标准，为推动信息系统安全技术在各行业的应用和普及发挥了积极的促进作用。信息系统安全同样离不开法律的保障，离不开执法机关对信息系统安全的监管。1994 年 2 月 18 日，国务院发布的《中华人民共和国计算机信息系统安全保护条例》是我国政府颁布的关于计算机信息系统安全保护的第一部专门法规，是计算机信息系统安全保护的行为准则。之后陆续通过《中华人民共和国计算机信息网络国际联网管理暂行规定》《中国公众多媒体通信管理办法》《中华人民共和国保守国家秘密法》《计算机病毒防治管理办法》《中华人民共和国计算机软件保护条例》等相关标准与法规。

2017 年 6 月 1 日，《中华人民共和国网络安全法》（以下简称《网络安全法》）正式实施。《网络安全法》界定了企业网站类、平台类、生产业务类的 CII 认定标准，描述了网络安全事件的潜在影响；要求加强政策监管，对企业的人员背调、安全评估、应急预案、应急演练和安全培训等安全运维工作有明确的规定；明确相关利益者的法律责任，并对网络运营者、网络产品或者服务提供者、关键信息基础设施的运营者，以及网信、公安等众多责任主体的处罚与惩治标准做了详细规定。

2018 年 11 月 1 日，公安部发布的《公安机关互联网安全监督检查规定》正式实施。根据该规定，公安机关应当根据网络安全防范需要和网络安全风险隐患的具体情况，对互联网服务提供者和联网使用单位开展监督检查。

2019 年 10 月 26 日，第十三届全国人民代表大会常务委员会第十四次会议表决通过《中华人民共和国密码法》，自 2020 年 1 月 1 日起施行。该法旨在规范密码应用和管理，促进密码事业发展，保障网络与信息安全，提升密码管理的科学化、规范化、法治化水平，是我国密码领域的综合性、基础性法律。

2021 年 6 月 10 日，第十三届全国人大常委会第二十九次会议表决通过《中华人民共和国数据安全法》，同年 9 月 1 日施行。该法涵盖总则、数据安全与发展、数据安全制度、数据安全保护义务、政务数据安全与开放、法律责任等方面，旨在规范数据处理活动，保障数据安全，促进数据开发利用，保护个人、组织的合法权益，维护国家主权、安全和发展利益。同年，《中华人民共和国个人信息保护法》《互联网用户公众账号信息服务管理规定》等法律法规也颁布施行。

2022 年我国持续推动关键基础设施安全保护工作，陆续发布、实施了多部重磅法规。包括修订发布《网络安全审查办法》，新发《互联网信息服务算法推荐管理规定》《移动互联网应用程序信息服务管理规定》《互联网弹窗信息推送服务管理规定（征求意见稿）》《互联网用户账号信息管理规定》《数据出境安全评估办法》《中华人民共和国反电信网络诈骗法》《工业和信息化领域数据安全管理办法（试行）》等。

2023 年中国网络安全产业联盟发布《数据安全和个人信息保护社会责任指南》（简称为《指南》）。《指南》重点主要聚集在组织治理和内部管理，合规性、创新性和价值体现，公平运行、竞争与合作，消费者权益保护，以及公益参与和社会发展等五个领域。同年，中国电子技术标准化研究院等 20 家单位共同编写的《人工智能安全标准化白皮书（2023 版）》发布，其梳理了人工智能技术与应用发展现状，分析了人工智能面临的新的安全风险，结合国内外人工智能安全政策与标准现状，指出了人工智能安全标准需求，提出了下一步开展人工智能安全标准化工作的建议，为规范引导人工智能安全标准化工作提供参考。

2024 年 5 月 15 日，中央网信办、中央编办、工业和信息化部、公安部等四部门联合公布《互联网政务应用安全管理规定》，自 2024 年 7 月 1 日起施行。出台《规定》旨在提高互联网政务应用安全防护水平，保障和促进互联网政务应用安全稳定运行。这对电子政务领域的管理信息系统应用提供了及时有效的安全保障。

负责信息系统安全的专业人员和管理层必须掌握系统运作所涉及的法律条款和相关规定，避免违反任何法定的或者约定的义务，避免破坏维护安全的要求，对信息系统安全的规划、设计、运行和管理必须符合国家及有关部门的相关法律法规。

14.5　数据保护和个人隐私保护

曾经的网络时代，大规模的数据泄露以及数据监听、窃取事件所引发的数据保护、隐私保护等问题频发，严重影响到了社会安全和国家安全。我国领导机构多措并举，加强信息系统数据保护的力度。

2021 年 8 月 20 日，十三届全国人大常委会第三十次会议表决通过《中华人民共和国个人信息保护法》，该法已自 2021 年 11 月 1 日起施行。该法的出台及实施，经历了这样几个阶段：

2019 年 10 月 20 日，司法部副部长赵大程在论坛上介绍，个人信息保护法已列入十三届全国人大常委会立法规划，相关工作正在加快推进，数据法律保护体系将得到进一步的健全和完善。

2019 年 12 月 20 日，全国人大常委会法工委举行第三次记者会，全国人大常委会法工委发言人岳仲明介绍全国人大常委会 2020 年立法工作安排。计划制定个人信息保护法。

2020 年 11 月，《中华人民共和国个人信息保护法（草案）》对情节严重违法行为的处罚可高达 5000 万元，个人隐私保护即将迎来风清气正的新阶段。

2021 年 4 月 26 日，提请全国人大常委会二次审议的个人信息保护法草案拟规定，提供基础性互联网平台服务、用户数量巨大、业务类型复杂的个人信息处理者，应成立主要由外部成员组成的独立机构，对个人信息处理活动进行监督，并要求其定期发布个人信息保护社会责任报告等。

2021 年 8 月 20 日，会议表决通过，并定于 2021 年 11 月 1 日起施行。

随后的几年里，我们见证了数据保护及个人隐私保护领域依法治理实践的不断深化。随着《中华人民共和国个人信息保护法》《中华人民共和国数据安全法》《中华人民共和国网络安全法》这三部框架性法律的颁布，我国大步跨入了完善和落实数据保护要求的征程。

近年来为推进并落实保障数据主体权利的法律要求，大量新法新规和新的执法动态不断涌现。国家、行业、组织各层面都积极制定了相应范围内的数据保护保障制度，对各类数据和个人隐私信息进行了有效的保护。多维度、多层面、全覆盖的数据安全与个人隐私保护体系正在形成，持续为管理信息系统的应用提供健康环境和安全保障。

第五篇　系统应用篇

第15章 企业信息系统

现代信息技术的发展及管理科学的新进展推动了管理信息系统的发展。自 20 世纪 60 年代以来，信息系统在企业中的应用逐渐围绕企业实际应用需求开发，既对信息技术提出了更高的要求，促进了信息技术的进步，也促使管理新思想新方法不断涌现。此外，全球经济一体化也促使企业内外部环境发生变化，企业管理的需求不断增加，同时需求与技术、方法不断相互支持、推进并有效融合，从而使管理信息系统在逐步普及和深入应用中得到了快速的发展，不断有新的类别和品种推出。目前，几乎每家企业都建有不同规模与档次的信息系统。如今，管理信息系统已发展成类别、品种和功能丰富，适用领域十分广泛的信息系统体系。在众多信息系统中有一些应用广泛、认知度高、影响力大的主流信息系统，如：ERP、CRM 和 SCM 等信息系统就是企业的主流信息系统。本章将通过介绍这三类主流信息系统，阐述企业运营与信息系统的应用关系。

15.1 企业资源计划

15.1.1 MRP 和 MRPⅡ

制造企业主要的管理活动是“供产销”。市场经济体制下，企业主要围绕市场需求组织生产，以此来规划采购的品类及数目。因此，对于物料的管理则成为制造企业的重要工作之一，企业资源计划则在这一背景下产生并发展。

1. MRP 的概念及基本思想

20 世纪 60 年代，美国 IBM 公司的管理专家 Joseph A. Orlicky 博士提出了“物料独立需求和相关需求”的概念，将企业内的物料分成独立需求和相关需求两种类型，物料需求计划（material requirement planning，MRP）由此诞生。物料需求计划即指根据产品结构各层次物品的从属和数量关系，以每个物品为计划对象，以完工时期为时间基准倒排计划，按提前期长短区别各个物品下达计划时间的先后顺序，是一种工业制造企业内物资计划管理模式。MRP 是一种围绕企业生产计划制定而形成的实用技术，根据市场需求预测和顾客订单制定产品，基于产品生成相应的进度计划、组成产品的材料结构表及库存状况统计，在此基础上借助计算机详细计算物料的需求量和需求时间，从而确定材料的加工进度和订货日程。

物料需求计划是一种推式体系，根据预测和客户订单安排生产计划。因此，MRP 基于不精确的预测建立计划，“推动”物料经过生产流程。传统 MRP 方法是依靠物料运动经过功能导向的工作中心或生产线（而非精益单元），这种方法的底层逻辑是：实现最大化效率，以大批量生产来降低单位成本。计划、调度并管理生产以满足实际和预测的需求组合。生产订单导出“主生产计划（MPS）”，MRP 计划出的订单被“推”向工厂车间及库存。

MRP 的特点主要体现在需求的相关性、确定性及计划的复杂性。

在流通企业中，各种需求往往是相互独立的。而在生产系统中，需求具有相关性，且这种相关性不仅体现在品种数量上，还体现在需求时间与生产工艺过程上。如：企业根据订单确定所需产品的数量之后，利用新产品结构文件 BOM 可计算出各种零部件和原材料的数量，我们把这种根据逻辑关系推算出来的物料数量称为相关需求。

MRP 的需求根据主产进度计划、产品结构文件和库存文件精确计算出来，因此物料的品种、数量及需求时间都有严格要求，不可改变，我们把这种不可改变称为需求的确定性。

MRP 计划的复杂性体现在，MRP 根据主产品的生产计划、产品结构文件、库存文件、生产时间和采购时间，把主产品的所有零部件的需求数量、时间、先后关系等准确计算出来。当产品结构复杂、零部件数量众多时，计算工作量则变得异常庞大，人力无法胜任，须依靠计算机完成大量计算。

2. MRPⅡ的概念及基本思想

MRP 计划借助计算机详细计算所需物料的需求量和需求时间，从而确定材料的加工进度和订货日程，推动生产，但在执行这个计划的进程中，相关的财务信息依然是滞后于实际生产活动的，出现了不匹配的现象。因此，在 MRP 的基础上，将财务系统纳入管理之中，实现了物料信息同资金信息的集成，即 MRPⅡ。

MRPⅡ把传统的账务处理同发生财务的事务结合起来，不仅说明账务的资金现状，而且追溯资金的来源，从而保证了资金流与物流的实时同步，改变了资金信息滞后于物料信息的状况。MRPⅡ虽然包含多个子系统，但是各个子系统的数据均来源于共享数据库，保证了信息的一致性和准确性。MRPⅡ还有库存和成本的管理环节。库存管理采用经济订购量和上下限控制等管理方法，使库存在满足生产需要的前提下，资金占用尽可能减少。成本管理测算整个生产过程和采购的开销，为财务系统提供基础信息。MRPⅡ系统具备一定的模拟功能，为管理者提供了必要的信息并争取了时间，从而帮助企业管理者制定规划和实施方案。MRPⅡ是一种计划主导型管理模式，主要的计划依次是：经营计划、生产计划大纲、主生产计划、能力需求计划、物料需求计划、物料采购计划和车间作业计划等。通过精细的计划安排，将生产制造管理过程各环节与营销、销售、成本的部分管理过程紧密联系起来，实现 MRPⅡ的目标。

MRPⅡ只限于企业内部的制造资源，决策支持主要针对结构化的问题。随着市场的国际化，客户需求的个性化和多样化，MRPⅡ已不能满足先进企业的需要。因此又发展出了涉及面更广的 ERP。ERP 仍以 MRPⅡ为核心，在管理内容上基于 MRPⅡ向企业内部和外部两个方向有许多延伸。

15.1.2　ERP 原理

1. ERP 的概念

企业资源计划（enterprise resource planning，ERP）是一种综合管理企业资源的现代管理理论。目前，ERP 系统在各类企业得到广泛的应用。

美国生产与库存管理协会从资金流的角度描述了 ERP 的概念：ERP 系统是一个面向财务会计的信息系统，其主要功能是将企业用于满足客户需求所需的资源进行有效的集成与计划，以提高整体经营绩效，并降低成本。该定义认为，销售、生产、采购和库存等管理业务过程的物流是由财务模块传递的资金流体现的，这些物流信息通过资金流信息汇集到财务管理的各个模块中，因此财务会计模块能反映出整个企业物流的状况。

ERPⅡ是 ERP 的进一步延伸和发展。一方面，系统延伸到与供应商和客户等合作伙伴的商务协同，向供应链管理的方向发展。另一方面，纳入知识管理，将知识作为一类重要的资源加以开发和利用，与各个业务过程的管理进行更全面的集成。ERP 本来源于离散型制造企业，基本逻辑以物料需求计划为核心。目前，制造业、银行、通信、商贸等不同领域的企业纷纷引入 ERP。服务类企业与制造类企业在此有很大的区别，如果服务业应用 ERP 系统，那么其物料需求计划、生产和作业计划等核心模块将失去意义，除非根据服务业的服务流程对这些模块做全面的改造或重新设计开发。当然，ERP 面向客户和市场需求、基于业务流程的全面精细的计划管理、以财务会计的资金流来集成的思想还是值得服务业借鉴的。将离散型制造业的 ERP 拓展到连续型的制造业，如石油、化工、冶金等过程制造企业，则应该是可行的，实践中也已经取得很大的进展。

2. ERP 的核心思想和主要特点

第一，面向业务过程，支持业务流程重组与再造。

ERP 系统是企业级的、面向业务过程的信息系统，系统中的模块和模块中的功能项对应于企业各项具体的管理业务和业务操作项，这些模块和功能项被系统地集成起来，形成有机的整体。ERP 系统不是简单地照搬原来的模样，而是将称为“最佳实践”的先进管理模式嵌入软件中，由此推动用户企业的流程变革，在删除不产生价值的过程环节后重组业务流程，即支持所谓的业务流程再造（business process reengineering，BPR）。

第二，高度集成信息，全体共享一致信息。

ERP 系统要对所有数据和信息进行全局性的总体规划和设计，对应于业务过程的系统集成，构建高度集成的企业级数据库。这样，企业的各个部门和各个员工就能够共享一致的规范信息，在统一的信息支持下做出正确的和相互一致的管理决策。在实践中，很多企业购置或开发 ERP 系统时只选择其中的部分模块，因此带来了如何与其他系统的数据进行交互或集成的新问题。尽管目前已有不少技术上的解决方案，但大都不甚理想。旨在消除信息“孤岛”现象的 ERP 思想没有得到应有体现，同时也是不少 ERP 系统用户不能获得满意效果的一个主要原因。

第三，面向客户需求和市场趋势，支持各职能部门的高效协同。

以客户需求为导向，以市场趋势为依据，通过“最佳实践”的管理模式，支持各职能部门的高效协同，达到快速响应客户、抓住市场机遇的目标，是 ERP 的又一主要思想。在业务过程和相关信息高度集成的基础上，即能做到以客户为中心，遵循市场机制，各职能部门和员工紧密合作，获得显著的协同效应，提高客户的满意度。显然，客户订单管理和市场需求趋势预测是 ERP 系统的主要功能，如果没有配置这些功能模块，那么 ERP 的核心思想也不能得到很好的体现。

第四，全面计划和调控，精细配置各类资源。

ERP 的另一个思想（也是主要特色）在于全面的计划和调控，从以客户订单和市场趋势预测为依据的销售计划，到主生产计划和车间作业计划，再到物料采购计划和生产能力计划，以及资金调配计划和人力资源计划，环环相扣、步步递进。企业资源计划是全面的科学推算产生的资源计划，通俗的说法是“需要多少准备多少，不多不少刚刚好”。在全面计划的指导下，人、财、物等资源能够精细化和平衡地配置，进而降低成本。数字化的计划还能很便捷地根据变化的情况加以调整和控制，真正实现精益生产、敏捷制造、并行工程和系统柔性等现代生产经营思想。

15.1.3　ERP 系统的结构、组成与实施

1. ERP 系统的结构与组成

ERP 思想和方法在信息技术的支持下，最终以信息系统的形式呈现并发展。作为功能集成的系统，ERP 由一整套功能模块构成，企业可自行开发，也可购买系统开发企业的成品。

不同的软件开发商推出的 ERP 系统，在模块的数量和命名上各不相同，但总体大同小异。图 15-1 是某公司推出的 ERP 系统模块系列及其相互关系，从中可见 ERP 系统的庞大、复杂且功能强大。当然，对于具体应用 ERP 的企业说，并不是每个模块都是必需的，在购置时用户企业可以根据自己的生产经营特点从中遴选，但一些核心的模块，如订单管理、主生产排程、物料需求计划、库存管理等模块还是应该选择的。

以上所述的 ERP 系统模块是以应用软件形式存在的，ERP 系统目前正朝着功能模块标准化的方向发展。此外，新的扩展也不断出现，向其他信息系统蔓延或与其他信息系统融合的能力不断提升。

2. ERP 系统的实施

ERP 系统的实施过程中也面临一些突出问题，如过高的失败率或效果不令人满意。分析这些问题产生的原因，归纳起来主要有两个方面：一是未能与企业的变革紧密相结合；二是未能很好地遵循实施方法论。

ERP 系统面向业务过程，相关的企业变革主要是业务流程再造或再设计（BPR）的变革。BPR 的出发点是为了提高企业业务过程的绩效，推倒或优化原来的业务过程，评估各个过程环节产生的价值大小，评判这些环节是否有存在的必要，它们之间的关系是

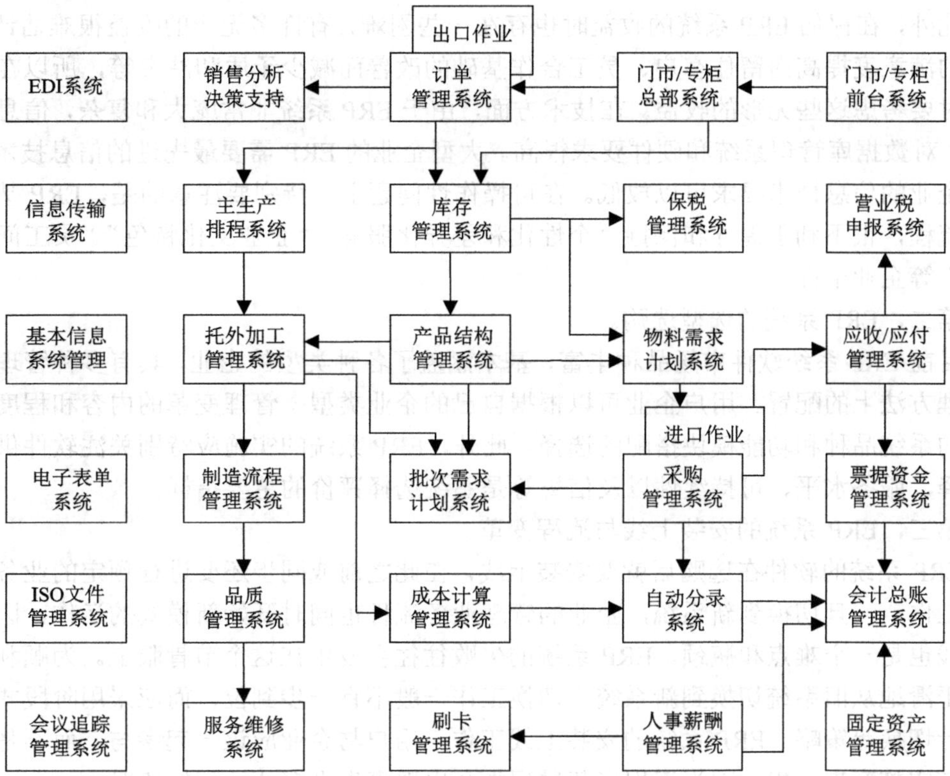

图 15-1　某软件公司的 ERP 系统模块

否合理，然后重新设计和推行新的业务流程。企业运营过程中，存在一些没有价值的或多余的业务环节，环节之间的衔接也存在一些不合理之处，如：核对大量单证、反复审核客户信用、逐层审批一些具体业务，许多过程的串行运作造成积压和滞后，不少过程没有必要地绕圈子等。

企业经过 BPR，删去部分不合理的过程环节，使过程环节更加精简，提升企业业务流程的整体绩效。当然，BPR 的实践也存在许多困难，这需要管理者不断提升认知，有效推动企业的 BPR。

ERP 系统的实施要经历许多环节，即使是购置商品软件的方式，也并不像购置其他商品那样简单。由于越来越多的企业采用商品软件实施 ERP 系统，以下我们就沿着该方式的实施步骤做简要的讨论。

购置商品软件方式的 ERP 系统实施大致包括系统分析、可行性分析、选型选购、安装上线与流程变革、用户培训等主要内容。

第一，ERP 系统的系统分析与可行性分析。

实施 ERP 系统前首先需进行系统分析，即描述和分析生产经营上面临的问题，提出一个包括业务流程再造和其他所需变革的逻辑上的解决方案。然后对该方案进行经济、技术、可操作性等方面的可行性分析。ERP 软件的价格比较昂贵，安装实施、咨询、培训和其他有关服务上还要花费数倍于 ERP 软件的费用。

此外，在评估 ERP 系统的收益时也存在一些困难，有许多无形的收益很难估计，如客户的满意度提高而留住客户、员工合作基础的改善而减少矛盾和冲突等，所以在评估分析时要考虑这些无形的收益。在技术方面，由于 ERP 系统非常庞大和复杂，信息高度集成，对数据库管理系统和硬件要求很高。大型企业的 ERP 需要最先进的信息技术，而中小企业的信息技术要求可以放低。在可操作性问题上，特别要注意的是，ERP 基于标准化流程，很不利于倡导和保持“个性化和差异化服务”“企业文化特色”“员工间竞争氛围”等企业个性。

第二，ERP 系统的选型选购。

目前 ERP 系统软件市场品种丰富，基本涵盖了各种类型的企业，具有多种管理模式和管理方法上的配置。用户企业可以根据自己的企业类型、管理变革的内容和程度做出适当的系统品种和功能模块搭配的选择。此外，ERP 系统的实施应特别关注软件供应商的选择，服务水平、可持续性以及信誉等是系统选择评价的主要指标。

第三，ERP 系统的安装上线与流程变革。

ERP 系统的软件在选购后就要安装上线，在此之前或同步还要进行预定的业务流程再造工作。一旦切换到新系统，企业的管理业务流程也同时开始新模式的运作，因此安装上线也是一个难点和瓶颈，ERP 系统的失败往往会发生在这个节骨眼上。为顺利和尽可能平滑地从旧系统切换到新系统，切换工作一般不宜一步到位，而应采用阶段式切换或并行切换等策略。ERP 系统的安装上线工作，用户与企业应该一起参与，而不是完全由系统实施商来承担，因为流程变革过程中会出现事先没有估计到的情况。

第四，ERP 系统的用户培训。

用户培训的成效也将影响 ERP 系统的成功率。在系统安装上线之前或同时，有必要对用户进行 IT 知识、信息系统知识和即将运行的 ERP 系统知识的讲解培训，使用户掌握必要的基础知识，熟悉自己相关的功能模块，尽可能使用户学会更多的 ERP 特性，以便更好地应用 ERP。一般情况下，用户培训在购置商品软件的协议中做出约定，并加入培训的对象、时间和内容等条款。

总之，企业引入 ERP 系统不仅需要很大的投入，而且还面临失败或勉强成功的后果。因此，ERP 系统的实施是 ERP 建设中相当重要的工作内容，企业对 ERP 建设必须给予高度的重视和谨慎。

15.2　客户关系管理系统

客户关系管理（customer relationship management，CRM）是在企业由“以产品为中心”转向“以客户为中心”的过程中产生的管理新思想，意在使企业的经营理念从“提供什么产品和服务”转变到“怎样使客户满意”上。由此研发推出的客户关系管理系统，已经成为当前企业信息系统的主流之一。

15.2.1　客户关系管理

市场竞争日益激烈，客户需求逐渐成为主导，企业与客户的关系也随之发生显著变化。客户关系管理（CRM）的雏形可追溯至20世纪80年代的数据库营销系统，经过不断发展，CRM的理论框架于20世纪90年代初初步形成。20世纪90年代中期，Gartner Group首次正式给出了CRM的定义，其核心思想是以客户为中心，来提高客户满意度，改善客户关系，从而提高企业的竞争力。CRM一经提出就自然而然地被企业界所接受，许多学者也对此进行了大量的研究，提出了各种客户关系管理的方法和技术，推出了许多各有特色的客户关系管理系统。

企业要盈利就要有市场，而市场竞争的焦点是客户，企业有大量优质的客户才能在市场上占有竞争优势，实现获利。据统计报道，一般公司每五年就失去一半客户，而建立新客户的难度是保持老客户的5～10倍。客户带给企业的价值符合二八定律，即20%左右的客户为企业创造80%左右的利润。由此可知，由于市场竞争激烈，新客户开发和优质客户保持对企业尤为重要。

根据客户是重要资源的观点，企业可以利用现代信息技术，集成与客户相关的业务和管理过程，开发和利用与客户和客户服务相关的信息资源，深入分析并精确掌握客户的属性与价值，进而优化和吸引客户，同时通过与客户建立相互信任和稳固的关系，从而在构建与客户和谐的关系中为企业创造利润。

15.2.2　客户关系管理系统具体内容

1. 客户关系管理系统的概念及特征

客户关系管理系统，是指利用软件、硬件和网络技术，为企业建立一个客户信息收集、管理、分析和利用的信息系统。以客户数据的管理为核心，记录企业在市场营销和销售过程中和客户发生的各种交互行为，以及各类有关活动的状态，提供各类数据模型，为后期的分析和决策提供支持。

客户关系管理系统依据先进的管理思想，利用先进的信息技术，帮助企业最终实现客户导向战略。该系统的主要特点如下：

第一，先进性。客户关系管理系统涉及种类繁多的信息技术，比如数据仓库、网络、多媒体等许多先进的技术。同时，为了实现与客户的全方位交流和互动，要求呼叫中心、销售平台、远端销售、移动设备以及基于因特网的电子商务站点的有机结合，这些不同的技术和不同规则的功能模块要结合成统一的客户关系管理系统，需要不同类型的资源和专门的技术支持。因此，客户关系管理系统具有先进性的特征。

第二，综合性。客户关系管理系统包含了客户合作管理、业务操作管理、数据分析管理、信息技术管理四个子系统，综合了大多数企业的营销、销售、客户服务行为的优化和自动化的要求，运用统一的信息库，开展有效的交流管理和执行支持，使交易处理和流程管理成为综合的业务操作方式。

第三，集成性。CRM解决方案因其具备强大的工作流引擎，可以确保各部门各系统的任务都能够动态协调和无缝连接。因此，CRM系统与其他企业信息系统的集成，可以最大限度地发挥企业各个系统的组件功能，实现跨系统的商业智能，全面优化企业内部资源，提升企业整体信息化水平。

第四，智能化。客户关系管理系统的成熟，不仅能够实现销售、营销、客户服务等商业流程的自动化，减少大量的人力、物力，还能为企业的管理者提供各种信息和数据的分析整合，为决策提供强有力的依据。同时，客户关系管理的商业智能对商业流程和数据采取集中管理，大大简化软件的部署、维护和升级工作；基于因特网的客户关系管理系统，使用户和员工可随时随地访问企业，减少大量的交易成本。客户关系管理系统与其他企业管理信息系统集成后，将使商业智能得到更大的发挥，为企业发现新的市场机会、改善产品定价方案、提高客户忠诚度，从而提高市场占有率提供支持。

2. 客户关系管理系统的作用

第一，维系老客户，挖掘新客户。

研究表明，开发一个新客户所付出的成本是维护一个老客户的5倍，而企业通过建立CRM系统能够对客户信息进行收集、整理和分析，并实现内部资源共享，能有效提高服务水平，保持与老客户的关系。并且，CRM系统依托于先进的信息平台和数据分析平台，能够帮助企业分析潜在客户群和预测市场发展需求，有助于企业寻找目标客户、及时把握商机和占领更多的市场份额，是企业不断开拓新客户和新市场的重要帮手。

第二，避免客户资源过于分散，减少客户流失。

很多企业的客户资源是分散积累的，这直接导致客户信息记录得不完整，价值不高。同时由于销售人员的流动，客户资源会不断流失。CRM系统能够帮助决策人准确得知客户整体推进状况和存在的问题，从而及时开展业务指导和策略调整，避免客户无故流失。

第三，提高客户忠诚度，提升客户满意度。

CRM系统可以帮助企业详细地了解客户的资料，促进企业与客户的交流，协调客户服务资源，给客户最及时和最优质的服务。同时能够帮助建立起与客户长久且稳固的互惠互利关系，对提高客户忠诚度和满意度作用明显。

第四，降低企业营销成本，增强企业竞争力。

企业通过CRM系统对内能够实现资源共享，优化合作流程；对外能够增加对市场的了解，有效预测市场发展趋势，不仅能够提高企业运营效率，而且能极大降低运营成本。

第五，掌握销售人员工作状态，提升工作效率。

移动CRM系统能够使负责人准确掌握销售人员的位置、工作状态，杜绝工作期间从事与工作无关事项，防范懈怠渎职行为，有利于企业进行绩效考核，提高销售人员工作效率。CRM系统通过相关信息的有机集成和深入分析，获得能指导企业更有针对性和更有效地开展客户服务的信息。

综上，客户关系管理的内容主要有数据集成、数据分析和决策支持三个逐级向上支撑的层面。

客户关系数据的全面开发与合理组织：采集企业所有能够获得的客户，以及和客户相关活动的数据，采用先进的信息技术手段集成和管理客户关系数据，从而让承担客户相关活动的部门和人员共享。

客户关系数据的科学分析与规律探寻：基于客户关系数据，采用各种数学方法、数据分析技术和工具多角度多层次地分析客户与客户群的属性、现状和趋势，评估客户的价值和风险、分析客户与产品、服务、成本和利润之间的相互关系及其作用规律，以了解客户和掌握客户关系。

客户关系分析结果对管理决策与业务过程的支持：充分利用客户关系分析结果，支持销售、营销和产品研发等管理决策与业务过程，以便更好地吸引和服务于客户，优化、扩展和巩固客户关系。

客户关系管理理论和方法的应用能使企业有关客户服务的活动更有针对性，在为客户提供满意的产品和服务的同时，以尽可能低的成本获取尽可能大的利润，提高市场竞争能力，扩大生存和发展的空间。

企业信息系统的应用及理论研究受到相关理论发展以及企业实际应用需求两方面因素的影响。客户关系管理系统也不例外，它是在 CRM 思想的基础上，应用先进的信息技术予以实现的。与 ERP 等横向拓展系统相比，CRM 系统应该是一类纵向深入的系统。其主要特点不在于规模庞大，而在于数据分析的深入和精细。

3. 客户关系管理系统的构成

对于客户关系管理系统的构成，一般都认为包括营销、销售和客户服务三个领域中企业与客户交互进行的所有业务流程及其集成。CRM 利用现代信息技术多角度观察客户，通过整合应用系统，从营销、销售和客户服务等多方面维护客户关系。一些文献甚至认为 CRM 系统应该包括从开发客户和接受客户订单开始，直到为客户提供预订服务后的整个业务流程，例如，订单处理和电子商务等。但这种观点过于扩大 CRM 的范围，在客户相关活动的直接性和间接性的区分度上过于宽松。实际上营销、销售和客户服务三个领域也只是 CRM 系统的作用范围，而非核心部分。

CRM 系统主要以软件形式存在，目前软件市场上已有多种类型和各有特色的 CRM 系统可供选择，不少企业也已在应用或实施大大小小的 CRM 系统。根据三个逐级向上支撑层面的讨论，以及涉及三个领域的一般观点和实践中的软件系统，人们可以给出如图 15-2 所示的 CRM 系统基本构成框架。从该框架可见，CRM 系统总体上由上述三个层面的核心功能、三个领域与客户的交互功能、客户与企业交互渠道的管理以及客户关系数据库及数据与系统维护功能四个部分组成。

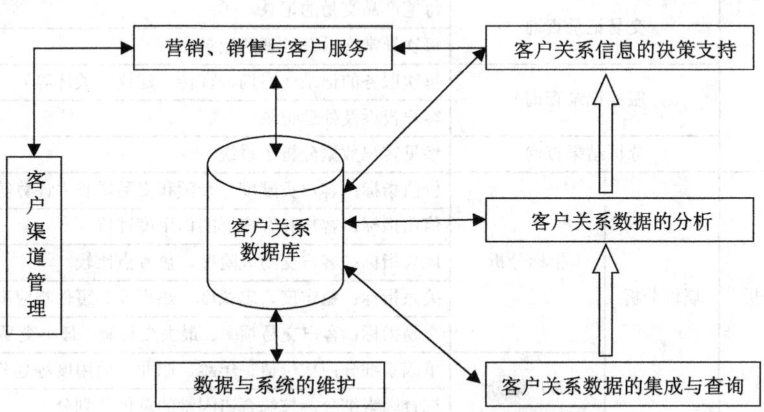

图 15-2　CRM 系统基本构成框架

三个层面的核心功能：CRM系统的核心是客户关系数据的集成与查询、客户关系数据的分析、客户关系信息的决策支持三个功能层面。客户关系数据的收集与组织是CRM的基础构成，负责集成企业与客户交易中发生的交互数据和客户的属性数据。在此层面之上是客户关系数据的分析，这一层面的功能是CRM系统中难度颇大的组成，涉及许多定量模型和算法，能得出一系列很有价值的有关客户与营销、销售和服务之间关系的模式和规律。再向上，就是应用客户数据和客户关系分析结果来支持营销、销售和客户服务活动的功能层面，其中最为重要的是对有关客户的活动方案的决策支持。

三个领域与客户的交互功能：CRM系统不单纯是客户数据的管理、分析与决策支持，其功能还延伸到了营销、销售和客户服务的具体业务和事务，例如，市场营销活动的策划与事后评估、自动化的或客户自助式的产品销售和服务。CRM系统的数据主要来自营销、销售和客户服务三个领域，反过来，也受惠于三个层次核心功能的信息支持。

客户渠道管理功能：在信息技术环境下，目前已有形式多样的客户与企业的交互渠道，这些渠道的分析和管理也被纳入CRM系统中，实现了CRM延伸到客户的想法。

数据及系统的维护功能：所有三个层面和三个领域的数据都被有机集成、统一组织和集中存储于客户关系数据库中，CRM系统一般都设有专门用于维护系统软件和客户关系数据的功能模块或子系统，由于客户关系数据分析功能建立在数学模型的基础上，该子系统还包括对这些模型的管理功能。表15-1 列出了 CRM 系统的客户关系“数据集成与查询-数据分析-决策支持”三个层面的部分功能及其内容，该列表以子系统为单位划分三个层面，对客户关系数据分析子系统做了比较突出的表示。从表15-1 可以看出，CRM系统的功能相当深入和细化。决策支持方面的功能与营销、销售和客户服务的业务及管理有交叉重叠，边界较难清晰划分，一些功能还需要结合电子商务和网络营销等技术手段。

表 15-1　CRM 系统的主要功能

子系统	功　能		内　容
客户关系数据集成与查询	数据集成		数据采集、整理、规范化处理、录入或转入
	原始数据查询		客户基本属性：身份、个人基本状况、家庭基本情况
			客户实力：资产规模、类别、品质、余额、流动额
			客户特性：偏好、性格、交易产品集
	交易记录查询		每笔产品交易的记录
			每次异常交易及处理的记录
	服务记录查询		每次服务的记录（咨询、宣传、建议、关怀等）
			客户投诉及处理记录
	分析结果查询		参见客户数据分析子系统
客户关系数据分析	属性分析	指标分析	价值指标：客户贡献度、余额和交易增长率计算等
			信用指标：客户和客户群的信用度评价
			风险指标：客户交易风险度、盈亏点比较
			关系指标：稳定度、忠诚度、热衷度、事件响应度
			交易指标：客户交易频率、最大交易额、最小交易额、平均交易额
		客户细分	单因素细分：按价值、年龄、职业、信用度等划分
			综合因素细分：按综合诸因素的总价值划分

续表

子系统	功　能		内　容
客户关系数据分析	综合分析	分布特征分析	产品/客户关系分析
			交易量/交易方式/客户关系分析
			利润/成本/客户关系分析
			以上诸要素的组合分析
		客户反馈分析	客户投诉分析、客户响应分析
		潜在客户分析	潜在客户分布/可得度分析
		客户分析报告	客户分析报告、客户简报
	预测分析	客户增减预测	注册客户预测
			客户流失预测/客户流失预警
		分布特征预测	参见综合分析功能类
		客户风险预测	客户欠款预测/客户风险预警
客户关系信息决策支持	销售支持		呼入客户相关信息/特征/群属/控制等的定位
			建议产品与服务方案提示、呼出业务内容的组织
	客户服务支持		客户进入渠道分析/客户服务调度
			客户关怀计划管理/个性化与差异化服务设计
	营销支持		市场需求分析
			营销活动计划制作/营销活动记录与成效分析

CRM 系统还有不少比较重要的功能没有在表中列出。决策支持方面，依据客户关系数据分析的结果支持新产品和新服务的研发，销售业务中的自动化销售和客户自助服务等也是目前研究和应用的重点内容。产品和服务研发支持功能主要有产品结构优化、产品创新、新品定位和新品投放模拟测试等；销售自动化功能主要有客户需求自动匹配、人工智能问题解答、产品故障自动诊断和排除等。

另外，制造业和服务业在与客户的交互内容和运作模式上有一定的差别，因此不同行业的 CRM 系统在构成和功能上也有各自的特点。即使同属于服务业的银行、电信和商贸等企业，由于服务内容、服务方式的不同，CRM 系统也不尽相同。例如，银行有贷款服务，CRM 系统需要包括依据客户关系分析结果支持贷款与否的决策功能；电信企业有上门维护和维修通信设备的服务项目，对 CRM 系统的客户服务调度功能有较高的要求；商业企业的营销活动比较频繁和重要，因此 CRM 系统的相应功能也就比较突出。

15.3　供应链管理系统

15.3.1　供应链管理

纵观整个世界技术和经济的发展，全球一体化的程度越来越高，跨国经营越来越普遍。就制造业而言，产品的设计可能在日本，而原材料的采购可能在中国或者巴西，零部件的生产可能在印度尼西亚、越南等地同时进行，然后在中国组装，最后销往世界各地。在这个产品进入消费市场之前，相当多的公司事实上参与了产品的制造，而且由于地理位置、生产水平、管理能力不同，从而形成了复杂的产品生产供应链网络。这样的一个供应链在面对市场需求波动时，一旦缺乏有效的系统管理，“鞭子效应”在供应链的各环节中必然会被放大，从而严重影响整个供应链的价值产出。工业革命以来，产品生产日益丰富，产品消费者拥有更多的选择余地，技术上的进步也推动了某些产品（如电子类产品）的不断更新升级。产品生命周期不断缩短，这导致产品需求波动加剧。市场供求格局对供应链适应能力的要求达到了前所未有的高度，在生产管理领域，面向需求的“拉式”生产理论、JIT 制造理论、柔性生产理论等纷纷被提出，且已进入了实践阶段。

信息技术发展突飞猛进，计算机网络的应用带来的最大变革就是共享。企业间及部门间的界限主要由知识和数据资源的垄断带来的权力垄断造成。计算机技术通过信息共享，透明化了企业内部流程的运作，打破了这种垄断。面对全球一体化浪潮和横向产业模式的发展，企业也已经意识到自身处在供应链的一个环节之上，需要不断增强自身实力，同时增强与上下游之间的联系。这种关系是建立在相互了解、协同作业的基础之上的，只有相互为对方带来源源不断的价值，这种关系才能够永续。

1. 供应链管理的概念

供应链以核心企业为中心，凭借对信息流、物流、资金流的有效管理，自原材料采购环节开始，历经中间产品制造，直至完全最终产品生产。随后，借助销售网络把产品交付到消费者手中，进而将供应商、制造商、分销商、零售商以及最终用户整合为一个体系。它是一种范围更广的结构模式，包括所有加盟的节点企业，从原材料的供应开始，经过链中不同企业的制作加工、组装和分销等过程直到最终用户。它不仅是一条连接供应商到用户的物流链、信息链和资金链，而且是一条增值链，物料在供应链上因加工、包装和运输等过程而增加其价值，给企业带来收益。

关于供应链管理的定义有多种不同的表述。尹文斯认为，供应链管理是通过前馈的信息流和反馈的物料流及信息流，将供应商、制造商、分销商、零售商，直到最终用户连成一个整体的管理模式。菲利普认为，供应链管理不是供应商管理的别称，而是一种行业的管理策略，它把不同企业集成以提升整个供应链的效率，注重企业之间的合作。供应链世界论坛给出的定义为，供应链管理是以提供商品、服务和信息来为用户和股东增添价值的，从原材料供应商直到最终用户的关键业务过程的集成管理。GB/T 18354—2021《物流术语》将供应链管理定义为，从供应链整体目标出发，对供应链中采购、生产、销售各环节的商流、物流、信息流及资金流进行统一计划、组织、协调、控制的活动和过程。马士华将供应链管理定义为，供应链是围绕核心企业，通过对信息流、物流、资金流的控制，从原材料的采购开始，制成中间产品及最终产品，最后由销售网络把产品送达消费者手中，将供应商、制造商、分销商、零售商，直到最终用户连成一个整体的功能网链结构模式。

综上，我们认为供应链是生产及流通过程中，围绕核心企业的核心产品或服务，由所涉及的原材料供应商、制造商、分销商、零售商直到最终用户等形成的网链结构。供应链管理是围绕核心企业，借助信息管理技术，将从原材料采购、产品制造、分销，到交付给最终用户全过程中的相关业务流程（商流、物流、信息流、资金流）进行协同运作管理的总称，其目的是在提高客户满意度的同时，降低整个供应链系统的成本。

供应链管理的基本要点包括以下几方面内容：

（1）以流程为中心，强调从职能管理向过程管理转变。

（2）注重顾客价值与灵活性，强调从利润管理向绩效管理转变，从产品管理向顾客管理转变。

（3）注重供应商与客户关系管理，强调从交易管理向关系管理转变。

（4）用信息来驱动、代替库存，强调从库存管理向信息管理转变。

（5）强调专长基础上的内外资源协同利用，以及推迟定制等方法的运用。其中推迟定制是指在设计产品时，将产品的制作和订单执行过程尽可能地标准化，推迟客户差异点，在提高客户价值的同时，提高资产利用率。

2. 供应链管理的基本内涵

（1）供应链管理的目标及内容

供应链管理旨在通过对供应链各个环节活动的协调，实现最佳业务绩效，从而增强整个供应链上所有企业的业务，使生产系统能够较好地管理由原材料到产品、到客户的生产过程，提升客户的满意度，减少生产总成本。对企业来说，供应链管理最根本的目的就是增强企业的核心竞争力，其首要目标是提升客户满意度，即做到将正确的产品或服务（right product or service），按照合适的状态与包装（right condition and packaging），以准确的数量（right quantity）和合理的成本费用（right cost），在恰当的时间（right time）送达指定地方（right place）的确定的客户（right customer），即“7R”。因此，最好的供应链管理不是将财务指标作为最重要的考核标准，而是密切关注产品进入市场的时间、库存和市场份额等情况。具体来说，供应链管理的目标是通过调和总流通成本最低化、总库存最少化、客户服务最优化、总周期时间最短化、物流质量最优化等目标之间的冲突，以实现供应链绩效最大化。

实现企业供应链管理，首先要弄清楚供应链管理的主要内容。马士华教授认为供应链管理主要涉及四个领域，即供应（supply）、生产计划（production plan）、物流（logistics）和需求（demand）。供应链管理是以同步化、信息化生产计划为指导，以各种技术为支持，尤其以互联网（Internet）/内联网（Intranet）为依托，围绕供应及生产计划、物流（主要指生产过程）、满足需求来实施。供应链管理主要包括计划、合作与控制从供应商到客户的物料（零部件和成品等）和信息。供应链管理的目的在于提高客户服务水平和降低总的交易成本，并寻求两个目标之间的平衡。

在供应链管理涉及的供应、生产计划、物流和需求这四个领域的基础上，可以将供应链管理细分为职能领域和辅助领域。职能领域主要包括产品工程、产品技术保证、采购和生产控制、库存控制、仓储管理、分销管理。辅助领域主要包括客户服务、制作和设计工程、会计核算、人力资源、市场营销。

由此可见，供应链管理关心的并不仅仅是物料实体在供应链中的流动，除了企业内部与企业之间的运输问题与实物分销以外，供应链管理还包括以下内容：

• 供应链管理策略的制定（不同行业、不同产品类型要求采用不同的供应链管理策略），推动式或牵引式供应链运作方式的确定（不同企业有不同的管理文化，企业应选择适合自己实际情况的运作方式）。

• 战略性供应商和客户合作关系管理。

• 供应链产品需求预测和计划。

• 供应链的设计（全球节点企业，资源和设备等的评价、选择和定位）。

• 企业内部和企业之间的物料供应和需求管理。

• 基于供应链管理的产品设计与制造管理，生产集成化计划、跟踪和控制。

• 基于供应链的客户服务和物流（运输、库存和包装等）管理。

• 企业间的资金流管理（汇率、成本等）。

• 基于 Internet/Intranet 供应链运作的信息支持平台及信息管理等。

（2）供应链管理的特点

从供应链管理的概念和目的中可以看出，供应链管理始终以客户为中心，强调伙伴间的合作与多赢，具体来说主要包括以下特点。

以客户为中心。供应链管理的首要目标是提升客户的满意度，它通过降低供应链成本的战略，实现对客户的快速反应，以此提升客户的满意度，从而提升企业的信誉度，获得竞争优势。例如，对下游企业来讲，供应链上游企业的功能不是简单地提供物料，而是要利用最低的成本提供最好的服务。由于满足客户需求与成本支付是一对基本矛盾，因此，对客户服务目标的设定，更要关注满足客户需求与成本支付的平衡。

强调物流、信息流、资金流、工作流和组织流的集成。这几个流在企业日常经营中都会发生，但过去是间歇性或间断性的，因而会影响企业间的协调，最终导致整体竞争力下降。供应链管理强调必须把这几个流集成起来，只有实现跨企业流程集成化，才能实现供应链企业协调运作的目标。

强调伙伴间的合作与共享。在供应链管理中，企业要清楚地辨别自己的核心业务，然后狠抓核心资源，以提高核心竞争力。非核心业务一般采取外包的方式分散给业务伙伴，与业务伙伴结成新型的、拥有共同利益的战略联盟合作伙伴关系，强调伙伴间的合作，强调利益共享和风险共担。合作更需要依赖供应链成员之间业务过程一体化的共识，需要建立相应的信任机制和协商机制。信任是信息增值交换的基础，只有实现信息共享才能增加供应链上的利润。协商机制是解决核心企业与客户利益冲突关系的基础，其包括利益的合理分配、高效的合作和风险共担。

强调一体化的精细化管理。供应链上的核心企业除了核心业务外，其余各项业务都来自外部。也就是说，按照市场规则将内部业务社会化；按照核心企业需求，将具有不同核心能力的企业级资源整合起来，让组织边界变得更加模糊，使供应链管理成为一项高度互动且复杂的系统工程。它强调的是一体化的精细化管理，保证在延迟生产环境下整个供应链的协同运作，各环节的无缝对接。

注重信息技术的集成应用。信息技术是提升整个供应链运作效率的重要保障之一。在这个多节点、多合作伙伴组成的复杂网链上，信息技术的支持，降低了伙伴间的交易成本，可使合作伙伴及时获取有效信息，以满足客户的需求。同时，基于 Internet 信息技术的集成（EDI、GIS、GPS），又可随时对在途物品进行管理，以满足物流的个性化需求。

更加注重物流企业的参与。过去的物流就是指搬运东西。但是，在供应链管理环境下，物流的作用特别重要，因为缩短物流周期比缩短制作周期更关键。美国曾经有人就早餐使用的麦片粥进行过统计，从生产厂商到超市这一过程要花 104 天的时间。而在这 104 天里真正用于生产的时间很短，大部分时间用于分销、运输、仓储、再分销、再仓储。过去的快速响应市场，大部分情况下都把注意力放在制造业上，只要产品能够快速制作出来，就能够快速响应客户的需求。实际上，最终提供给客户的产品不是由单独一个企业来完成的，而是从原材料开始一级一级传递过来的，响应周期是多级的“链式周期”，而不是点式周期（单个企业的制造周期）。因此，缩短物流周期所取得的效益会更大。例如，制造商投资数百万元购买一台新设备，使加工一个零件的时间从原来的 1 分钟缩短到 30 秒，工效提升 1 倍，但是它对缩短整个供应链周期的贡献很小。如果把二级供应商到一级供应商的物流周期从 7 天缩短到 5 天，就可以节约出 2 天时间。所以，供应链管理强调一种从整体上响应最终客户的协调性，没有物流企业的参与是不可想象的。

注重供应链的动态化管理。供应链的整体效率和价值创造能力，是链条上的合作伙伴基于一种战略型的亲密关系协同产生的。战略型的亲密关系是供应链新生能力不竭的源泉，是取得竞争优势的原动力。要长期保持这种关系，就要不断优化伙伴之间的关系结构。这种优化可以通过管理与伙伴的关系，对合作伙伴进行阶段性的绩效评估来实现。管理与伙伴的关系，首先要管理核心企业与伙伴的诚信交易，共同制定发展目标和行为计划，提供相应的技术支持等。以核心企业的经营管理、价值观、文化观影响伙伴，创造和谐氛围，形成团队合作竞争机制，从而提升和发展伙伴关系。从知识管理角度看，伙伴关系的提升是开发供应链系统隐性知识资产的过程。对伙伴进行阶段性的绩效评估，是一种竞争激励，一方面可以促使伙伴提升整体素质；另一方面，为了维护供应链成员的所有利益，也将放弃与少部分伙伴的继续合作，从而优化合作伙伴的关系结构。

15.3.2　供应链管理系统具体内容

供应链管理是一种集成的管理思想和方法，它执行供应链中从生产商到最终用户的物流计划和控制等职能。从本质上看，供应链是一种综合物流形式，本身包含从采购、生产到销售中涉及的仓储、运输、配送等多种物流活动。为供应链管理建立信息系统，可实现供应链各组织间信息的合理流动，并可对供应链物流过程的各环节进行科学的组织和控制。供应链管理信息系统的应用，在降低企业成本、提高交货率、缩短交货期等方面效果显著。

1. 供应链管理系统的构成

典型的核心企业供应链管理系统一般由采购管理子系统、生产管理子系统、销售管理子系统、物流管理子系统及决策支持系统构成。

采购管理子系统。采购管理主要包括采购计划、决策制定和采购业务处理。其中供应商的管理是采购计划重要的部分。采购管理子系统的总体目标是以最低的总成本为企业的生产经营提供物资供应和服务；协调企业内部及企业与供应商的物资供应关系，实现物资采购从申请采购、计划审批、选择供应商到物资入库交付生产。采购管理子系统的职能表现在两方面：对外选择和管理供应商，控制并保证价格优势；对内控制与保证采购流程的实施，保证采购质量和交货期能够满足企业生产和市场的需求。

生产管理子系统。生产管理包括生产计划管理和生产控制管理。供应链环境下的生产计划不只是围绕核心企业的需求展开，在生产计划的制定过程中，上游企业承接订单的能力和意愿都反映在下游企业的生产计划中，上游企业的生产进度信息也和下游企业的生产进度信息一致。作为滚动编制计划的依据，其目的是保持上下游企业生产活动的同步。供应链环境下的企业生产控制需要更多的协调机制，体现了供应链的战略伙伴关系原则。生产管理子系统主要是为了协调供应链中企业的生产问题。生产计划是生产控制管理的依据，生产控制是检查生产计划的执行情况，两者共同完成对企业生产过程的管理。

销售管理子系统。供应链销售管理模式中相邻企业间信息交流频繁，信息传递规范，企业内、外部的信息获取及时准确，销售业务的协调能力和应变能力大大高于传统销售管理模式。要实现上述特点，供应链销售管理子系统就需要合理选择系统的技术架构和体系结构，使其能够快捷有效地进行信息处理和查询。

物流管理子系统。物流是供应链的一部分，是对供应链上各种物料（包括原材料、零部件、产成品）、服务及信息从起点到终点流动过程的计划、组织和控制活动的总称。它充分运用信息技术，将运输、仓储、装卸、加工、整理、配送等方面有机结合，为供应链管理提供支持。企业物流管理主要针对供应物流和销售物流。典型的物流系统包括：运输、存储、包装、物料搬运、订单处理、库存控制、客户服务、退货处理、其他活动等。物流管理子系统是管理这些物流活动所形成的人机交互系统。

决策支持系统是一个集成了先进技术的智能化管理平台，具有人工智能辅助决策、大数据分析能力、实时决策支持、移动端支持、协同决策功能及自适应学习能力等特点。该系统通过整合供应链各环节的数据资源，运用机器学习算法和深度学习模型，为管理者提供精准的决策依据。其中，人工智能辅助决策功能能够模拟专家思维，自动生成最优决策方案；大数据分析能力则可处理海量结构化和非结构化数据，挖掘潜在规律；实时决策支持确保管理者能够及时响应市场变化；移动端支持实现了随时随地的决策管理；协同决策功能促进了跨部门、跨企业的协作；自适应学习能力使系统能够持续优化决策模型。这些先进功能帮助供应链管理者做出更加科学、及时的决策，显著提高供应链的整体效率和响应能力。通过持续的数据积累和模型优化，决策支持系统能够不断提升决策质量，为企业在复杂多变的市场环境中保持竞争优势提供有力支撑。

2. 供应链管理系统的构建

实施供应链管理系统的顺序大致可分为四步，即计划与准备、选定合作伙伴、计划与实施以及评价。供应链由原材料供应商、制造商、分销商、物流与配送商、零售商及消费者组成，一条富有竞争力的供应链要求组成供应链的各成员都具有较强的竞争力，不管每个成员能为供应链做什么，都应该是专业化的，而专业化就是优势之所在。

第一，计划与准备。在计划与准备阶段，首先应调整本企业的活动机制，确定企业的经营战略和活动目标。若欲实现削减库存、增加自有流动资金等目标，需精准设定项目指向，明确提出具体量化数值。锁定的具体目标是能使项目成员保持一致的前进方向，同时还可以作为今后活动的判断、评价基准。其次是完善企业内部信息系统和推进业务的标准化。本企业内的采购、生产、库存、物流、销售等一系列供应链的业务，应考虑多个环节的信息是否统一、准确。如果各成员不信任库存管理系统的库存信息，那么生产部门和销售部门的产品条形码就容易出错，这样就很难推进企业内的活动。再次以企业内部的生产流程为切入点，在实施跨越企业的供应链管理之前，要调整本企业内的协作机制，消除瓶颈。在企业内部实施项目时，各部门之间可看成合作伙伴关系；基本部门间的合作伙伴关系是从整个企业的最佳化出发来推进项目实施的。在规模较大的企业，存在“部门的屏障”现象，部门间信息共享和协同推进可能不太顺利。因此，即使是部门间的伙伴关系，也应学习不同企业间的“双赢”关系，努力构建部门之间的信任关系，共同受益。最后，考量拓宽业务改革范畴。精准洞察业务环境与现状，拟定切实可行的战略规划，可以选取小型项目为切入点，基于成功经验，逐步有序运用供应链，以获取更为显著的成效。

第二，选定合作伙伴。合作伙伴企业的选择，应由企业内设置的实施活动调查小组负责筛选工作，最后由最高经营者来决定，构筑相互信任的关系。合作伙伴企业选择标准如下：

（1）供应链的经营战略一致的企业；

（2）有强烈业务改革欲望的企业；

（3）能成为解决供应链难题对象的企业；

（4）最高经营者彼此之间志同道合，能构筑信任关系的企业；

（5）经营管理中活用信息技术的企业；

（6）经营透明度高，值得信任的企业；

（7）有前瞻性的企业；

（8）目前有实际业绩的企业；

（9）今后合作伙伴关系前景良好的企业。

目前，我国企业供应链构筑的倾向是，随着企业间合作伙伴关系的进展，活动取得成果后，交易成效好的企业易于被选中。因此，从选择方来看，应重视将来与哪家企业进行交易；从被选择方来看，应考虑本企业作为合作伙伴是否合适。总之，选定合作伙伴，不单要看交易业绩，还应从供应链的改革成果来选择。

第三，计划与实施。供应链的合作伙伴选定后，首先要实施小规模的试验项目，合作伙伴之间通过相互交换信息，了解现状，以此来制定改善的计划，推进业务、人员、组织的变革。在这一阶段，共同分享利润、承担风险、转变观念、改变业务模式是计划与实施的四个要点。

企业间相互公开信息是相当难的事情，因为公布出准确的信息，如实反映企业的强势和弱势，稍不留意就会流入竞争对手那里，或者被合作伙伴企业恶意利用，招来致命的打击。但供应链管理的活动始于合作伙伴企业间的信息共享，根据相互间的信任关系，向对方提供正确、快速的高质量信息，将有助于降低供应链的成本和提高对消费者的附加价值。这就要求合作伙伴企业在共享利润和承担风险的同时，相互公开各自的经营现状和信息，公开其责任和成果的测定方法，求得认同，努力构建双赢关系。

在供应链业务中，要时刻考虑企业的整体最佳状况，来决定库存计划、订货计划、需求预测、生产计划和销售计划等，这就使准备进入供应链的企业的业务目标发生变化。例如，以前的销售人员以扩大销售来增加销售额为目标，而现在的销售人员需要考虑客户的库存量，让分批适量的销售成为新的目标。另外，为了提高下游企业的供应链效率，要求供应链上游企业从事贴商标、分拣、信息沟通等不能给本企业带来直接效益的工作，这就要求从事业务的“人”的观念跟上这种变化，使业务的目标适应变化后的业务评价标准。

业务目标的变化和人的观念的转变，势必带来供应链企业的业务模式的变化，使采购管理、生产计划、库存管理、物流、销售管理等业务系列化，其中最重要的是通过考虑现状而改变业务的“业务流程再造”，则能取得更显著的成效。总之，计划与实施会促进业务的改革和业务模式的改变，导致人的观念转变，共享供应链利润和承担风险，抵御日益激烈的市场竞争，从而带来竞争优势。

第四，评价。对项目活动进行评价，并将评价结果用于下一个项目，特别是成功经验的积累，有利于加快下一个项目的实施步伐。根据情况，可对企业战略和活动目的进行反馈，并重新实施计划。

第 16 章　行业信息系统

企业或组织的组织特性之间存在差异，这导致我们无法描述所有组织的特性，但我们仍然可以从不同角度将组织进行归类，如从行业角度去观察，并在此基础上分析和选用适当的信息系统。通过观察，可知组织特性虽有不同，但仍存在一些类似的部分，因此在组织信息系统的开发建设中，我们可以共用这些相同的软件模块。

从经济的观点，最重要的组织是企业，企业本身就归属于不同的行业，如制造业、零售业、金融业、运输业等。不同的组织因其隶属不同的行业，因此会呈现出不同的系统需求。在同类行业中，系统的基本需求有很多相似性，因此本章将从行业角度分析、介绍信息系统的结构。研究同一行业的共同的系统模块，不是简单地从表层思考不同行业有什么不同，而是需要在开发建设不同行业的信息系统时，结合行业的特点去思考问题。此外，政府部门、军队、事业单位、学校等，也都呈现了不同的特点，在分析判断信息系统的结构时，我们也应兼顾这些非企业的组织。

16.1　电子商业信息系统

商业业务包含的范围十分广泛，且无较为精准的界定。国内外学者对于商务的定义并不是很明确，广义上讲，商务是指一切与买卖商品服务相关的商业事务。但这个定义显然是比较局限的，我们认为从事商品交换业务的行业都可视为商业。近年来，在信息技术和网络技术的推动下，电子商务成为商务的一种重要展现形式。围绕电子商务的电子商业信息系统则成为系统研究和开发的主要领域之一。

16.1.1　电子商务

电子商务作为新的商务模式，日益成为主流。在了解电子商业信息系统之前，我们首先要理解电子商务的概念和内涵，进而分析电子商务和管理信息系统之间的联系，从而能够理解电子商务的发展对管理信息系统发展的影响。

1. 电子商务的定义

电子商务作为信息技术支持下的新兴商务模式，它的概念和定义在不断演进、发展和变化，至今已有上百种定义。本书为了后续讨论和分析的展开，从若干定义中进行综合概括，给出一个概念界定。国内外有关电子商务的定义主要分为两大类：一类是狭义定义；另一类是广义定义。狭义电子商务的定义为：电子商务是采用电子手段进行买卖活动，一般简称为电子贸易（electronic trade）或电子商业（electronic commerce）。广义电子商务的定义为：电子商务是采用互联网等相关信息技术进行商务活动，这些商务活动包括商品的交易、客户的服务、企业间的合作等，一般简称为电子企务（electronic business）或电子企业（electronic enterprise）。综合国内外的概念，对电子商务最广义的理解则认为，利用电子手段进行的各业管理活动者皆为电子商务。

这里各业指的不仅局限于商业，可扩展至工业、农业等领域。在英文中，business本身也有着广泛的含义，它有商业、事业、企业、经营、公务甚至出差之意。只要是为“公家”做事，均可说成do business，这个“公家”是相对于自己的“小私”而言的，不管是政府、国企、事业单位还是私企均是“公家”，甚至是自己的企业有时也说成是business。从business词汇的角度，我们可以将利用电子手段进行的一切管理活动均称为电子商务。

目前国内外普遍认为：一切利用信息技术去解决企业问题的管理方法的集合都是管理信息系统。按照广义的电子商务概念去理解，电子商务和管理信息系统本质上相同。“企业信息系统描述了企业经理的希望、梦想和现实”，这说明电子商务只是管理信息系统的延伸。从这个角度来讲，电子商务将管理信息系统向内、向外、向前、向后进行了多方延伸，它把管理信息系统所涉及的范围进行了有效扩展。本质上，它的理论、方法、模型等又和管理信息系统同根同源。因此，如果能够掌握管理信息系统的理论方法和应用，就能够很好地理解电子商务的各种问题。此外，对于电子商务和管理信息系统的联系与区别，学者们也各自有自己的理解与认识，学者们在谁是基础部分、谁的概念范围更大、谁统领谁等问题上纷纷展开讨论与研究。本书认为，管理信息系统和电子商务本质上相同，视角不同，应用的名词不同，是同一个概念在不同科技背景、不同时代的发展。

2. 电子商务发展过程

早期，一些国家的电子商务协会认为，电子商务就是“交易e化”。后来，“商业网络（commerce net）说”日益成为研究的焦点，该学说认为电子商务是“利用联上网际网络的电脑，创造并转换商业关系”。这反映了电子商务概念由低向高的发展过程。这个过程大致可分为四个阶段：电子目录、电子交易、电子商业和电子企业。

（1）电子目录。即利用电子手段提供商品目录。这是一种静态的、简易多媒体文件。可以是离线的，如光盘；也可以是在线的，如网站。内容是介绍产品、介绍企业、介绍技术等，它起着促销、订货查询、宣传等作用。

（2）电子交易。即利用网络进行交易。它是互动的。一般是企业对顾客，即B（business）to C（customer），简称为B2C。主要的功能有：电子零售（e-retailing）、竞标与拍卖（bidding and auction）、电子账单付款（electronic bill payment，EBP）以及客户管理（customer management）等。

（3）电子商业。即商人们利用网络从事商业活动，主要是B2B的形式，即企业对企业。常见的类型有虚拟集市（virtual marketing）、电子采购（e-purchasing）、延伸式价值链（extended value chain）、客户关系管理（customer relationship management，CRM）等。 电子商业阶段的特征是，高度重视企业的核心能力以及企业核心过程的重组。

（4）电子企业。B2C和B2B的结合把电子商务带到一个新阶段——电子企业阶段。

从物料供应、生产、批发、销售直到顾客，形成高效顺畅的链条。这是一个内外结合、虚实结合的企业流程。它包括客户、供应商、经销商、合作伙伴，甚至竞争对手，形成一个横跨不同产业的组织，具有某种程度的独一无二的竞争力。

未来已来，人工智能技术的发展对电子商务的影响将更为巨大，人们所希望的交易能够突破时间、空间的瓶颈已经实现，支持交易双方角色随机而变的要求也已实现，组织能够及时快速响应客户需求，以柔性制造和敏捷的供应系统支持市场的多变和需求，企业的生态系统以动态来适应市场竞争，不断调整自己的策略和战略。但商业和企业组织在自组织及网络式的需求下日趋扁平化，企业自繁殖能力不断提升，动态需求也会呈现出新的特点。未来的发展与变化，我们拭目以待。

3. 电子商务分类

电子商务模式可以根据不同的方面加以分类，一类可用一个坐标的维度来表示。这些维度是什么呢？例如商务主体、商品形式、互动方式、互动深度、商品形式、价值形成等。

（1）按商务主体分：门户网站、中介网站、原发网站等。
（2）按互动方式分：B2C、B2B、B2BC。
（3）按互动深度分：单向静态、双向互动、单向插入、双向插入、融合集成等。
（4）按商品形式分：实物商品、信息商品。
（5）按价值形成分：原创、增值等。

受篇幅所限，本书仅对商务主体和互动方式分类加以说明。

按商务主体可分为门户网站、中介网站、原发网站等。门户网站类似传统的报纸媒体，以宣传为主，内容全面，包括新闻、天气、工业、农业、商业、金融、旅游、交通、文化、休闲等。大多数门户网站也包含购物、订票等功能，但这类功能多跳转到其他网站去执行。门户网站的主要收入来源是广告委托费及订阅费。网站的品牌和客户访问量是网站运营的主要指标。中介网站是电子商务发展以后的新业务，是电子商务创造的新的赢利领域。它又可分为虚拟店面、商品集市、网上拍卖、信息中介、商品中介、交易所、反向交易所、集体采购、内容供应、虚拟社区、企业联合组织等。原发网站是企业的自有网站，它往往是为企业的主流业务服务，如 IBM、Intel、SAP 公司的网站等。它的经费来源于企业的预算，任务是为企业服务。大量的网站是中介网站。

按交互方式分为 B2C、B2B 和 B2BC 等。B2C 是企业对顾客，交替的流程分为四个阶段：产品需求、收集资料、产品比较以及购买产品等，见图 16-1（a）。B2B 是企业对企业，其交易方式稍有不同，包括五个阶段：请购、报价、选择厂商、下单以及付款作业，见图 16-1（b）。B2C 方式要用电子目录、各厂家产品价格、自动处理订单、顾客关怀系统等。而 B2B 方式要用电子目录、喊价投标系统、交货期、运费、库存、产品管理系统以及自动付款系统等。B2BC 则是企业不仅在市场上面对广大用户，而且和供应商、协作商联合组成企业群系统满足顾客的需要。这个企业群将发展成电子企业（e-企业）。

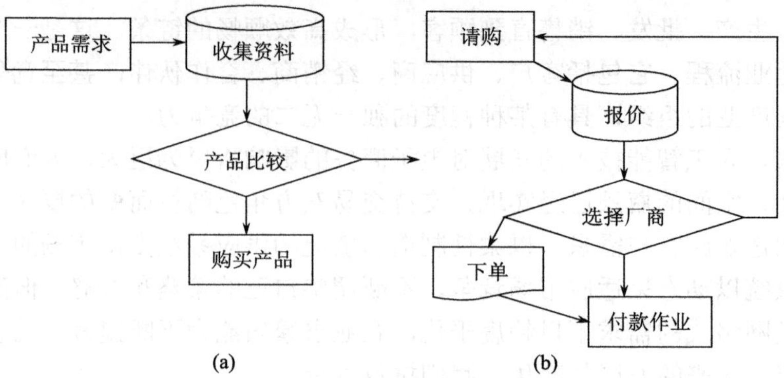

图 16-1　按交互方式分类

e-企业是用电子商务的概念把企业的内外功能整合起来。它包括四个方面的整合：商务模式、流程模式、应用模式、应用架构。一个 e-企业根据市场和顾客需求，应建立起它的战略概念模式，根据它的概念模式建立它的商务模式，根据它的商务模式建立它的电子流程模式。商务模式是直接针对商务的，考虑针对什么顾客、生产什么产品、创建什么品牌等。电子流程模式说明用什么样的系统实现商务模式的想法，它说明生产、配送和顾客之间的关系。电子应用模式实际上是管理信息系统的应用程序系统，也是电子商务应用模式，它说明如何实现供应链管理、客户关系管理，如何构建电子市场等。电子应用架构实际上是 IT 架构，如何用硬软件架构支持应用系统工作。在对电子商务的基本概念作了简单的介绍以后，下面以外贸行业为例，分析其商业信息系统，以帮助大家理解电子商业信息系统在企业中的具体应用。

16.1.2　外贸行业的信息系统

贸易行业的信息系统和制造行业的信息系统有很大的不同。以一个外贸公司的信息系统为例，某外贸公司的系统总结构见图 16-2。

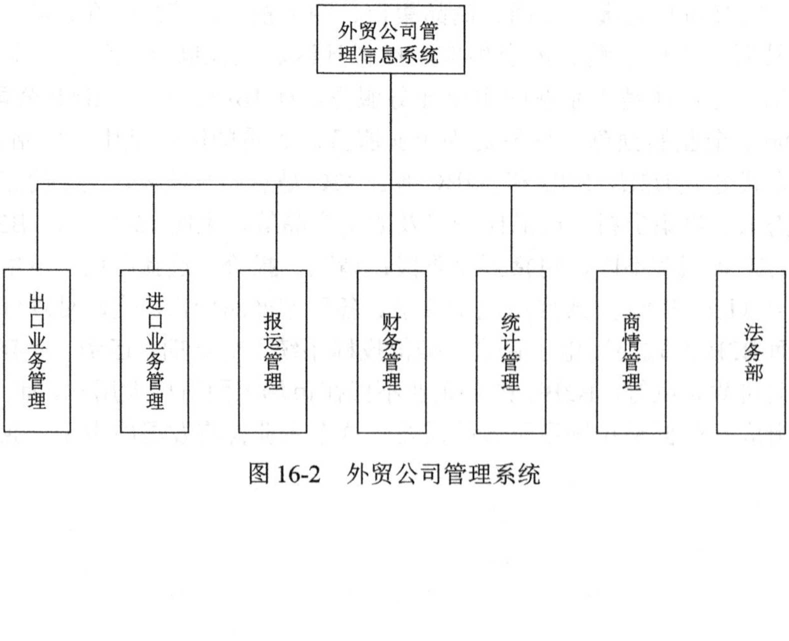

图 16-2　外贸公司管理系统

下层的各项管理均为子系统，每个子系统均具有自己的功能。

出口业务管理包括外销、货源和单证，每项下面又可再分为其他子项目。

进口业务管理系统与出口系统类似，主要进行进口合同的管理与控制。为进出口业务管理系统服务的还有传真管理子系统，该系统利用计算机传真代替普通传真机，大大节约了成本。它利用电脑网络对传真进行起草、修改、打印、输出、查询，并自动发出。

报运管理子系统是根据外销业务，自动生成、修改、查询和打印各种单证报运进程管理子系统。通过托运申请、配仓出货、装船开船、收汇和船卡等报运进程，对进程进行分析与控制。

财务管理子系统一方面从业务管理子系统和报运管理子系统中直接获取信息；另一方面把企业外部来的信息输入，自动生成会计的记账凭证。同时还有经营规模预测等功能。该系统主要包括以下业务功能：

（1）资金管理。包括外汇费用、外汇额台账等。

（2）会计功能。包括银行账、国内外往来账、未达账、费用账、固定资产折旧账、科目余额账的制作和查询，还包括科目平衡表、总账科目清单等材料的制作。

（3）综合处理包括总分类账、资产负债表、损益表等的制作和上报。

（4）这些财务功能依靠三个子系统即会计凭证管理子系统、账务管理子系统和会计报表管理子系统来完成。实际上，这里的财务管理是很初步的，根据各企业的情况还可不断加入新的子系统。

统计管理子系统对业务、报运两系统的数据进行总公司和分公司两级的月、旬汇总，供公司参阅；经营预测与计划子系统对下一年的经营规模进行预测、决策；统计信息上报子系统、汇总进出口信息向上级主管单位上报。

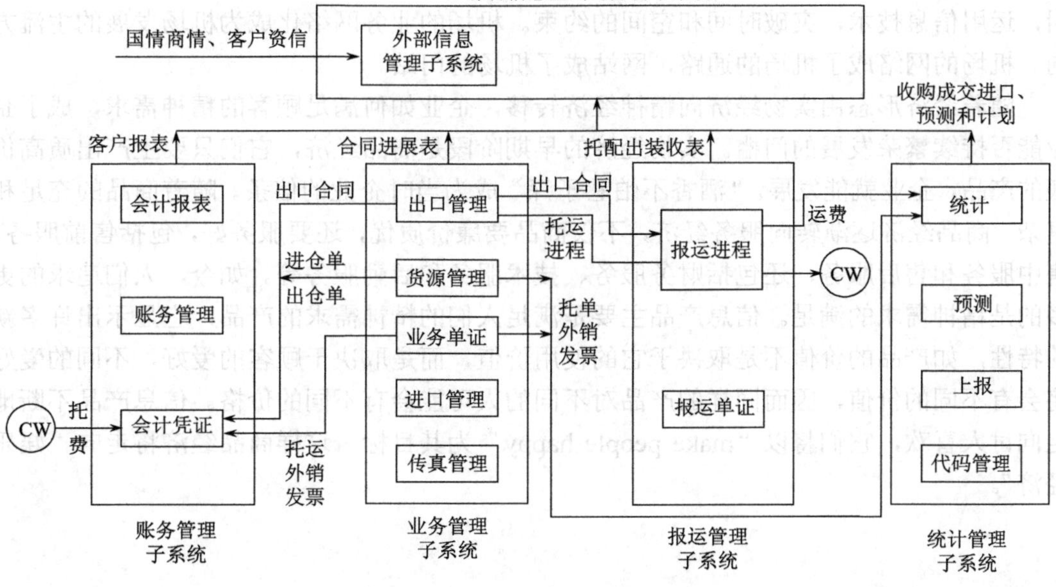

图 16-3　外贸公司各子系统关系图

商情管理子系统通常包括以下主要功能：市场信息收集与分析、客户情报管理、商机挖掘与分析、信息共享与协作、贸易壁垒监测、汇率与价格监控等。这些功能帮助外贸企业及时掌握市场动态，做出科学决策，提高市场竞争力。

整个系统中各子系统的关系可用图 16-3 表示。

16.2　交通运输业信息系统

16.2.1　交通运输业信息系统的特点

交通运输业是介于生产行业和销售行业之间的行业。由于交通运输行业有其特点，就分工出了专门从事运输活动的企业群。交通运输行业最典型的企业是铁路公司、公路公司、航空公司，以及售票公司、机场公司等。本书以机场为例，说明该类行业的特点。

机场既有供飞机起停、旅客登落的传统主业，也包含物流、商品销售、旅游交通服务等综合辅业。机场通常设在城市边缘，占地较广，建有与市中心相通的便捷交通。机场周围分布着一些为机场运营服务的企业，如供油公司、配餐公司、维修公司等。也有看重机场客流量，独立经营的商业企业，如商店、餐馆、免税店、旅店等。所以机场可以视为一个 24 小时无休的市镇，即所谓的“机场城市（airport is a city）”，机场现已成为人流聚集、旅客流动量很大的场所。为实现机场资源价值的最大化，各地区机场大力发展辅业，特别是商业。当代的机场管理者也已经认识到机场的价值，不断延伸机场的价值链、扩大赢利空间和发展空间。机场日益成为城市的“窗口”，通过机场人们能了解该城市的各种情况；通过机场顾客能找到办理各种事情的途径。机场管理企业努力设法帮助顾客解决各种问题，以求无限扩大服务空间，从而获取可观的收益。

受物理空间的局限，现代的机场呈现出向虚拟化方向发展的趋势，不断扩展网络应用，运用信息技术，突破时间和空间的约束。机场的业务网络化成为机场发展的主流方向。机场的网络成了机场的通路，网站成了机场的门站。

随着经济形态由实物经济向精神经济转移，企业如何满足顾客的精神需求，成了企业能否持续繁荣发展的门槛。实物经济的早期阶段是商品经济，它们只要生产出质高价廉的产品，企业就能发展。“酒香不怕巷子深”成为当时企业的信条。随着商品的充足和复杂，商品经济逐渐转向服务经济，不仅商品要廉价质优，还要服务好，包括售前服务、售中服务和售后服务，还包括财务服务、技术服务和后勤服务等。如今，人们追求的更多的是精神需求的满足。信息产品主要是满足人们的精神需求的产品，它显示出许多新的特性，如产品的价值不是取决于它的使用价值，而是取决于顾客的爱好，不同的爱好将会有不同的价值，因而同样的产品对不同的人可能会有不同的价格。信息产品不断地走向讨人喜欢，它们将以“make people happy”为其目标。这样商品经济将走向“娱乐经济”。

16.2.2　交通运输业信息系统的基本架构

机场娱乐经济的出现，使得机场的配套设施与系统建设也需进行相应的变化。机场的环境、业务处理的流畅度等因素都将影响乘客的体验感。此外，机场管理者如能有效利用人流优势大力发展商业，实现“机场城市让生活更美好”的愿景，则可为机场运营企业带来巨大商机。在这一需求背景下，机场管理系统的功能则需要各项丰富内容。一个完善的机场管理信息系统主要有四层架构，见图 16-4。

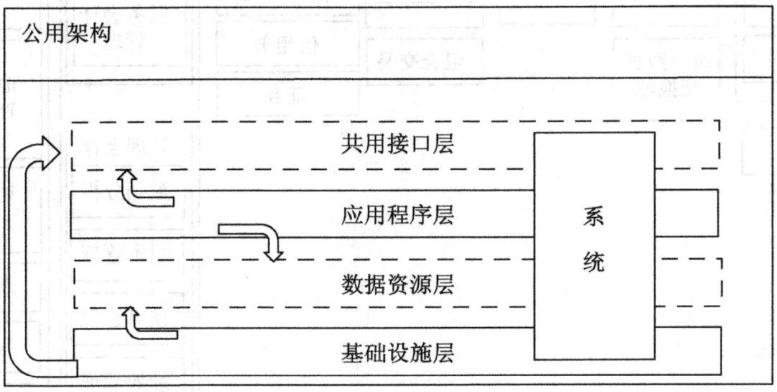

图 16-4　机场管理信息系统四层架构图

机场管理信息系统的四层架构分别是基础设施层、数据资源层、应用程序层和共用接口层。其中，基础设施层指的是基本的硬件和系统软件，它们互相联结成一个系统，就好像水管和煤气管成为土木建筑的基础设施一样，这些硬件和软件构成的系统组成了数据和信息的技术基础设施，它提供了数据和信息在其上流动的通路。数据资源层主要指企业的信息内容的资源，它包括各种数据库和数据仓库，不包括系统软件的数据库管理系统，那些属于基础设施。应用程序层，在英文中通常简称为应用（application），它是为各种企业职能服务的应用软件程序，如会计、财务、人事或生产的处理程序。不同行业的数据资源层和应用程序层会有很大的不同。最上层是整个信息系统和用户的接口或界面。

16.3　金融行业信息系统

对金融行业而言，信息是其运转的重要支撑，而信息系统则可视为它的生命线。最典型的金融企业是银行。本书以某银行为例，分析金融企业信息系统的基本架构，见图 16-5。

图 16-5 中第一行是银行业务的总流程。从流程上来看，系统的首要任务是吸引顾客以及完成顾客的各种业务需求，如通过网上银行、手机银行等。然后经应用集成环节，使输入的数据能适合于其在银行内部系统中的流动。数据到达客户关系环节，配有相应的客户关系管理的各项功能，为今后系统数据挖掘构建基本的客户数据库。在产品发布阶段，系统会自动匹配合适的银行产品推销给顾客。流程中的最后两个环节是银行内部

的处理：核算和分析。流程中每一环节的下方都列举了该部分常见的处理模块。

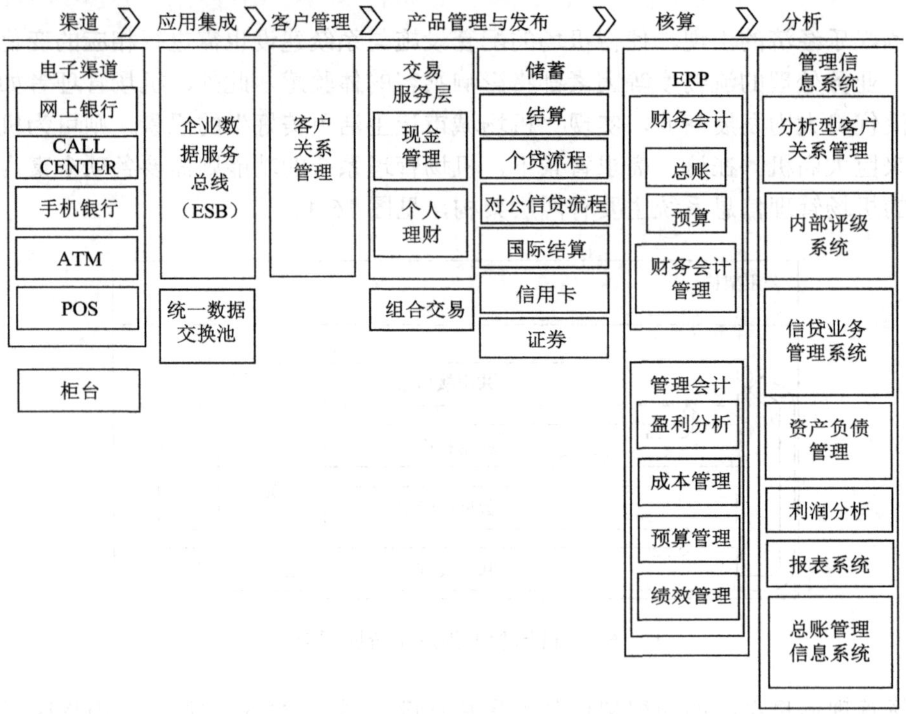

图 16-5　一个大型银行的信息系统架构

对于银行分行的信息系统来讲，不一定要具备银行管理信息系统中所有的处理模块，它可以通过共享总行的模块，满足业务需求。分行管理信息系统中最重要的是直接面向客户的模块。

16.4　政府部门信息系统

政府部门信息系统，作为数字化政务的核心支撑，正深刻改变着政府的运作模式、决策机制以及与民众的互动方式。它不仅是政府内部高效协同办公的“助推器”，更是连接政府与民众、实现政务公开透明、提升公共服务质量的重要桥梁。从日常的公文流转、行政审批，到关乎民生的社保医保、教育就业等领域，政府信息系统的身影无处不在，它以数据为驱动，以技术为手段，让政务服务更加智能、高效、便捷，为建设现代化、服务型政府奠定了坚实基础。政府信息系统的核心作用主要体现在：

第一，内部协同催化剂。

在传统政务模式下，政府部门内部的沟通协作往往依赖于纸质文件传递、面对面会议或电话沟通，效率低下且容易出现信息传递不及时、不准确的情况。而政府信息系统的出现，彻底改变了这一局面。以某市政府的办公自动化系统（OA）为例，该系统集成了电子邮件、即时通信、工作流管理等多种功能。工作人员可以通过电子邮件快速发送和接收各类文件、通知，以往需要人工送达的文件，现在几秒钟就能到达对方邮箱。即时通信功能则让同事之间的沟通更加便捷，无论是简单的工作询问还是紧急事项的交流，都能实时进行，大大提高了沟通效率。在处理一些跨部门的项目时，工作流管理功能发挥了重要作用，它可以清晰地定义每个部门的工作任务和流程，任务完成后自动流转到下一个部门，避免了因部门之间沟通不畅导致的工作延误。通过这些功能的协同作用，政府部门内部的协同效率得到了极大提升，工作流程更加顺畅，工作效率大幅提高。

第二，数据管理分析师。

政府在日常运行中会产生和收集大量的数据，涵盖人口、经济、社会等各个领域。政府信息系统就像一位专业的数据管理分析师，能够对这些海量数据进行高效的管理和深入的分析。以人口数据为例，系统可以整合公安、民政、卫生健康等多个部门的人口信息，包括人口数量、年龄结构、性别分布、户籍情况、健康状况等。通过对这些数据的分析，政府可以了解人口的动态变化趋势，如人口老龄化程度的加深、人口流动的方向和规模等，从而为制定相关政策提供科学依据。在经济领域，系统可以收集和分析企业的注册登记信息、经营数据、税收数据等，通过对这些数据的挖掘和分析，政府能够了解产业结构的现状和发展趋势，发现新兴产业的增长点，进而制定针对性的产业扶持政策，促进经济的健康发展。比如，通过对某地区制造业企业数据的分析，发现高端装备制造业增长迅速，但面临技术人才短缺的问题，政府就可以出台相关政策，鼓励高校和职业院校加强相关专业的建设，培养更多适应产业发展需求的技术人才。

第三，政务公开代言人。

在信息时代，政务公开是提升政府公信力、增强政府与民众互动的重要举措。政府信息系统充当了政务公开的重要代言人，通过政府网站、政务服务平台等多种渠道，将政府的政策法规、办事流程、行政许可、行政处罚等信息及时、准确地向公众公开。公众可以随时随地通过互联网查询这些信息，了解政府的工作动态和决策依据。例如，许多地方政府的政务服务平台上，详细公开了各类行政审批事项的办理流程、所需材料、办理时限等信息，企业和群众在办理相关事项前可以提前了解清楚，避免了因信息不对称导致的来回奔波。同时，政府信息系统还实现了电子政务，让公众可以通过网络在线办理各类政务事项，如社保缴纳、公积金提取、证照申请等，大大提高了政务服务的便捷性。这种公开透明的政务环境，不仅增强了公众对政府的信任，也便于公众对政府工作进行监督，促进政府依法行政，提升政府的公信力。

第四，决策智慧锦囊。

政府决策关系到社会的发展和人民的福祉，需要科学、准确的依据。政府信息系统凭借其强大的数据处理和分析能力，为政府决策提供了智慧锦囊。系统利用数据可视化技术，将复杂的数据以直观的图表、图形等形式展示出来，让决策者能够一目了然地了解数据背后的信息和趋势。例如，在城市规划中，通过数据可视化工具，可以将城市的人口分布、交通流量、土地利用等数据以地图、柱状图、折线图等形式呈现，帮助决策者直观地了解城市的现状和问题，从而制定更加合理的规划方案。同时，系统还运用模型分析等工具，对不同的决策方案进行模拟和预测，评估其可能产生的效果和影响。比如在制定财政政策时，通过经济模型分析，可以预测不同财政支出规模和税收政策对经济增长、就业、物价等方面的影响，为决策者提供参考，帮助他们选择最优的决策方案，提高决策的科学性和准确性。

展望未来，随着人工智能、大数据、云计算等新兴技术的不断发展和深度应用，政府部门信息系统将迎来更加广阔的发展空间。它将进一步推动政务服务的智能化、个性化和精准化，实现政府治理能力和治理体系的现代化。政府部门信息系统作为数字时代政务运行的核心支撑，在提升政务效率、优化公共服务、增强决策科学性等方面发挥了不可替代的关键作用。在技术创新和政策支持的双重推动下，政府部门信息系统将持续释放政务变革力量，为建设人民满意的服务型政府注入源源不断的动力，为经济社会的高质量发展提供坚实保障。

第 17 章　决策支持系统

17.1　决策与决策支持系统

市场竞争环境下，信息在经济活动中的重要性日益凸显。企业要想在激烈的竞争中脱颖而出，必须能够对市场、客户、企业等各方面的信息进行正确充分的分析，进而快速精确地做出决策。赫伯特·西蒙（Herbert A. Simon）认为管理就是决策，一个组织的管理活动主要就是决策活动。过去的决策主要依靠决策者的经验、智慧及洞察力，同时带有强烈的个人主观意识，这往往会影响决策的有效性，决策的结果会因此偏离预期。为提高决策水平，取得较好的决策效果，基于现代信息技术和相关科学技术，决策支持系统应运而生。

决策支持系统的目标是在人的分析和判断能力的基础上，借助计算机与科学方法，支持决策者对半结构化和非结构化问题进行有序决策，通过模型分析和知识推理，为管理人员和高层决策者提供信息和知识的支持，以获得令人满意的客观解决方案。

17.1.1　决策支持系统的概念

决策支持系统（decision support system，DSS）是管理信息系统应用的发展和拓宽。不同的专家学者从多个角度和层面，对决策支持系统进行了分析和阐述。其中比较有代表性的定义主要有以下几种：

（1）决策支持系统是通过数据、模型和知识，以人机交互方式支持管理人员进行半结构化或非结构化决策的信息系统。它为管理人员提供决策所需要的数据、信息和背景资料，帮助明确决策目标、分析决策问题、建立决策模型、模拟决策过程、提供备选方案，并对各种方案进行评价和优选，帮助管理人员提高决策的水平和质量。

（2）决策支持系统是以信息技术为手段，应用决策科学及有关学科的理论与方法，以人机交互方式辅助决策者解决半结构化和非结构化决策问题的信息系统。

（3）决策支持系统是以管理科学、运筹学、控制论和行为科学为基础，以计算机技术、模拟技术和信息技术为手段，面对半结构化或非结构化问题，支持决策活动的、具有智能作用的人机系统。它通过把数据复杂的分析模型以及能与用户友好交互的软件结合为一体，成为一种功能独立的系统，用于辅助管理决策；它能够支持半结构化或非结构化的决策，且自始至终都是在用户的控制下实现其工作的。

通过以上各专家学者对 DSS 的定义，可总结出 DSS 具有如下主要特征：

（1）一般用于解决半结构化或非结构化问题；

（2）辅助但并不取代管理人员进行决策，决策主体仍然是人，而不是系统；

（3）以人机交互方式进行工作，更易于非计算机专业人员使用；

（4）综合应用了多种数据、模型和分析方法，来实现决策支持；

（5）具有应对环境变化和管理人员决策方法变化的灵活性和适应性。

17.1.2　决策支持系统的产生与发展

20 世纪 70 年代中期，Keen 和 Scott Morton 首次提出了“决策支持系统”，这标志着信息技术作为主要的工具支持决策，在这段时期，许多有代表性的 DSS 被纷纷开发出来。

20 世纪 70 年代末期，DSS 广泛使用并非常流行，该时期的 DSS 绝大部分为两库系统，由模型库子系统、数据库子系统及人机对话子系统三个部分组成，该系统被称为初阶决策支持系统。

20 世纪 80 年代初期，DSS 中增加了方法库和知识库，即所谓的三库系统和四库系统。

20 世纪 80 年代后期，DSS 增加了专家系统，形成全新的智能决策支持系统（IDSS），该系统提高了 DSS 支持非结构化决策问题的能力。随后，DSS 融合计算机网络技术，形成了能够供异地决策者共同参与决策的群体决策支持系统（GDSS），该系统能够支持需要集体做出决定的重要决策。此后，在 GDSS 的基础上，为了支持更广范围的群体，分布式数据库、模型库和知识库等决策资源被进一步有机融合和集成，从而形成了分布式决策支持系统（DDSS）。

21 世纪以来，计算机网络和电子商务系统得到了前所未有的发展，商务智能、移动通信、软计算等渗透到经济社会的各个层面，DSS 则与 Web、智能系统、电子商务等深度融合并相互促进，DSS 研发和应用的新热点层出不穷。

目前，DSS 已逐步应用于大、中、小型企业中的预算分析、预算与计划、生产与销售、研究与开发等管理和研究部门，并开始应用于军事决策、工程决策、区域开发等领域。

17.2　传统决策支持系统

17.2.1　决策支持系统的功能

一般来说，DSS 具有以下功能：

（1）收集、组织、管理并提供与决策问题有关的组织内外部信息。

（2）收集、管理并提供各项决策方案执行情况的反馈信息。

（3）能以一定的方式存储、管理并提供与决策问题有关的各种数学方法、模型及算法。

（4）使系统中的数据、方法与模型易于修改、添加、连接和维护。

（5）能灵活运用模型和方法对数据进行加工、汇总、分析、预测，得出最终所需的综合信息与预测信息。

（6）具有方便的人机会话和图像输出功能，能满足随机的数据查询功能。

（7）具有良好的数据传输功能，以保证及时收集到所需信息，并将加工结果传输给使用者。

（8）具有使用者能够忍受的加工速度与响应时间，不影响使用者的情绪。

17.2.2　传统决策支持系统的结构

不同类型的DSS，其系统结构也各有特点。实际应用中的DSS，一般由两库结构和基于知识的结构（图 17-1）通过分解或增加某些部分演变而来。

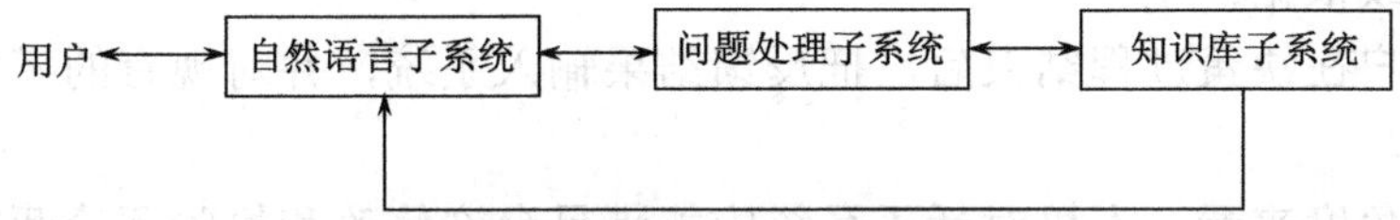

图 17-1　基于知识的 DSS 系统

两库结构是由数据库子系统、模型库子系统和人机对话子系统形成三角形分布的结构（图 17-2）。其中，人机对话子系统是 DSS 的人机接口界面，用户通过该子系统提出信息查询或决策支持的请求。两库的三角式系统结构以人机对话子系统为中介，它与数据库、模型库之间都有互相通信的接口与直接的联系。基于知识的 DSS 结构是一种以自然语言、问题处理、知识库等子系统为基本部件构成的系统结构。

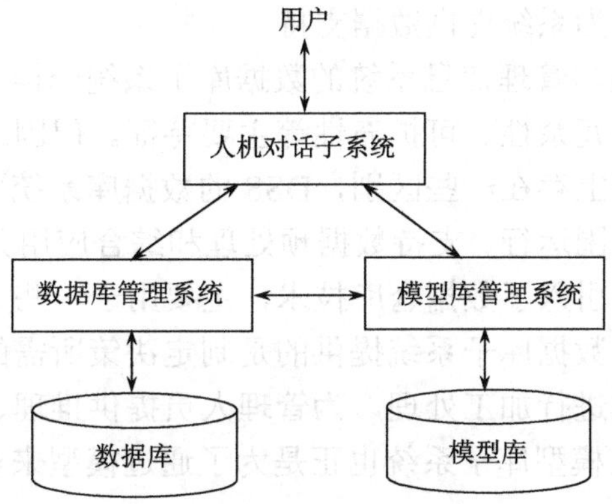

图 17-2　两库系统

一般来说，DSS 通常有以下几个基本的组成部分：

（1）人机对话子系统：人机对话子系统是 DSS 中用户和计算机的接口，在使用者和各库中传递命令和数据，其核心是人机界面，旨在为 DSS 用户提供一个友好的交互环境。实际应用中，使用系统的人通常对计算机技术或系统内部构造了解较少，因此用户接口设计决定了系统的成败。良好的对话接口以用户习惯的术语和方法构建，同时便于系统维护人员使用。人机对话子系统是 DSS 的窗口，其好坏标志着系统的实用水平。因此，人机对话子系统的功能可以从使用和维护两个角度展开分析。

从使用角度上来看，人机对话子系统需能提供以下功能：

• 方便用户了解系统现有的数据、模型、方法和知识的情况；

• 能提示和帮助用户自行选择并运行模型和方法，以取得相应的分析或预测结果，为用户判断决策提供依据；

· 能根据用户提出的“如果（If）……则（then）……”之类的询问，返回得出相应的参考意见，以支持用户的判断决策；

· 能给予用户明确的操作提示，对用户输入有足够的纠错和容错能力；

· 能在用户需要的时候，按用户要求的方式，方便地以理解的图形和表格等形式输出信息、结论或依据；

· 能使用户在决策过程结束后，把反馈结果输入系统，并对现有的模型进行评价和提出修改建议。

从维护的角度来看，人机对话子系统应能满足允许修改和检验评价两方面的要求。该接口应能帮助系统维护人员便捷地了解系统运行的状况，能够提供系统维护人员分析存在问题的视角，找出改进的方法，并迅速、可靠地修改。

在多媒体技术和人工智能技术的发展和支持下，人机对话子系统获得了更进一步的发展，可以为管理人员提供声、文、图并茂的交互方式，能够以更加直观、形象且易于理解的方式表达信息，即实现多媒体人机智能接口。

（2）数据库子系统：数据库子系统是 DSS 不可缺少的基本部件，它由数据库、数据析取模块、数据字典、数据库管理系统及数据查询模块等部件组成，用于存储和管理决策所需的重要数据资源，为系统提供数据支持。

DSS 的数据库子系统与管理信息系统的数据库子系统一样，都具有数据独立性、共享性、统一管理性、最小冗余性、可扩充性等主要特征。但因二者的工作目标和用途不尽相同，因此在具体构成上存在一些区别，DSS 的数据库系统要求支持多重数据来源、支持系统在更宽的时间范围运行、支持数据预处理和综合应用分析等。此外，在 DSS 数据库子系统构建上还逐步引入了数据仓库技术，主要用于一些大型分析类 DSS。

（3）模型库子系统：数据库子系统提供的是制定决策所需的原始数据，而模型库子系统则会对这些原始数据进行加工处理，为管理人员提供推理、比较、选择以及分析解答问题的能力。DSS 建立模型库子系统也正是为了通过模型来实现对问题的动态描述，探索令人满意的问题解。

模型库子系统是构建和管理模型的计算机软件系统，是 DSS 中最复杂与最难实现的部分。用户依靠模型库中的模型进行决策，由此可以认为 DSS 是由“模型驱动”的。

模型库子系统主要由模型库、模型库管理系统和模型字典等部分组成。模型库是模型库子系统的核心部件，用于存储决策模型。在模型库中，一个模型通常是由若干个子模型构成的，最底层的子模型对应一个基本单元，一般由程序来进行表达。目前，模型基本单元在模型库中的存储方式主要有子程序、语句、数据及逻辑关系等四种方式，逻辑方式主要用于智能决策支持系统。作为存储模型及其基本单元的机构，模型库具有共享性和动态性。如果将模型库比作一个成品库的话，它存放的是“成品的零部件和框架”，那模型字典就是这些“零部件和框架”的描述，用于说明它们的功能、用途和使用事项等。模型库管理系统是为了创建、利用和管理模型而建立的一个软件系统。它是在与 DSS 其他部件的交互过程中发挥作用的。通过与数据库子系统交互以获得各种模型所需的数据，实现模型输入、输出和中间结果存储的自动化；通过与方法库子系统交互以实现目标搜索、灵敏度分析和仿真运行的自动化；通过与人机对话子系统的交互实现模型的利用和维护，这是其主要功能。

（4）方法库子系统：20 世纪 80 年代初期，DSS 中逐渐增加了方法库，即形成所谓的三库系统（图 17-3）。

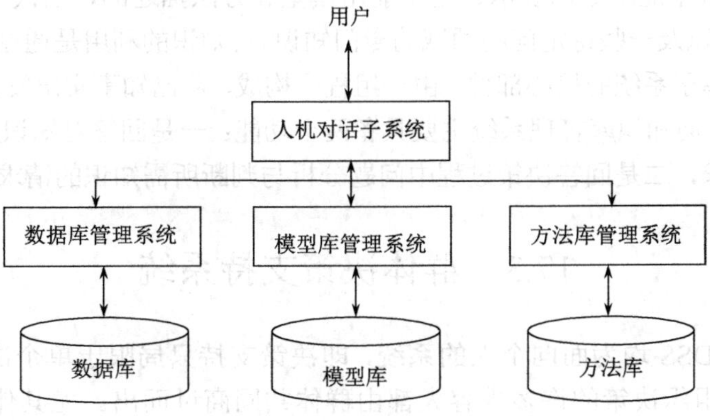

图 17-3　三库系统

方法库子系统用来向系统提供各种决策所需要的通用算法、标准函数等，并实现对此的存储、管理、调用及维护，其目的在于为 DSS 提供一个合适的环境，根据具体问题的决策模型的要求，从数据库中选择数据，从方法库中选择算法，将数据和算法结合起来进行计算，以直观清晰的方式呈现结果，供决策者使用。方法库中的方法一般用程序方式存储。

方法库子系统由方法库与方法库管理系统组成。方法库管理系统具有创建、选配、调用、修改和删除方法等功能，能统一管理方法库中的各种方法，并在调用时实现方法间的动态链接，具有灵活性、经济性和可用性。在 DSS 中引入方法库子系统，可以提高模型的运行效率、实现方法的共享及提供各种通用计算分析的能力。

（5）知识库子系统：DSS 中同时增加方法库和知识库，即实现所谓的四库系统（图 17-4）。

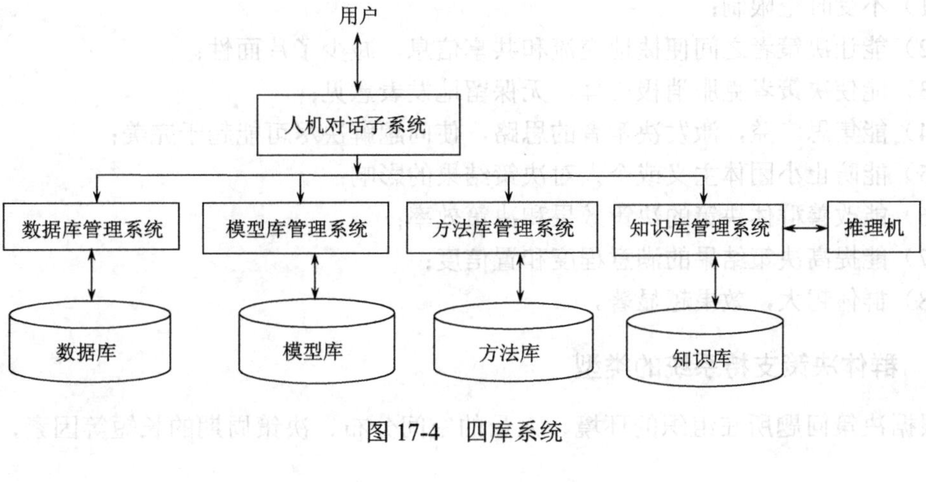

图 17-4　四库系统

知识库子系统是 DSS 中的智能部件，主要用于模拟人类决策过程中的某些智能行为，用来获取、表示、推理、解释、管理和维护决策所需要的有关规则、因果关系及经验等知识。

知识库子系统由知识库、知识库管理系统和推理机组成。知识库是知识库子系统的核心，存储那些既不能用数据表示、也不能用模型和方法描述的，由决策专家提供的决策知识和经验知识，以及一些特定问题领域的专门知识。对知识的利用是通过推理机来实现的。推理机也是知识库子系统的核心部件，由一组程序构成，从已知事实出发，利用知识推出决策所需要的结论。而知识库管理系统主要具备两个功能：一是回答对知识库知识增、删、改等知识维护的请求，二是回答决策过程中问题分析与判断所需知识的请求。

17.3　群体决策支持系统

前文讨论的 DSS 均为面向个人的系统，即决策支持只局限于单个决策者。然而在企业实际应用中，组织决策的许多内容大都由群体共同商讨而出。尤其伴随经济全球化的进程，如何为异地的决策人员及时提供有效信息，并使他们共同参与形成决策，成为企业能否在激烈竞争中得以生存和发展的重要前提。因此，在新环境下，怎样能够突破空间和时间限制而进行群体决策，就成为企业面临并亟待解决的重要课题。群体决策支持系统（group decision support system，GDSS）就是在这样的背景下产生的。一方面，计算机网络技术和通信技术的发展，为 GDSS 奠定了硬件基础；另一方面，人们对群体决策行为进行了深入研究，这为 GDSS 的发展奠定了良好的理论基础，使 GDSS 的实现成为可能。

17.3.1　群体决策支持系统的概念

群体决策支持系统是在 DSS 的基础上利用计算机网络和通信技术，供多个决策者为了一个共同目标，通过某种规程相互协作地探寻半结构化或非结构化决策问题解决方案的信息系统。GDSS 的优势主要体现在：群体决策和群体智慧，使 DSS 突破时空瓶颈，为群体决策提供了完善、健康的环境与平台。

与传统的 DSS 相比，GDSS 主要具有以下特点：

（1）不受时空限制；

（2）能让决策者之间便捷地交流和共享信息，减少了片面性；

（3）能使决策者克服消极心理，无保留地发表意见；

（4）能集思广益，激发决策者的思路，使问题解决尽可能趋于完美；

（5）能防止小团体主义或个人对决策结果的影响；

（6）能改善群体决策的决策效果和决策效率；

（7）能提高决策结果的满意程度和置信度；

（8）群体越大，效果越显著。

17.3.2　群体决策支持系统的类型

根据决策问题所在组织的环境、人员的空间分布、决策周期的长短等因素，GDSS

大致可以分为决策室、虚拟会议、局域决策网和远程决策网四种类型。

（1）决策室：决策者面对面地集于一室在同一时间进行群体决策时，GDSS 可设立一个与传统的会议室相似的电子会议室或决策室，决策者通过互联的计算机站点相互合作完成决策事务。是相对较简单的 GDSS。

（2）局域决策网：多位决策者在近距离内的不同房间（一般是自己的办公室）里定时或不定时做群体决策时，GDSS 可建立计算机局域网，网上各位决策者通过联网的计算机站点进行通信，相互交流，共享存于网络服务器或中央处理机的公共决策资源，在某种规程的控制下实现群体决策。主要优点是可克服定时决策的限制，也即决策者可在决策周期内时间分散地参与决策。

（3）虚拟会议：利用计算机网络的通信技术，使分散在各地的决策者在某一时间内能以不见面的方式进行集中决策。在实质上与决策室相同，它的优点是能克服空间距离的限制。

（4）远程决策网：远程决策网充分利用广域网等信息技术来支持群体决策，它综合了局域决策网与虚拟会议的优点，可使决策参与者异时异地共同对同一问题做出决策。

17.3.3　群体决策支持系统的组成

GDSS 在计算机网络的基础上，由私有 DSS、规程库子系统、通信库子系统、共享数据库、模型库及方法库、公共显示设备等部件组成。

与传统 DSS 相比，GDSS 必须以一个局域网或广域网作为自身的建立基础，并在构件上增设规程库、通信库、共享的公共数据库、模型库及方法库等，如图 17-5 所示。

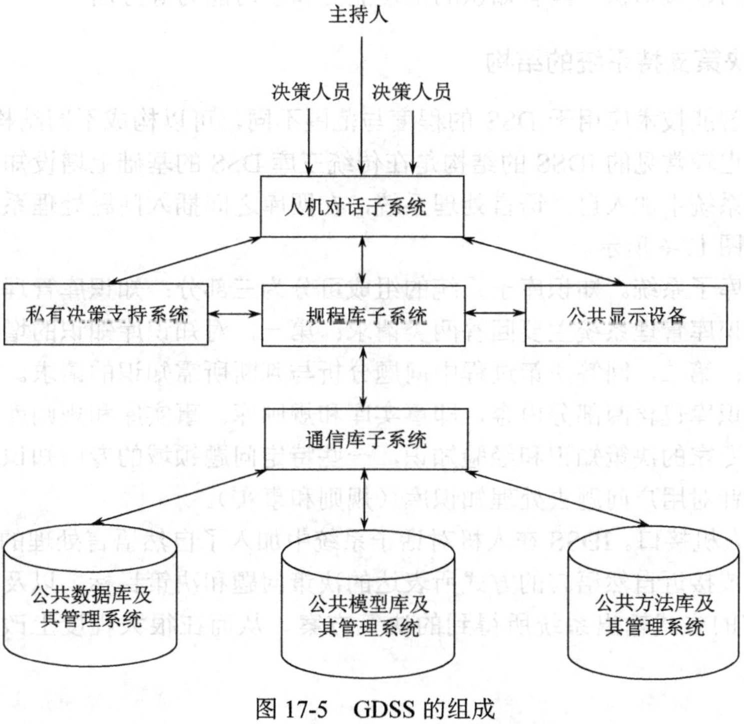

图 17-5　GDSS 的组成

GDSS 的开展一般遵循一定的规程。GDSS 一般以会议的方式运行，会议由一个主持人和多个参会人，围绕一个“主题”决策问题，按某种规程进行。

规程库子系统：用于存放和管理 GDSS 的运作规则及会议流程规则等。

人机对话子系统：用于接收决策群体的各种请求。

通信库子系统：用于存储和管理主题信息、会议进程信息及与会者往来信息，负责信息的收费，沟通人与人、人与库之间的通信，是整个 GDSS 的核心。

17.4　智能决策支持系统

决策支持系统利用人工智能技术帮助企业进行智能决策。将人工智能技术引入传统 DSS 形成智能决策支持系统（intelligent decision support system，IDSS），较大地改进 DSS 的性能，是目前 DSS 的主流发展方向。人工智能有多个分支领域，企业应用较多的有专家系统、神经网络、遗传算法、智能代理等。

17.4.1　智能决策支持系统的概念

智能决策支持系统是把人工智能技术，特别是专家系统应用于传统 DSS 而发展起来的。IDSS 充分利用人类已有知识，以机器学习技术来实现知识的自动获取和学习，和传统 DSS 相比，在用户决策问题的输入、计算机对决策问题的描述、决策过程的推理、问题解的求取与输出等方面都有了显著的改进。IDSS 的特点主要表现在具有更友好的人机接口和专门的领域知识，具有知识的推理能力和学习能力等方面。

17.4.2　智能决策支持系统的结构

根据人工智能技术应用于 DSS 的程度与范围不同，可以构成不同结构的 IDSS。一个较完整的、也较常见的 IDSS 的结构是在传统三库 DSS 的基础上增设知识库子系统，在人机对话子系统中加入自然语言处理系统，在四库之间插入问题处理系统构成的四库系统结构，如图 17-6 所示。

（1）知识库子系统。知识库子系统的组成可分为三部分：知识库管理系统、知识库及推理机。知识库管理系统主要回答两类请求：第一，对知识库知识的增、删、改等知识维护的请求；第二，回答决策过程中问题分析与判断所需知识的请求。作为知识库子系统核心的知识库包含两部分内容，即事实库和规则库。事实库和规则库又主要存储两类知识：决策专家的决策知识和经验知识，一些特定问题领域的专门知识。而推理机是一组程序，它针对用户问题去处理知识库（规则和事实）。

（2）智能人机接口。IDSS 在人机对话子系统中加入了自然语言处理的功能，可以接受以自然语言或接近自然语言的方式所表达的决策问题和决策目标，以及以自然语言或接近自然语言的方式输出系统所得到的决策方案，从而在很大程度上改善了 DSS 的易用性。

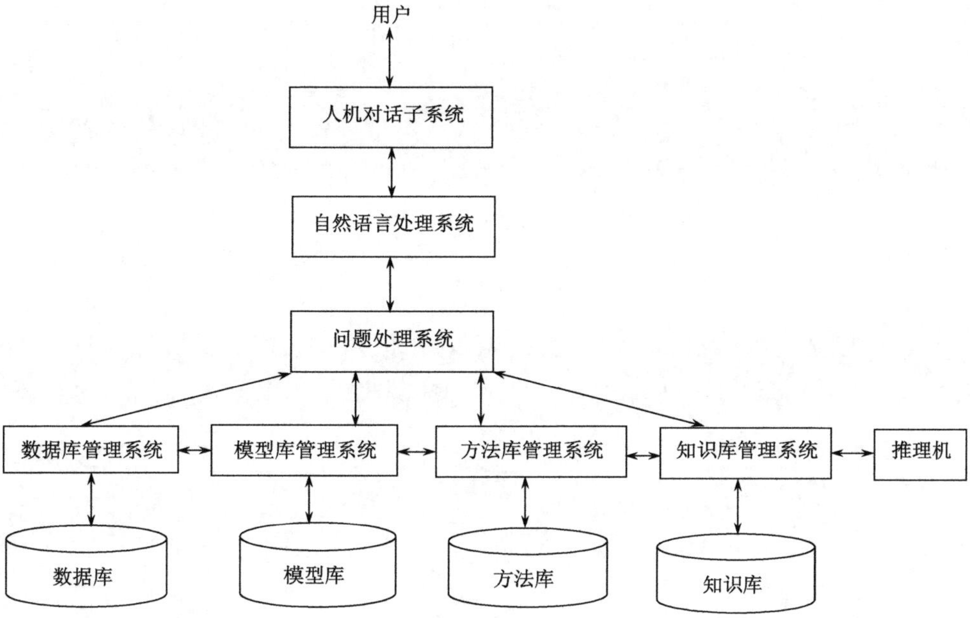

图 17-6　IDSS 的结构

（3）问题处理系统。问题处理系统处于 IDSS 的中心位置，联系人与机器及其所存储的决策资源，起到桥梁作用，构成上包含两部分，即问题分析器与问题求解器。问题分析器的作用是对自然语言处理系统转换产生的问题描述进行判断，判断问题的结构化程度。对结构化问题，该分析器选择或构造模型，采用传统的模型计算求解；对半结构化或非结构化问题，该分析器采用规则模型与推理机制来求解。

因此，问题处理系统既要识别与分析问题、设计求解方案，还要为问题求解调用四库中的数据、模型、方法及知识等资源，对半结构化或非结构化问题还要推理机进行知识推理，它是 IDSS 中最活跃的部件。

第六篇　综合案例篇

第 18 章　综 合 案 例

18.1　X.AO 燃气有限公司管理信息系统实施案例

18.1.1　案例背景

X.AO 燃气有限公司（以下简称为 X.A）是国内某一燃气经营企业，其经营范围主要涉及工业、居民用气等城市燃气业务。企业自成立以来，即将生产安全视为企业的生命线，不断追求以技术手段保障企业安全的目标。因此，该企业委托 L.K 科技为该企业搭建 SCADA 集控信息中心，采用 L.K 科技的工业 SCADA 平台组态软件 eForceCon，实现下辖场站的自动化应用，并通过软件系统将各个门站、加气站及计量点接入 IoT 云平台系统，实现自动化管理。

随着互联网、物联网、大数据等主流技术在企业中的深入使用，X.A 在数智化领域的探索也在不断推进，因而对企业的系统建设提出了更高要求。2022 年 X.A 全面启动能源安全数智化建设，L.K 科技承建了 X.A 的场站自动化改造、工控安全及调度系统 SCADA 的规划建设、IoT 数据云平台接入。

18.1.2　管理信息系统实施

第一，L.K 科技深入 X.A 企业内部，展开企业现状与需求分析。

作为其长期生态合作伙伴，L.K 科技对 X.A 企业内部建设比较了解，但仍存在部分需求了解的盲点，因此 L.K 科技对 X.A 的安全数智化站控系统及调度中心进行需求调研分析，提出全新信息系统建设方案：依托 IoT 数据支撑平台及工业物联网技术，实现与公司重点场站站控系统的信息深度交互，实现运行工况远程监视，实现多级调控系统远程控制指令的下发、调度与执行，实现各系统间遥控分级防误闭锁功能，提升生产运营管控安全可靠性，最终实现满足 X.A 工业物联战略的部署和业务需求的整体战略目标。

同时，考虑到实现企业的安全数智化转型的基础是数据采集。因此准确、完整地将数据汇总到企业调度系统，才能真正做到“看得见、够得着、管得好”，L.K 科技从系统兼容性、网络架构、时钟同步、安全性系统设计、费用成本控制等方面对 X.A 进行了全方位的系统升级改造。

第二，管理信息系统规划。

（1）燃气公司的场站升级改造的主要目的是实现各场站内的自控系统、可燃、加臭等独立系统的数据的整合，完善各场站自动化的一些基础功能，同时更换不满足要求的系统和设备。

（2）根据企业智能运营中心 SCADA 系统使用现状、企业管理需求及集团信息化发展规划，L.K 科技提出新系统的基本功能要求主要有：工控网络安全建设、三网分离、场站子系统集成、SCADA 系统标准化建设等，升级及建设智能运营中心 SCADA 系统。

(3)站点部署物联网网关，在保障安全且满足业务需求的前提下，实现与集团 IoT 平台数据整合在物理与信息层的全面支撑，满足 X.A 工业物联网战略部署与业务需求。

(4) 基于当前网络安全形式，以及 X.A 提出的三网分离需求，以规避工控网络与其他网络之间的数据交互风险，需建设场站侧及智能运营中心侧工控安全相关系统。

第三，系统实施及项目成果。

该项目改造实现了工控网与视频网、办公网分离的要求，整体项目成果主要涉及场站、集控中心、集团 IoT 平台及集团生产运营中心平台四部分，具体如下：

场站层：将自控系统进行改造整合，将加臭主机、可燃消防、喷淋等具备条件的设备都接入至新的自控系统（不具备条件的预留接口），进行数据汇聚并上传至 SCADA，实现门站与智能运营中心两层监控，再通过物联网关将数据上传至 IoT 云平台。

企业层：门站运行数据通过软件通信协议实现监控组态软件 ForceControl 与智能运营中心工业 SCADA 平台组态软件 eForceCon 加密传输。调度系统实时采集远端各站的工艺运行参数，对站点运行情况进行自动连续监控、管理和数据统计，获取各工业用户实时用气情况，为安全运行提供必要的辅助决策信息。

集团层：通过 IoT 云平台，实现门站设备运行数据由 PLC 经过工控网安全设备加密并隔离后推送云平台，实现运营数据传递、调度指令协同、信息界面集成等业务功能，从而保证场站运行安全。

18.1.3 案例启示与思考

X.A 管理信息系统建设项目展示了管理信息系统在企业中的深度应用与战略价值，而不仅仅停留在减少劳动力占用和提高办事效率的表层功能。该项目的成功实施为企业在数字化转型和智能化运营方面提供了重要的启示。

第一，系统整合与数据贯通是管理信息系统的核心价值。

该项目通过将场站、集控中心、集团 IoT 平台及集团生产运营中心四部分有效整合，形成了一个完整的系统。这种整合不仅实现了数据的贯通和共享，还为企业提供了全局视角的运营监控和决策支持。管理信息系统的核心价值在于打破信息孤岛，实现数据的无缝流动和高效利用，从而提升企业的整体运营效率和管理水平。

第二，分层架构与模块化设计是系统建设的关键。

项目在场站层、企业层和集团层分别实现了不同的功能模块，如场站层的设备接入与数据汇聚、企业层的监控组态与数据传输、集团层的 IoT 云平台建设等。这种分层架构和模块化设计不仅提高了系统的灵活性和可扩展性，还为未来的数字化转型奠定了基础。企业在建设管理信息系统时，应注重系统的分层设计和模块化开发，以满足不同层级的需求并支持未来的功能扩展。

第三，数据安全与加密传输是系统建设的重要保障。

项目通过加密传输和安全隔离技术，确保了数据在工控网、视频网和办公网之间的安全传递。数据安全是管理信息系统建设中的重要环节，尤其是在涉及工业控制和运营管理的场景中，数据的安全性和可靠性直接关系到企业的生产安全和运营稳定。企业在建设管理信息系统时，必须将数据安全作为核心考量，采用先进的安全技术和加密手段，确保数据的机密性、完整性和可用性。

第四，智能化与数字化转型是管理信息系统的未来方向。

项目通过物联网关将数据上传至IoT云平台，为企业的数字化转型和升级奠定了良好基础。这表明，管理信息系统的建设不仅要满足当前的需求，还要为未来的智能化运营和数字化转型做好准备。企业应充分利用物联网、大数据、云计算等新兴技术，推动管理信息系统的智能化升级，实现从数据采集到智能决策的全面转型。

第五，辅助决策与运营优化是管理信息系统的最终目标。

项目通过实时采集工艺运行参数、监控站点运行情况、统计数据等功能，为企业提供了安全运行的辅助决策信息。管理信息系统的最终目标是通过数据分析和智能算法，为企业提供科学的决策支持，优化运营流程，提升企业的竞争力和抗风险能力。企业在建设管理信息系统时，应注重系统的数据分析能力和决策支持功能，确保系统能够为企业的战略决策提供有力支持。

综上，X.A管理信息系统建设项目的成功实施表明，管理信息系统的应用与建设不能仅仅停留在提高效率和减少劳动力的表层功能，而应着眼于系统整合、数据贯通、安全保障、智能化升级和决策支持等深层次价值。企业应将管理信息系统作为数字化转型和智能化运营的核心工具，通过系统的深度应用和持续优化，提升企业的整体竞争力和可持续发展能力。

【思考题】

案例中企业集团的信息系统规划的特点体现在哪些方面？

18.2 MINGMEI国际集团财务云建设案例

18.2.1 案例背景

MINGMEI 国际集团位于中国中部某省，是一家综合经营的跨国集团公司，该集团经营业务涉及众多行业：商贸、工业、旅游业等。该集团在国内外共有14家子公司和企业，其下属的M.M公司（以下简称为M.M）主要经营汽车进出口业务、旅行车制造业务、汽车专用技术开发业务，此外还有少量的化工产品生产业务及国内外旅游业务等。

在信息技术的发展和推动下，该企业面临的竞争环境发生了巨大变化，市场提出了个性化需求和快速响应的要求，市场竞争日趋激烈。因此，企业管理必须转变，从粗放经营向成本控制转变，从部门管理到企业级协同管理转变。

随着社会的发展以及时代的变化，汽车制造和销售领域也面临着全新的转变，这不仅体现在产品品质上，更体现在各管理信息系统的开发和使用上。特别在财务管理业务上，M.M企业面临数据壁垒无法突破、账目处理业务亟待优化、无法呈现企业实时价值等突出问题，该企业希望能够打通业财税数据壁垒，实现智能账务处理，业财无缝连接；通过多维度核算体系构建呈现企业实时价值；通过合理运用AI创新技术实现数据驱动帮助企业精准决策。

18.2.2 M.M 财务云建设动因分析

第一，数字赋能企业发展新动力。

数字化已成为各大产业的战略转型目标，各个企业将逐渐迎来全局转型。数字化时代背景下，汽车的产品研发、营销、销售等各个环节的协同和联动会变得更加紧密，相互融合。因此，汽车行业的数字化转型是自然环境、社会环境、媒体环境变化下的一种新发展方式，也是企业在未来的全新发展方向。

第二，数据潜能的挖掘和释放是企业发展的根本推动力。

企业原系统仅部分解决了信息孤岛和信息不对称等问题，不能完全满足集团公司对财务整体状况进行监控、统计和内部对账等管理的需要。

第三，原财务系统功能单一，财务信息无法有效利用。

由于原系统功能简单，只能做事后分析，不能进行事前计划和事中控制，难以较好地发挥财务监控作用。对于财务历史数据也不能较好地挖掘和利用，造成财务信息资源极大的浪费。

因此，M.M 通过一系列的需求调研，决定更迭原有的财务系统，建设一套具有本企业特色、先进、实用、可靠的系统，以适应集团的总体发展战略。企业自 2021 年 5 月开始实施，经过制定计划、用户培训、正式运行、评审验收四个阶段，花费近 2 个月的实施过程，该企业全新的财务云顺利运行。

18.2.3 M.M 财务云建设方案规划

企业经过需求分析，规划从四个层面构建云平台，即全员应用、专业应用、财务中台及基础平台。其中专业应用包括财务会计、管理会计、预算管理、合并报表、资金管理、税务管理、项目会计、财务分析等新一代财务云应用，具体规划方案如图 18-1 所示。

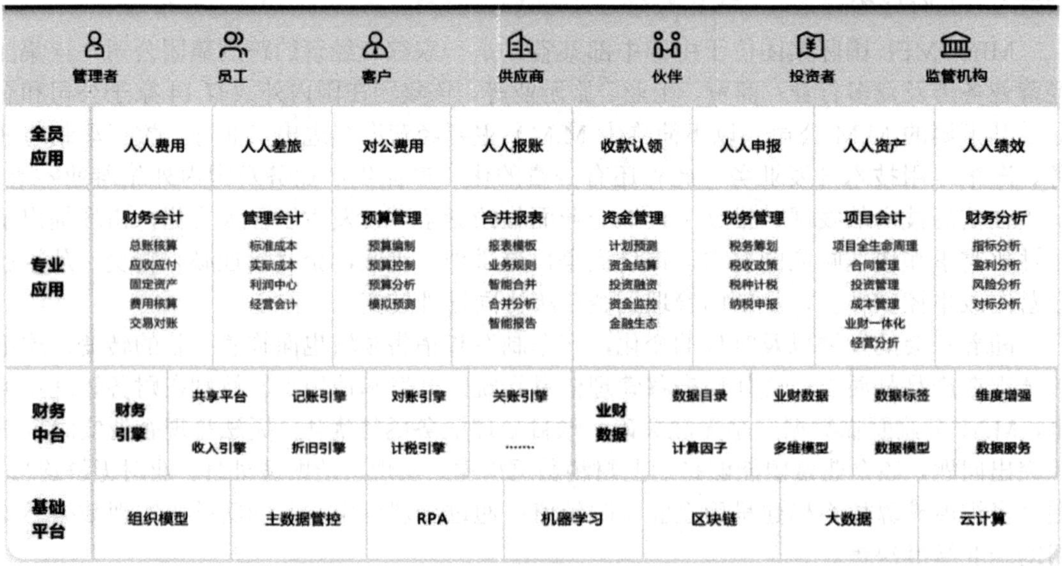

图 18-1 M.M 企业信息化建设规划方案

18.2.4 M.M 企业信息化建设方案效果评析

第一，以全球化的视角，融合多种智能技术，帮助企业财务实现数智化转型。

以多核算体系、多账簿、多准则为基础，融合智能 RPA 技术，为企业提供包括总账、往来、资产、存货在内的精细化财务核算和管理核算，同时为企业提供无纸化的电子会计档案和标准审计文件导出服务，实现企业财务核算的数智化。

第二，实现智能共享服务，加速企业财务数字化转型。

构建业、财、税、资、档一体化财务共享解决方案，构建智能共享平台，实现智能客服、智能审核、智能运营、智能质检等功能，进而构建一站式员工报账平台。

第三，基于财务中台，实现业财高度融合，挖掘数据价值。

业务财务集中处理的数字化平台，基于统一的会计引擎和灵活的会计事件，构建多维的业财数据中心，为业务提供更加敏捷的应变能力，实现业财高度的融合，发掘数据价值，赋能人人。

第四，全方位掌控企业经营结果，帮助企业提升经营效益。

以企业内部管控为核心，通过数据赋能管理，帮助企业应对各种突发状况，优化业务决策并提升绩效。主要包括成本核算与管控、责任会计和获利分析三大体系。

第五，统筹金融资源，数智互联引领价值创造。

构建企业资金全景视图，优化集团金融资源配置，有效管理流动性风险及金融市场风险，依托资金与资本管理实现企业价值最大化。

【思考题】

企业通过财务云平台，可以激发企业哪些潜能？

18.3 D.L 电机（东莞）压缩机公司 ERP 实施案例

18.3.1 案例背景

D.L 电机（东莞）压缩机有限公司（以下简称为 D.L）注册资金 500 万元，资产总额 2000 万元。

公司主要从事制冷压缩机及机组、余热回收、工商业制冰设备及制冰系统的研发、生产和销售，目前公司产品的应用领域主要有：农业产品储藏冷库、大型生鲜冷库、医疗专用冷库、食品冷藏工及保鲜、物流储藏转运冷藏、冷链物流运输等。面对白热化的市场竞争，D.L 的领导层居安思危，意识到技术进步和管理进步是竞争的资本，是企业可持续发展的原动力，也是企业赖以生存的生命线。技术与管理是一个互为驱动和促进的统一体，技术发展需要新的管理思维和管理方式，管理有利于技术的成果化及成果的巩固，企业正是在技术与管理互相作用下发展。为了更好地理顺企业内外部管理、巩固企业的管理成果，同时，吸收和引进先进和成熟的管理思想、管理方法、管理手段，D.L 领导层把 ERP 的引进和实施提到了议程中，明确希望企业管理人员借此提高工作效率，企业借此实现有序和高效经营，从而提高效益、降低成本。实现更加投入/产出比。

18.3.2 ERP 实施过程

经过近半年的 ERP 选型工作，最终 D.L 选定某第三方系统开发企业来协助企业实施 ERP，其为 D.L 定制的 ERP 系统中包含主要业务管理模块 28 个。该系统的特点为：

第一，实现物流与资金流完全融合；

第二，兼容企业的离散型生产流程和连续型生产流程；

第三，可以实现 MRP Ⅱ 与 JIT 的兼容；

第四，以 Internet 平台实现“离散式分布”数据采集；

第五，可以构建供需一体化的商务平台。

D.L 的 ERP 系统实施分为两个阶段进行，具体实施形况如下：

第一阶段：

（1）召开项目实施大会；

（2）完成产品安装和系统调试；

（3）实施第一阶段培训；

（4）建立实施工作点；

（5）完成第一阶段的管理运作标准和制度初稿；

（6）准备基础数据；

（7）系统初始化；

（8）第一阶段试运行、实施评估、总结和切换运行；

（9）形成第一阶段的管理运作标准和制度定稿。

第二阶段的实施过程和方法与第一阶段类似，主要实施模块包括生产数据管理、主生产计划管理、物料需求计划管理，利用这些模块实现采购计划自动生成。

18.3.3 案例总结与思考

企业实施 ERP 项目是一个持续的过程，企业在不断发展，ERP 也必须不断地从深度和广度拓展应用，在应用过程中，问题将会伴随着整个应用过程，特别是实施过程中。D.L 的 ERP 实施案例的启示如下：

第一，必要的运作标准和考核制度是保障 ERP 成功实施和应用的要素之一。

在 D.L 的 ERP 实施过程中，通过与第三方系统开发企业协作，逐步建立和完善企业自身的运作标准和考核制度。这些标准和制度执行后，数据的准确性有很大提升。标准和制度使企业管理人员在业务运作时有章可依、有则可循。

第二，需要突破原系统使用的舒适区，提升财务管理人员工作效率。

D.L 财务在未实施 ERP 之前，使用某公司的财务软件，财务人员习惯单一的财务软件，对 ERP 软件财务运作的理解和使用存在一定的阻力。在实施过程中，通过对比系统功能、解析科目结构，来剖析 ERP 在资金流能够与商流、物流、信息流集成的优势。集成的优势也使得 ERP 财务科目结构进一步简化，减少了财务工作人员的工作量，财务人员可以把更多的时间集中到更深度的财务监控和管理工作中。

第三，合理编码，实现数据共享。

系统使用的底层逻辑是数据，从数据的角度出发，首先需解决数据的编码问题。D.L 在 ERP 实施的基础数据准备过程中，开发团队能够深层次理解编码的重要性，注重编码工作在进度和质量上的平衡，编码规则既考虑到企业各业务部门的需求和要求，也考虑到企业未来的发展需要，同时还兼顾了操作的方便性。D.L 制定了 ERP 运作的所有编码的规则和申请流程，同时，发现和纠正了未实施 ERP 之前多套编码的问题，确定了编码的唯一性，为企业数据集成和共享提供了基本保障。

第四，夯实培训。

培训是使企业从管理和技术上掌握 ERP 思想和运作的过程，是企业成功实施 ERP 的关键要素。D.L 采取多层次、分重点的培训策略，将培训人员分为：中高层领导、业务骨干、操作层，对不同层次管理人员展开培训。为了保证培训的效果，开发团队协助企业进行培训考核，给考核通过的人员发放 ERP 上岗证。

第五，建立健全沟通机制。

ERP 是一套集成的企业全面经营管理系统，某一部门的数据出现问题，将直接影响到其他部门的数据，在应用过程中，总会发生一些非理想化的情况。在 D.L 的 ERP 实施过程中，需要定期召开实施小组的会议，分析和总结各部门的应用成果、出现的问题。

第六，合理规划单据及报表，提升管理效率。

企业的业务数据管理中有很多单据和报表，既要保留重要的原始单据，也要进行精简。因此，通过合理规划单据和报表，从而节约企业运营成本，使大部分业务实行无纸化办公。

【思考题】

企业 ERP 系统规划时需要考虑哪些因素？

18.4　灾备中心系统案例

18.4.1　案例背景

山东某石油化工集团有限公司隶属于中国化工集团公司，已发展成为集石油化工、产品深加工及国际贸易于一体的国有大型化工企业，原油一次加工能力达 700 万吨。产品有成品油系列、液化气、丙烯、石油焦等十余个品种。2018 年，山东省两个大型石化企业分别出现工控系统受到病毒感染的问题，严重影响了装置的生产安全，特别是其中一家受病毒感染十分严重，导致装置出现失控，使人员和设备处于危险状态。为此，2018 年 5 月 25 日，中国化工集团公司召开了工控系统防火墙设置开展专项检查和整改工作的专题电话会议，安排各企业就工控系统安全工作进行自查和整改。

18.4.2　案例解决方案

（1）硬件设施。

服务器：选用具备高可靠性、高性能和高扩展性的企业级服务器，例如采用双路或多路 CPU 架构，每颗 CPU 核心数不少于 16 核，主频不低于 2.5GHz，配置 DDR4 ECC

内存，总量不低于 256GB，并支持内存热插拔和镜像功能，确保数据处理稳定高效。同时配置冗余电源和热插拔风扇，保障服务器在长时间运行下的稳定性。

存储设备：采用企业级磁盘阵列，容量不低于 100TB，配置 RAID 6 或 RAID 10 阵列模式，保障数据安全性。磁盘阵列需具备缓存机制，加速数据读写速度。另外，配备高速固态硬盘（SSD）作为读写缓存，提升数据访问性能。

不间断电源（UPS）：配备功率满足灾备中心所有设备满负荷运行 2 小时以上的 UPS 系统，采用在线式双变换架构，确保输出稳定纯净的交流电。同时，配置冗余电池组，定期对电池进行维护和检测，保证在市电断电时能迅速无缝切换，持续供电。

网络设备：核心交换机选用三层千兆交换机，具备高背板带宽和端口密度，支持链路聚合、VLAN 划分等功能，保障网络数据高速转发和隔离。在网络连接方面，采用双链路冗余连接，分别连接至不同运营商网络，实现网络线路的备份与负载均衡，确保主中心与灾备中心间数据传输稳定可靠。

（2）软件系统。

工控系统防火墙：采用具备深度包检测（DPI）技术的防火墙，可基于应用层协议进行访问控制，精确识别并拦截针对工控系统的各类攻击，如针对 Modbus、OPC 等协议的非法操作。同时支持安全区域划分，严格限制不同区域间的网络访问，如隔离生产区与办公区网络，防止办公网病毒传入生产网络。

入侵检测与防御系统（IDS/IPS）：部署分布式 IDS/IPS，在网络关键节点进行实时监测，通过特征匹配、异常检测等技术，及时发现并阻断网络攻击行为。当检测到异常流量或攻击时，系统自动发出警报，并采取主动防御措施，如实时阻断攻击源 IP，记录攻击行为日志以便后续分析。

（3）数据备份策略。

全量备份：每周日凌晨进行全量备份，将生产系统中的所有数据完整复制到灾备中心存储设备，确保数据的全面性。全量备份完成后，对备份数据进行完整性校验，确保数据无损坏或丢失。

增量备份：在周一至周六每天凌晨，进行增量备份，仅备份自上次全量备份或增量备份后发生变化的数据块，有效减少备份时间和数据传输量。增量备份数据与全量备份数据关联存储，确保恢复数据时的一致性。

数据恢复测试：每月至少进行一次数据恢复测试，模拟生产系统数据丢失场景，将备份数据恢复到测试环境中，验证数据的完整性和可用性。测试完成后，生成详细的测试报告，记录恢复过程中出现的问题及解决措施。

（4）人员与制度：组建专业的运维团队，负责灾备中心日常维护与管理。制定完善的应急响应预案，明确系统遭受攻击或出现故障时的处理流程，定期组织演练，提升应对突发事件的能力。

18.4.3　案例效果

（1）硬件设施筑牢稳定根基：企业级服务器凭借卓越的高性能配置，极大地提升了数据处理能力，业务响应时间大幅缩短，效率显著提高。冗余电源和热插拔组件发挥关键作用，服务器故障率大幅降低，成功实现 7×24 小时稳定运行。企业级磁盘阵列搭配 RAID 技术与 SSD 缓存，在保障数据安全的同时，读写性能显著提升。UPS 系统与冗余电池组紧密配合，实现市电断电时的无缝切换，彻底避免了因电力故障导致的数据丢失和业务中断。双链路冗余网络连接，让主中心与灾备中心间的数据传输稳定可靠，网络故障切换时间极短，业务几乎不受任何影响。

（2）软件系统构建坚固防线：具备 DPI 技术的工控系统防火墙，精准识别并有效拦截各类针对工控系统的攻击，非法访问次数急剧减少。通过科学合理的安全区域划分，成功实现生产区与办公区网络的隔离，完全杜绝了办公网病毒传入生产网络的风险。分布式 IDS/IPS 实时监测网络，能够及时发现并迅速阻断攻击行为，安全事件响应时间大幅缩短，有力保障了网络安全。

（3）数据备份策略确保数据安全。

高效备份流程：每周日凌晨采用先进的块级复制技术执行全量备份，将生产系统数据完整、快速地复制到灾备中心存储设备，复制过程通过数据校验算法确保数据准确无误。周一至周六凌晨借助文件系统变更跟踪技术进行增量备份，仅备份变化数据块，大幅减少备份时间和数据传输量，备份效率显著提升。

严格数据验证：每次全量和增量备份完成后，立即启动数据完整性验证程序，通过哈希值对比确保数据未被篡改或损坏。定期抽样恢复测试模拟真实数据丢失场景，检查数据可用性和一致性，恢复成功率达到 90%。

智能存储管理：灾备中心利用智能存储管理系统，对备份数据进行分类存储和版本管理。依据数据重要性和使用频率，将备份数据存储在不同性能的存储介质上，实现资源合理利用。系统自动管理备份数据版本，保留一定时间内的历史版本，便于数据回溯和恢复。

人员与制度保障业务连续性：专业运维团队的精心维护，保障了灾备中心的日常稳定运行。完善的应急响应预案与定期演练，显著提升了应对突发事件的能力。在模拟演练中，故障处理时间缩短，提高了业务连续性。

【思考题】

案例解决方案具体从哪些方面展开？其亮点是什么？

主要参考文献

安宝洋, 翁建定. 2015. 大数据时代网络信息的伦理缺失及应对策略[J]. 自然辩证法研究, 31(12): 42-46.

蔡连玉. 2007. 信息伦理: 概念内涵与特征[J]. 情报杂志, (7): 94-96.

陈嘉慧, 汪小虎. 2023. 人脸信息隐私保护的伦理困境及其解决路径——基于半公地理论的视角[J]. 科学与社会, 13(2): 71-85.

陈平, 王成东. 2013. 管理信息系统[M]. 北京: 北京理工大学出版社.

杜栋, 庞庆华. 2013. 新编管理信息系统[M]. 2 版. 北京: 中国人民大学出版社.

洪小娟, 黄卫东, 韩普. 2015. 管理信息系统[M]. 2 版. 北京: 人民邮电出版社.

黄梯云, 李一军. 2016. 管理信息系统[M]. 6 版. 北京: 高等教育出版社.

蒋秀莲. 2019. 管理信息系统[M]. 沈阳: 辽宁大学出版社.

肯尼斯 C. 劳顿, 简 P. 劳顿. 2011. 管理信息系统[M]. 11 版. 薛华成编译. 北京: 机械工业出版社.

李伦, 孙保学, 李波. 2018. 大数据信息价值开发的伦理约束: 机制框架与中国聚焦[J]. 湖南师范大学社会科学学报, 47(1): 1-8.

李沁雨, 岳泉, 袁勤俭. 2022. 社会学习理论及其在信息系统研究领域的应用与展望[J]. 现代情报, 42(9): 154-160.

林爱珺, 陈亦新. 2020. 智媒传播中信息价值开发的伦理风险及综合治理[J]. 山东大学学报(哲学社会科学版), (6): 1-8.

刘海明. 2023. 在线信息交流中的截屏传播与伦理考虑[J]. 社会科学战线, (6): 169-179.

刘红军. 2012. 信息管理概论[M]. 2 版. 北京: 科学出版社.

毛基业, 陈国青. 2011. 管理信息系统：基础、应用与方法[M]. 北京: 清华大学出版社.

毛牧然, 董晓梅. 2023. 论信息隐私伦理风险的成因与治理[J]. 自然辩证法研究, 39(4): 23-28.

潘乐炳, 葛林强, 王铄. 2022. 信息系统发展: 从网络驱动到知识驱动[J]. 中国电子科学研究院学报, 17(9): 929-934.

卜艳萍. 2016. 管理信息系统[M]. 北京: 清华大学出版社.

钱玲飞等. 2023. 面向新文科的信息管理与信息系统专业大数据类课程建设研究[J]. 情报理论与实践, 46(3): 83-89.

沙勇忠. 2004. 信息伦理学[M]. 北京: 北京图书馆出版社.

滕长利, 邓瑞平. 2023. 元宇宙时代信息伦理的困境与治理研究[J]. 图书馆, (2): 1-6.

王天新. 2007. 管理信息系统发展[J]. 现代情报, (6): 224-225.

薛华成. 2013. 管理信息系统[M]. 6 版. 北京: 清华大学出版社.

喻国明, 曲慧. 2020. "信息茧房"的误读与算法推送的必要——兼论内容分发中社会伦理困境的解决之道[J]. 新疆师范大学学报(哲学社会科学版), 41(1): 127-133.

张才明. 2020. 管理信息系统[M]. 北京: 企业管理出版社.

张巨俭, 甘仞初. 2003. 管理信息系统的发展方向及实现技术[J]. 计算机应用研究, (1): 8-10.
张新. 管理信息系统[M]. 北京: 机械工业出版社. 2014.
张一涵等. 2023. 社会支持理论及其在信息系统研究领域的应用与展望[J]. 现代情报, 43(5): 135-145.
周继雄, 张洪. 20112. 管理信息系统[M]. 2 版. 上海: 上海财经大学出版社.